Entdecke Atlantis

DIANA COOPER
UND SHAARON HUTTON

ENTDECKE ATLANTIS

Das Urwissen der Menschheit verstehen und heute nutzen

Aus dem Englischen übersetzt
von Karin Weingart

Ansata

Dem Gedenken meines Vaters Peter Hutton, der starb,
während wir an diesem Buch arbeiteten.

Diana widmet dieses Buch ihrer wunderbaren Enkelin Isabel,
die schon jetzt die höhere Energie der Zukunft einbringt.

Die englische Originalausgabe erschien 2005 unter dem Titel
»Discover Atlantis« im Verlag Hodder and Stoughton Ltd., London.

Ansata Verlag
Ansata ist ein Verlag der Verlagsgruppe Random House GmbH.

ISBN 978-3-7787-7306-2

4. Auflage 2013

Einbandgestaltung: Reinert & Partner, München, unter Verwendung einer Illustration von Damian Keenan
Druck und Bindung: Anpak Printing Ltd., Hongkong

INHALT

ÜBER DIESES BUCH

Zur Zeit des Goldenen Atlantis war die geistig-spirituelle Energie auf unserem Planeten so hoch wie nie – für 1500 Jahre. Es war eine Zeit, in der der Himmel auf Erden herrschte und alle Menschen über große spirituelle Kräfte verfügten. Wir heute haben die Chance, die Energien von Atlantis in ihrer ganzen Reinheit zu reaktivieren. Diana Cooper und Shaaron Hutton wurden von ihrem geistigen Führer Kumeka gebeten, die außergewöhnlichen Fähigkeiten, Energien und Kräfte zu erläutern, von denen das Goldene Zeitalter gekennzeichnet war, und Übungen vorzustellen, die Ihnen helfen werden, sich diese Eigenschaften anzueignen.

ÜBER DIE AUTORINNEN

DIANA COOPER

Shaaron und ich verbrachten 1994 den Silvesterabend zusammen. Wir wollten gemeinsam meditieren und uns unsere Vorsätze für das kommende Jahr aufschreiben. Während der Meditation geschah plötzlich etwas ganz Außergewöhnliches. Das Zimmer wurde von einer gewaltigen Energie erfüllt und wir empfingen beide dieselbe Botschaft. Wir erfuhren, dass es sich um die Anwesenheit von Kumeka handelte, dem Herrn des Lichts. Er kam aus einem anderen Universum und erklärte, dass sich die Erde nunmehr seine Führung verdient habe. Kumeka war der Meister des Achten Strahls, der jetzt in unseren Planeten eindringen und ihm Klarheit und tief greifende Verwandlung bescheren sollte. Er sagte, er hätte uns beide schon seit vielen Jahren beobachtet und uns zusammengebracht, weil wir mit ihm arbeiten sollten. Als er meine Energie zum ersten Mal registrierte, hatte ich auf den Westindischen Inseln gelebt. In den folgenden 15 Jahren hat er dann alles getan, damit Shaaron und ich uns begegnen konnten.

Kumekas Energie war so überwältigend, dass ich diesen Silvesterabend nie vergessen werde. Er wurde zu einem der aufregendsten und umwälzendsten Erlebnisse meines ganzen Lebens. Zunächst hatten wir beiden Frauen aufeinander treffen müssen, damit es zu einer Zusammenarbeit mit ihm kommen konnte. Seither haben sich Shaarons übersinnliche Fähigkeiten und ihre Hellsichtigkeit enorm verstärkt. Sie kann Kumeka sehen und direkt mit ihm kommunizieren. Dabei erhält sie ganz spezielle Informationen und gezielte Antworten auf ihre Fragen. Ich arbeite anders. Mir lässt Kumeka ganze Batzen geistigen Wissens zukommen, indem er sie quasi auf mich herunterlädt, oft, wenn ich am Computer sitze, oder beim Spazierengehen. Außerdem sorgt er dafür, dass ich alle nötigen Informationen lese oder auf irgendeine Weise über sie stolpere. Manchmal übermittelt er sie mir aber auch direkt auf mein drittes Auge.

Nun hat er uns also gebeten, gemeinsam dieses Buch zu schreiben, damit sich die Menschen die Energien des reinen Atlantis erneut aneignen können. Es war ein faszinierendes, Ehrfurcht gebietendes Projekt, für das wir Kumeka und den Engeln Dank und Liebe entgegenbringen.

BESUCH DER ENGEL

Dank der Führung meiner Engel und geistigen Meister war ich in der Lage, dreizehn Bücher zu schreiben. Außerdem habe ich eine ganze Reihe CDs produziert, Engelkarten und Orakelsets. Ich reise durch die ganze Welt und versuche die Menschen zu einem höheren geistigen Verständnis zu inspirieren. Aber das war nicht immer so. Vor mehr als zwanzig Jahren befand ich mich in einem Zustand tiefster Verzweiflung. Meine Ehe war gescheitert, die Scheidung stand kurz bevor. Ich hatte damals keinerlei übersinnlichen, religiösen oder spirituellen Hintergrund. Was aber noch viel schlimmer war: auch nicht das geringste Selbstwertgefühl oder Selbstvertrauen. Ich konnte mir beim besten Willen keine Zukunft für mich vorstellen. Eines Tages habe ich voller Qual um Hilfe gerufen und mir erschien ein Engel. Es war eine goldene Gestalt ganz aus Licht, fast zwei Meter groß. Dieses wundervolle Wesen nahm mich mit auf eine Reise und zeigte mir meine Zukunft. Als ich zurückkam, verstand ich Zusammenhänge in der kosmischen Ordnung, auf die ich vorher nie gekommen wäre. Langsam nahm meine Lebensaufgabe Gestalt an.

Zu jener Zeit war es mein größter Wunsch, Heilerin zu werden und Menschen zu helfen. Ich ließ mich zur Hypnotherapeutin, Beraterin und Heilpraktikerin ausbilden. Das war, wie sich bald herausstellte, ein schneller Weg zu persönlichem und geistigem Wachstum. Denn jeder Klient und jede Klientin, die ich hatte, spiegelten irgendetwas von mir selbst wider. Wenn drei Leute von ein und demselben Problem sprachen, guckte ich sehr genau bei mir selbst nach und wurde dabei allmählich klüger.

Einige Jahre lang arbeitete ich mit meinen geistigen Führern und bemerkte auch hin und wieder Engel in meiner Nähe. Mit der Hilfe meiner geistigen Führer verfasste ich meine ersten vier Bücher. Und plötzlich veränderte sich mein Leben dann ein weiteres Mal dramatisch. Ich lag gerade in der Badewanne, als mir die Stimme eines Engels mitteilte, ich solle die Menschen mit ihnen bekannt machen. Ich argumentierte, dass ich schließlich nichts über Engel wüsste und das daher nicht tun wolle. Ich war damals tatsächlich der Überzeugung, dass mich alle Welt für verrückt halten würde. Irgendwann habe ich dann doch eingewilligt. Da erschienen mir drei Engel und gaben mir all die Informationen, aus denen später mein erstes Engel-Buch entstand, *A Little Light on Angels* (dt.: *Der Engel-Ratgeber*). Seither arbeite ich eng mit den Engeln zusammen, später dann auch mit den Erzengeln, den Aufgestiegenen Meistern und neuerdings eben auch mit Kumeka, meinem geistigen Führer und Meister.

Die Engel können manchmal ziemlich streng sein. Da sie ja niemals erfahren haben, was es bedeutet, einen biologischen Körper zu haben, fehlt ihnen jegliches Verständnis für menschliche Grenzen. Bevor ich eine sechsmonatige Reise nach Australien antreten wollte, arbeitete ich sehr intensiv an der Endfassung meines ersten spirituellen Romans, *The Silent Stones* (dt.: *Das Schweigen der Steine*). Da weckten sie mich mitten in der Nacht und stellten sich an mein Bett. Die Engel teilten mir mit, ich solle ein Buch mit dem Titel *Angel Inspiration* schreiben und auf der Stelle damit anfangen. Dann ließen sie mich wieder schlafen. Am nächsten Morgen wusste ich ganz genau, dass mir nichts anderes übrig blieb. Ich musste *The Silent Stones* weglegen und mit *Angel Inspiration* (dt.: *Die Engel, deine Freunde*) anfangen. Ich spürte richtig, wie die Engel mich umfingen, als ich jeden Tag vierzehn Stunden am Computer saß, bis das Buch schließlich fertig war. Dann hatte ich gerade noch Zeit, den Roman zu beenden, bevor ich abreisen musste.

In Australien habe ich bei den Aborigines mit vielen Ältesten gesprochen, die mir von ihren heiligen Weisheiten und ihren Verbindungen zu Lemurien erzählten. Dieses uralte Wissen verwob ich mit den Geheimnissen von Atlantis und Lemurien zu einem zweiten Roman, *The Codes of Power*. Und dann kam das Aufregendste überhaupt. Ich wurde den Engeln von Atlantis vorgestellt, die auf die Erde zurückkehren und eine Botschaft für uns haben. Das war die Initialzündung zu meinem dritten Roman, *The Web of Light*, der in Afrika spielt. Die Arbeit daran hat mich vollkommen in ihren Bann gezogen.

Da die Rückgewinnung der Atlantis-Energie jetzt immer dringender wird, hat unser geistiger Führer Kumeka, Meister des Achten Strahls, die

Informationen, um die es bereits in meinen Romanen ging, nun näher erläutert. In meinem Buch *A New Light on Ascension (dt.: Dein Aufstieg ins Licht)* finden Sie weitere Ausführungen über die Zwölf Strahlen, die Erleuchteten und die neue geistige Hierarchie, aber auch über Farben und die höheren Chakren.

Ich befinde mich nun schon seit zwanzig Jahren auf dem Weg zu persönlicher Weiterentwicklung und geistigem Wachstum. Während dieser Reise habe ich all die Orte besucht, von denen im vorliegenden Buch die Rede sein wird, und noch viele mehr. Gleichzeitig genieße ich das Privileg, meine Erfahrungen und Erkenntnisse in Vorträgen und Seminaren auf der ganzen Welt weitergeben zu dürfen. Nun lege ich Ihnen dieses Buch ans Herz, das Shaaron und ich gemeinsam geschrieben haben. Es war ein faszinierendes Projekt. Die Recherchen und das Schreiben haben mein ganzes Leben verändert. Ich glaube, dass *Atlantis entdecken* auch Ihr Leben verändern kann – und das der ganzen Welt.

SHAARON HUTTON

Ich kam bereits »wissend« auf die Welt. Schon als kleines Mädchen suchten meine Freundinnen immer Rat und Hilfe bei mir. Ich nutzte meine kreativen Energien, um Geschichten und kleine Theaterstücke zu schreiben, bei denen ich sowohl Regisseurin als auch Hauptdarstellerin war. Später ging es mir dann nicht anders als vielen Leuten auch. Als ich die Schule verließ, flossen all diese Energien in den täglichen Kampf ums Überleben.

Als Erwachsene litt ich unter solchen Migräneanfällen, dass ich es kaum aushalten konnte. Mein behandelnder Arzt schickte mich dann zu Diana, die zu der Zeit als Hypnotherapeutin tätig war. Uns wurde schnell klar, dass es sich bei meinen Kopfschmerzen um einen Ausdruck der Blockierung meines dritten Auges handelte. Mithilfe der Hypnose trat meine Hellsichtigkeit immer deutlicher zutage. Im gleichen Maße verschwanden die Symptome, deretwegen ich Diana ursprünglich aufgesucht hatte. Sehr viel später wurde uns dann auch bewusst, dass uns unser geistiger Führer Kumeka auf diese Weise zusammengebracht hat, damit wir eine unmittelbare Verbindung zu ihm aufnehmen können.

Kumeka stammt aus einem anderen Universum und ist hergekommen, um der Erde und uns Menschen bei unserer Reise zum Aufstieg behilflich zu sein. Während sein Strahl, der Achte Strahl der Verwandlung, in die Erde eindringt, verankert sich seine Energie immer mehr und stärker auf unserem Planeten.

Meine Erfahrungen mit Kumeka sind erdverbunden und machen ziemlich viel Spaß. Ich sehe in ihm einen lieben Freund und schätze und genieße die besondere Beziehung, die ich zu ihm habe. Kumeka war nie auf der Erde inkarniert und hatte also auch nie einen menschlichen Körper. Trotzdem sehe ich in ihm einen sehr großen, bärtigen Mann voller sanfter und oft auch spielerischer Energie. Bevor wir eine Verbindung zu ihm herstellen konnten, mussten Diana und ich uns erst einmal begegnen. Danach spürte ich aber schon bald, dass er uns etwas mitteilen wollte, und konnte ihn auch klar und deutlich sehen. Jetzt ist er für mich genauso sichtbar wie die Menschen. Wenn ich eine Entscheidung treffe, fühle ich buchstäblich eine Hand auf meiner Schulter, die mich entweder zurückhält oder mir zu verstehen gibt, dass ich so weitermachen soll, je nachdem. Wenn ich während der Arbeiten an diesem Buch einmal etwas nicht verstand, schrieb er die Informationen auf eine Tafel in meinem dritten Auge oder malte sie auf.

Ursprünglich kommunizierte er ausschließlich mit Diana und mir. Inzwischen kann er aber durch Millionen von Menschen gleichzeitig wirken. Damit ihn die Leute kennen lernen und sich mit seiner Energie verbinden können, hat er mich gebeten, einen Komponisten zu beauftragen, der eine Musik schreiben soll, die alle seine Eigenschaften zum Ausdruck bringt, seine Stärke und Entschiedenheit, aber auch seine Macht und seine Herrlichkeit. Also haben Diana und ich Andrew Brel gebeten, die Musik zu komponieren, die heute als CD unter dem Titel *Music for Kumeka* vorliegt. Später sagte Kumeka dann, es wäre erforderlich, dass eine neue Lichtwelle über den Planeten ginge. Zu diesem Zweck bat er uns, ein CD-Set mit Kristallmeditationen zusammenzustellen. Sechs kamen unter seiner Anleitung zustande, jeweils mit Steinen, Farbe, Musik und einer geführten Meditation, die die Menschen befähigt, höhere Beziehungen zu den Engeln und Erzengeln aufzubauen.

Aus den Lebenslinien in meiner Hand und aus anderen übersinnlichen Quellen wusste ich schon immer, dass ich meinen wahren spirituellen Weg erst nach meinem 50. Geburtstag finden würde. Und so war es dann auch. Zunächst ließ mich Kumeka Seelen-Readings durchführen, mit denen ich Menschen helfen konnte, ihren Lebensweg zu begreifen. Dann hat er Diana und mich zusammengeführt, damit wir gemeinsam dieses wichtige Buch erarbeiten. Ich hoffe, dass Ihnen das Lesen genauso viel bringt wie uns das Schreiben.

ERSTES KAPITEL

WIE ATLANTIS ENTSTAND

Atlantis war eine Landmasse zwischen Europa und Amerika, die heute vom Atlantik bedeckt wird. 240 000 Jahre lang war dieser Kontinent Gegenstand eines göttlichen Experiments, mit dem untersucht werden sollte, ob die Menschen einen Körper aus Fleisch und Blut haben und trotzdem noch ihre Verbindung mit dem All-Eins (auch als Schöpfer, Gott beziehungsweise die Eine Quelle benannt) aufrechterhalten können. In diesem langen Zeitraum wurden verschiedene Tests durchgeführt, aber jedes Mal wieder abgebrochen, als klar wurde, dass sich die mit einem freien Willen ausgestatteten Menschen immer tiefer in Materialismus und Selbstzerstörung verstrickten und sich weiter von der Quelle entfernten. Das Goldene Atlantis entstand beim fünften und letzten Experiment. 1500 Jahre lang behielten die Menschen ihre Reinheit und die Einheit mit ihrem Schöpfer bei und erfreuten sich beeindruckender geistiger, medialer und technologischer Fähigkeiten. In diesem Buch wird beschrieben, wie sie damals lebten, welche Gepflogenheiten sie hatten und was wir tun können, um wieder in diesen Zustand zurückzufinden.

Ursprünglich sandte die Quelle Aspekte ihrer selbst (sie wurden als göttliche Funken oder Monaden bezeichnet) in alle Dimensionen des Universums aus, damit sie Erfahrungen machen und wachsen konnten. Mit diesem Schatz an Erfahrungen sollten sie dann zu Gott zurückkehren. Einigen von ihnen war es bestimmt, auf die Erde zu gelangen und dort ihre eigenen Entscheidungen treffen zu dürfen. Da ein solches Riesenunternehmen natürlich eine gewisse Verwaltung voraussetzte, wurde aus kosmischen Energien der Intergalaktische Rat gebildet, der die Operation überwachte.

Die Erde war immer schon ein ganz besonderer Planet, denn aufgrund ihrer Verbindung mit der großen zentralen Sonne hatte sie im Ausgleich der Energien unseres Universums eine Schlüsselrolle inne. Hier wurden verschiedene aufregende Operationen durchgeführt, zunächst in Mu, einem Kontinent im Südatlantik, von dessen Bewohnern sich allerdings keine in Atlantis inkarnierten. Ein späteres Experiment fand in Lemurien statt, einem Kontinent auf der Südhalbkugel, auf dem sich die Lemurier entwickelten. Dabei handelte es sich um ätherische Wesen, die nach unserem Verständnis keinen Körper hatten. Sie waren androgyn, daher in sich vollkommen, und pflanzten sich durch bewusste Willensentscheidung und Energieübertragung fort. Diese Selbstgenügsamkeit hatte allerdings zur Folge, dass es für sie kaum Herausforderungen gab, an denen sie wachsen konnten.

Anfänglich waren sie vollkommen übersinnlich und telepathisch, ganz reine Energie und Einheit mit der Einen Quelle. Im Laufe der Zeit aber entstand Unzufriedenheit. Wie alle Geisteswesen verfügten sie über Wahrnehmungsvermögen. Nun aber begehrten sie auch Sinnesempfindungen. Sie hatten nie geliebt oder einen Grashalm berührt. Sie hatten nie etwas zu essen gekostet, den Duft einer Rose genossen oder die Haut eines geliebten anderen gestreichelt. Jetzt sehnten sie sich danach, einen Körper zu haben und tiefer in die Materie einzudringen. Sie wollten ihren Spaß an Sexualität, Berührung, Geschmack, Duft, sie wollten sehen und hören können. Also richteten sie eine Petition an die Eine Quelle.

Die Quelle von allem, was ist, wusste natürlich, dass Wesen mit einem Körper maßlos und hedonistisch werden konnten; wenn ihre Bitte erfüllt würde, so bestand die Gefahr, dass die Verlockungen der Sinne sie von der geistigen Weisheit entfernen und zur Illusion des Fleisches führen könnten. Also wurde ihnen ein Geschäft vorgeschlagen. Ihre Wünsche sollten erfüllt werden, allerdings unter bestimmten Bedingungen. Sie sollten einen Körper mit allen Sinnesorganen haben dürfen, mussten dafür aber bereit sein, die damit zusammenhängenden Gefühle zu empfinden. Da Emotionen als erdend galten, würde dies, so dachte man, dazu führen, dass die Menschen die Verantwortung für ihre Handlungen übernahmen, was ein Katalysator für geistige Suche und spirituelles Verständnis sein würde.

Die Bitte wurde erfüllt und jede Seele teilte sich in ein männliches und ein weibliches Wesen. Um sich fortpflanzen zu können, mussten sie von nun an einen Menschen des anderen Geschlechts begatten. Jetzt hatten sie endlich die Möglichkeit, zu sehen, zu hören, zu berühren, berührt zu werden, zu riechen – und Gefühle zu empfinden. Für diese Wesen aus Fleisch und Blut wurde der Kontinent Atlantis erschaffen, der ursprünglich Afrika, Europa, Nord- und Südamerika verband. Diese tapferen Wesen, die ersten männlichen und weiblichen Geschlechts, waren die frühesten Bewohner von Atlantis. Damit begann ein ganz besonderes göttliches Experiment. Die ewige Suche des Menschen nach seiner anderen Hälfte.

Die Erde war einzigartig. Von allen Universen war sie der einzige Ort, an dem die Eine Quelle dieses spezielle Unternehmen durchführte, der einzige Ort, an dem sich Geisteswesen in einem Körper inkarnierten und alle Sinne, aber auch Gefühle und Sexualität erleben konnten. Eine solche erstaunliche Chance wäre nie zuvor für möglich gehalten worden. Diese Seelen würden lernen müssen, nicht nur sich selbst durchzubringen, zu ernähren und zu pflegen, sondern auch Gaia, die Erde. Das Wesen ihrer Seele sollte ihr Skelett hervorbringen, ihr Denken das Fleisch. So hatten sie also die vollkommene Verantwortung für ihren Körper und ihr Leben. Das Ziel des Experiments bestand darin herauszufinden, ob göttliche Funken ein richtiges körperliches Leben führen und dabei gleichzeitig die Verbindung mit der Einen Quelle aufrechterhalten konnten.

Alle, die sich in Atlantis inkarnierten, waren genetisch so programmiert, dass sie groß und gut gebaut waren, blondes Haar und blaue Augen hatten. Atlantis war aber nicht das einzige Experiment, das auf der Erde durchgeführt wurde. Anderswo auf dem Planeten hatten verschiedene andere Rassen mit ihren entsprechenden genetischen Codes auch ihre speziellen Aufgaben zu erfüllen. Eine unmittelbare Folge davon ist, dass wir heute auf der Erde unterschiedliche Kulturen haben, die sich gegenseitig kaum verstehen.

Fast jeder Erdenbürger war auch schon in Atlantis inkarniert,
wo ein so enormes geistiges und technisches Wissen herrschte, wie wir
es uns heute kaum mehr vorstellen können. Jetzt ist es an der Zeit,
die alten Weisheiten wieder zum Tragen kommen und ein neues
Goldenes Zeitalter entstehen zu lassen.

Atlantis war die größte Zivilisation auf Erden und auch die, die sich am längsten hielt: von 250 000 bis 10 000 vor unserer Zeitrechnung. In diesem Zeitraum wurde das Experiment vom Intergalaktischen Rat mehrmals für beendet erklärt. Beim ersten und zweiten Mal hatten die Menschen den Bezug zu ihrer Göttlichkeit verloren und waren in Brutalität und Schwarze Magie abgedriftet. Da diese beiden Versuche also nichts gebracht hatten, beschloss der Intergalaktische Rat, Atlantis beim dritten Anlauf anders zu bevölkern. Diesmal wurde der Kontinent als wahres Füllhorn der Wonne gestaltet. Siedler aus allen Universen wurden eingeladen und komplett ausgestattet. Ein schönes Zuhause, Tempel und alles, was sie sonst noch benötigen oder sich nur wünschen konnten, stand ihnen zur Verfügung. Sie brachten erstaunliche technologische und übersinnliche Kompetenzen mit und mussten nur sehr wenig neu hinzulernen. Zuerst wurden sie vollkommen verhätschelt. Innerhalb einer relativ kurzen Zeit entstanden unter den Neuankömmlingen aber zwei Lager. Die einen waren faul, hedonistisch und habgierig. Sie wurden als Söhne des Satans bekannt und waren ausschließlich auf körperliche und sinnliche Befriedigung aus. Ihre Antriebskräfte waren Gefräßigkeit, Wollust, Unersättlichkeit und Gewalt. Diese Leute begründeten die Sieben Todsünden. Die *Kinder des Gesetzes der Einheit* dagegen versuchten, ihre Verbindung mit dem Göttlichen nicht zu verlieren. Sie wussten, dass sie eins mit Gott bleiben sollten und richteten daher ihr ganzes Augenmerk auf Liebe, Licht, Gleichgewicht, Reinheit, Gerechtigkeit und kosmische Weisheit. Die große Spaltung zwischen den beiden Fraktionen führte unweigerlich zu Konflikten. Trotz all des Reichtums konnten Disharmonien nicht ausbleiben.

In dieser Epoche trat ein weiteres Problem auf. Im Zuge der Evolution nahmen die Tiere enorm an Größe zu. Nach und nach wurde der Planet von riesigen Elefanten, Mammuts, Großkatzen, gewaltigen Pferden, Mastodonten und Vögeln überzogen. Da ein Wesen aus einer anderen Welt hinter ihnen stand, wurden sie sehr aggressiv, was das Leben auf der Erde außerordentlich schwierig machte. Mit allen ihnen zu Gebote stehenden friedlichen Mitteln versuchten die Menschen, den Tieren Einhalt zu gebieten, aber vergebens. Schließlich wurde eine Fünf-Nationen-Konferenz einberufen, um das Problem zu diskutieren. Mit allen Kräften, die ihnen zur Verfügung standen, teleportierten sich Delegierte aus Russland, dem Sudan, aus Indien und Peru nach Atlantis. In ihrer großen Verzweiflung beschlossen sie, Atombomben zu bauen, mit denen sie hofften, die Bestien umbringen zu können. Wie diese Bomben genau funktionierten, wissen wir heute nicht mehr. Jedenfalls wurden sie im Jahre 52 000 vor unserer

Zeitrechnung unterirdisch gezündet, was zu massiven Erdbeben führte, die die Tiere schließlich auslöschten. Zugleich wurde jedoch das gesamte ökologische Gleichgewicht zerstört, was zur Folge hatte, dass auch die Menschen nicht überlebten. Als die Erdbewohner starben, kehrten ihre Seelen zu ihren jeweiligen Heimatplaneten zurück. Weitere Folgen der Beben waren die Verschiebung der Erdachse und das Auseinanderfallen von Atlantis in fünf Inseln.

Im Jahre 28 000 traf der Intergalaktische Rat wieder zusammen und beschloss in seiner großen Weisheit, Atlantis ein weiteres Mal zu besiedeln, und zwar mit Männern, Frauen und Tieren. Auch diesmal ergingen Einladungen an die Universen. Lebewesen vieler anderer Planeten und Galaxien, von denen wir die meisten heute nicht mehr kennen, strömten herbei. Nur bei sehr wenigen handelte es sich um die Geister der Lemurier, die ursprünglich die Erde bevölkert hatten.

Bei diesem Versuch hielt es der Rat nicht für dienlich, den Freiwilligen das Leben so bequem zu machen wie beim letzten Mal. Daher verfügten die Leute bei ihrer Ankunft zwar über alle praktischen und übersinnlichen Fähigkeiten, die sie vor Ort brauchen würden, ihre Häuser und Tempel wurden ihnen aber nicht fertig vorgesetzt. Sie mussten sie sich selbst bauen und diese gemeinsamen Anstrengungen hielten sie eine Zeit lang zusammen. Priester, die eigens für diese Aufgabe geschult worden waren, halfen den Siedlern. Trotzdem degenerierte dieses Experiment bald genauso wie seine Vorgänger. Die Kinder des Gesetzes der Einheit versuchten ihren Bezug zum Göttlichen zu bewahren, aber die Söhne Satans, die sich auch wieder inkarniert hatten, waren viel stärker als sie. Diese Leute hatten jegliche Herzensbildung verloren. Sie wandten alle möglichen Techniken, aber auch Schwarze Magie an, um die Massen zu entmachten und zu beherrschen. Die Kriegstreiber vermehrten sich schnell.

Viele dieser Söhne Satans haben sich später erneut inkarniert, denken wir nur an Hitler, Dschingis Khan, Mussolini und Saddam Hussein. In der gesamten Menschheitsgeschichte sind immer wieder neue aufgetaucht. Manchmal bleiben sie auch im Hintergrund und beschränken sich darauf, geistig schwächere Politiker zu beeinflussen, wie wir es gerade aktuell wieder beobachten können.

Das vierte Experiment dauerte 10 000 Jahre lang. 18 000 kam der Intergalaktische Rat schließlich zu dem Ergebnis, das Experiment Atlantis aufgrund des massiven Machtmissbrauchs abzubrechen. Man beschloss, den Magnetpol der Erde zu verlagern, und bediente sich eines Kometen, um den Versuch mit einem Schlag zu beenden. Die daraus resultierende Eiszeit bewirkte eine Art Grundreinigung des Planeten. Das Land nahm ein weiteres Mal neue Formen an und die fünf Inseln wurden bedeutend verkleinert. Erhalten blieben nur die Höhenzüge, sodass Atlantis nunmehr zu einer Inselkette vor Nordamerika wurde.

Der Intergalaktische Rat begann unverzüglich, ein weiteres Atlantis-Experiment zu planen. Man sah eine 2000-jährige Eiszeit vor, während derer sich der Planet reinigen und entgiften konnte. Atlantis hatte sich bedeutend verkleinert und konzentrierte sich nunmehr in der Mitte dessen, was wir heute als Atlantik kennen. Zu den verbliebenen Bestandteilen des ehemals großen Kontinents gehörten die Bermudas, die Kanarischen Inseln und die Azoren. Eigentlich auch Lanzarote, jedoch wurde diese Insel im Zuge des Atlantis-Projekts nicht bevölkert.

Trotz des Abbruchs der früheren Versuche war der Rat jetzt sehr optimistisch, dass die Erdeinwanderer dieses Mal Reinheit und ein hohes spirituelles Niveau beibehalten würden. Da man nämlich aus den Erfahrungen der bisherigen Experimente gelernt hatte, wollte man dieses ganz anders gestalten. Um die Reinheit der Mission nicht zu gefährden, beschloss der Rat, das Gebiet von Atlantis abzuschotten und besonders zu schützen. Das Experiment sollte unter streng kontrollierten Bedingungen durchgeführt werden.

Schließlich wurde der Plan für das Goldene Zeitalter umgesetzt. Zunächst errichtete der Intergalaktische Rat den Tempel des Poseidon (auch als Kathedrale der Heiligen Höhen bekannt), der den Großen Kristall enthielt, den Generatorquarz von Atlantis. Der Tempel entstand in der Wiege des Atlasgebirges auf dem siebten Gipfel. Diese Gipfel symbolisierten die sieben Säulen des Universums, also die Sieben geistigen Gesetze, die die Menschheit regieren, als da wären:

DAS GESETZ DER EINHEIT. Versinnbildlicht durch den großen Tempel im Zentrum von Atlantis besagt es, dass es keine Trennung von Gott gibt. Das heißt, wir alle sind Teil des Ganzen und die Konsequenzen unseres Tuns erstrecken sich auf jedes einzelne Lebewesen in allen Universen. Wenn beispielsweise am Nordpol ein Eisbär niest, bleibt ein Sandkorn in der Sahara davon nicht unberührt.

DAS GESETZ DES KARMA. Für alles gibt es eine spirituelle Lösung, wenn sie auch vielleicht mehrere Leben in Anspruch nimmt. Gedanken, Worte und Handlungen sind Energien, die genau in dem Maße zu Ihnen zurückkommen, wie sie von Ihnen ausgehen. Letztlich besagt dieses Gesetz: Gebe, so wird dir gegeben.

DAS GESETZ DER MANIFESTATION. Gleich und gleich gesellt sich gern. Was Sie denken, sagen und tun, zieht seinesgleichen an und bringt entsprechende Dinge, Menschen und Erfahrungen in Ihr Leben. Sie selbst sind die Macht, die alles darin erzeugt.

DAS GESETZ DER GNADE. Bedingungslose Liebe, Versöhnlichkeit und Mitgefühl bewirken Gnade, welche das Karma auflöst und Segen bringt.

DAS GESETZ DER VERANTWORTUNG. Wenn Sie die Verantwortung für Ihre Gedanken, Worte und Taten übernehmen, so übernehmen Sie damit auch die Herrschaft über Ihr Leben und können adäquat auf alles reagieren, was darin geschieht.

DAS GESETZ DER BEDINGUNGSLOSEN LIEBE. Bedingungslose Liebe bedeutet Akzeptanz und Nichtanhaftung, also keine emotionalen Fesseln. Wer so liebt, befreit sich und andere.

DAS GESETZ DER ABSICHT. Sobald Sie sich Klarheit verschafft haben, können Sie auch Entscheidungen treffen. Dies veranlasst die universelle Energie, Ihnen zur Seite zu stehen, und Sie können mit voller Kraft voranschreiten. Wenn Ihre Absichten makellos sind, sammeln Sie, egal, was dabei herauskommt, kein Karma an. Wollen Sie beispielsweise Ihr Unternehmen in der Absicht, benachteiligten Menschen zu helfen, vergrößern, müssen dabei aber bedauerlicherweise einige Mitarbeiter entlassen, so wird das nicht gegen Sie zu Buche schlagen. Wenn Sie allerdings Leute rausschmeißen, ohne sich um deren Schicksal zu scheren und einfach nur, um Ihren persönlichen Profit zu erhöhen, bürdet sich Ihre Seele damit entsprechendes Karma auf.

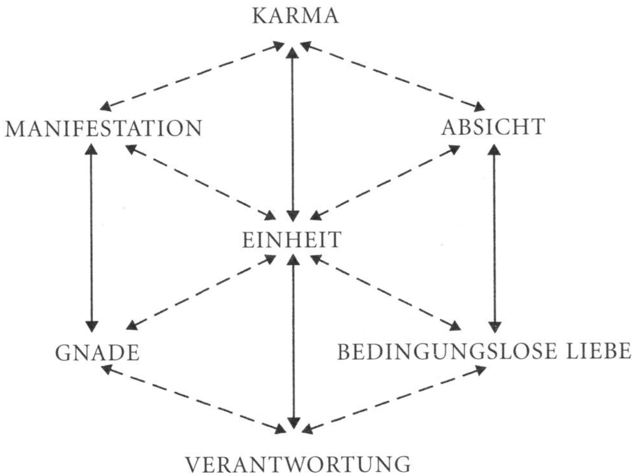

Die Sieben Säulen des Universums
(Die Sieben Geistigen Gesetze)

Architekt von Atlantis war der Intergalaktische Rat, vertreten durch zwölf hoch entwickelte Seelen, Hohe Priester und Hohe Priesterinnen, welche Körper annahmen, deren Frequenz zwischen der fünften und sechsten Dimension oszillierte. Kollektiv waren diese Meisterkonstrukteure als Alta bekannt. Ihre generellen Anweisungen erhielten sie vom Rat, aber alle praktischen irdischen Entscheidungen in Bezug auf die Errichtung des Kontinents wurden von ihnen selbst getroffen. Die geistigen Gesetze, die auf der Erde gelten sollten, wurden beispielsweise vom Hohen Priester Thot durchgegeben, der später in Ägypten als Gott verehrt wurde. Atlantis war in zwölf Regionen unterteilt, die jeweils von einem Mitglied der Alta regiert wurden und dementsprechend natürlich alle eine etwas andere Ausrichtung hatten. Ganz zu Anfang der goldenen Zeiten durften nur diese großen Eingeweihten den Tempel des Poseidon betreten. Später weihten sie dann andere ein.

Zu Beginn dieses letzten Experiments kannten die Freiwilligen, die nach Atlantis kamen, einander nicht. Auch einen Körper hatten sie nie zuvor erlebt. Diesmal war dem Intergalaktischen Rat bewusst, dass sie, sollten sie etwas aus ihrer Erfahrung in einem menschlichen Körper lernen und ihrer göttlichen Verbindung nicht wieder verlustig gehen, kooperieren, teilen und zusammenwirken mussten, was ihnen auch helfen würde, eine hohe Frequenz beizubehalten. Daher gab es bei ihrer Ankunft nur Wasser, Erde, Pflanzen und Bäume. Sonst war weiter nichts vorbereitet. Über einen Zeitraum von 1500 Jahren hindurch, während der gesamten Goldenen Periode, beobachteten der Intergalaktische Rat und die Eingeweihten aller Universen voller Spannung, wie die in Atlantis Inkarnierten göttliche Schlichtheit an den Tag legten, unglaubliche technologische Fortschritte machten und außerordentliche spirituelle Kräfte entwickelten. Diese Siedler aus allen Universen brachten den Himmel auf die Erde. Die Ära, die sie auf diesem Planeten gestalteten, war seine spirituell höchstentwickelte Epoche.

Und trotzdem wiederholte sich die Geschichte. Die meisten Menschen wurden irgendwann von Herrschsucht, Wollust, Brutalität und Habgier heimgesucht. Der Rat versuchte mehrfach, dem Planeten zu helfen, sah sich schließlich aber gezwungen, das Atlantis-Experiment ein für alle Mal ad acta zu legen. Ungefähr im Jahre 10 000 vor unserer Zeitrechnung erklärte Poseidon, Gott der Meere und Hoher Priester von Atlantis, der Kontinent müsse überflutet werden. Die Bibel und anderes Schriftgut der Weltliteratur legen Zeugnis von diesem Ereignis ab. So versank der große Kontinent schließlich im Meer. Manche Geister kehrten in ihre Heimat zurück, diejenigen aber, die die Zerstörung von Atlantis verursacht hatten, wurden so lange unentrinnbar an die Erde gebunden, bis sie ihr Karma abgegolten hatten.

Die Hohen Priester und Priesterinnen, die in Ägypten und Griechenland später zu mythischen Göttergestalten wurden, führten die reinen und gutwilligen Angehörigen ihrer Stämme an verschiedene Orte auf der Welt, die eigens für sie vorbereitet wurden. Davon wird später noch die Rede sein. Dort paarten sie sich mit den Eingeborenen und bewahrten damit den genetischen Reichtum von Atlantis auf Erden.

12 000 Jahre später haben wir Menschen die Talsohle der Degeneration ein weiteres Mal durchschritten. Äonen lang war der Planet so dunkel und schwer, dass uns der Intergalaktische Rat nicht hätte erreichen können, ohne großen Schaden anzurichten, wozu er nicht bereit war. Jetzt endlich richten sich die Menschen wieder auf das Spirituelle aus, und der Schatten, der über der Menschheit lag, weicht, was allerdings mit Aufruhr und Umbruch einhergeht. Der Planet wird heller und leichter, sodass die Engelskräfte und höheren Wesen erneut mit vielen von uns in Verbindung treten können.

Die tiefen spirituellen Weisheiten und technologischen Erkenntnisse des reinen Atlantis sind archiviert und aufbewahrt worden. Und jetzt, zu Beginn des Wassermannzeitalters, nehmen viele wieder konkrete Gestalt an, um die Rückkehr der Energien des reinen Atlantis zu erleichtern. Für alle, die bereit sind, ist es jetzt an der Zeit, sich diese Informationen wieder zugänglich zu machen und dafür zu sorgen, dass die Energie der Goldenen Zeiten zurückkehren kann.

KAPITEL ZWEI

DIE ANFÄNGE

Nachdem der Tempel des Poseidon errichtet war, lud der Intergalaktische Rat Seelen aus dem gesamten Kosmos ein, sich zu inkarnieren und an diesem Experiment teilzunehmen.

Antwort kam aus vielen verschiedenen Sonnensystemen und Universen. Die Herrscher der zwölf Stämme – die Hohen Priester und Priesterinnen – suchten sich für ihre jeweiligen Regionen Lebewesen aus, die über ganz spezifische Energien verfügten. Diese Atlanter sahen nicht aus wie wir, denn sie besaßen ein höheres Wissen, und das strahlten sie auch aus. Sie hatten daher etwas Ätherisches an sich. Auch wurden die ursprünglichen Bewohner nicht von menschlichen Müttern geboren, sondern trafen via Teleportation, in Raumschiffen und auf anderen Wegen ein, die wir heute nicht mehr beziehungsweise noch nicht wieder verstehen.

Wie alle inkarnierten Lebewesen mussten auch sie durch den Schleier des Vergessens, dabei wurde ihnen ihr göttlicher Ursprung unbewusst. Jedem, der auf die Erde kommt, geschieht das. Für Menschen aber, die schon im Körper eines Erwachsenen auf die Erde kamen, muss es extrem schwierig gewesen sein, ohne die Unterstützung, Liebe und Unterweisung auszukommen, die Eltern ihren Neugeborenen normalerweise angedeihen lassen.

Der Intergalaktische Rat beobachtete dieses letzte Experiment mit großem Interesse. Würde der Geist die Oberhand über die Begierde behalten können, nachdem er einmal menschliche Form angenommen hatte, mit allen Wünschen und Bedürfnissen, die dazugehören? Würden diese Menschen ihre Einheit mit dem All-Eins aufrechterhalten können? Würden sie in Frieden, Solidarität und Harmonie zusammenleben? In der ersten Zeit bewegten sich alle ausgewählten Freiwilligen am oberen Rand des Frequenzbereichs der fünften Dimension. Ob sich das bemerkbar machen würde?

In jedem Stamm inkarnierten sich 7000 Menschen, insgesamt also 84 000 Seelen, ungefähr die Hälfte davon männlich und die andere weiblich. Sie waren genetisch darauf eingerichtet, zu gehen, zu sprechen, zu essen und andere menschliche Funktionen auszuführen. Darüber hinaus verfügten sie über gewisse Grundfertigkeiten, in denen sie sich üben und die sie weiter ausbilden mussten. Alle hatten zwölf DNA-Stränge. Erst nach dem Niedergang von Atlantis wurden sie auf zwei DNA-Stränge reduziert. Latent verfügen auch wir daher über sehr viel mehr Informationen; diese können aber erst wieder abgerufen werden, wenn wir so weit sind. Für die Menschen in dieser Phase muss es sehr merkwürdig gewesen sein, war doch ihr Geist nie zuvor in einem Körper eingesperrt.

Ursprünglich bekamen die Siedler ein großes Seidenzelt, etwas zu essen und die wichtigsten Kleidungsstücke. Zunächst machten sie sich gemeinsam daran, Lagerstätten einzurichten. Später bauten sie massivere Hütten. Sie sammelten Nahrungsmittel und bauten dann auch selbst welche an. Alle Anstrengungen dienten dem Gemeinwohl. Damit folgten die Menschen einem vom Intergalaktischen Rat sehr klug ausgedachten Plan, der darauf abzielte, sie an einem Strang ziehen zu lassen. Dadurch dass sie alle zusammen ihr Überleben sicherten, entstand eine Gemeinschaft, und weil sie eine Vision hatten, die über den Einzelnen hinausging, blieb ihre Frequenz konstant hoch. Das Recht auf ein idyllisches Leben bekamen sie nicht in den Schoß gelegt. Sie mussten es sich erwerben, indem sie sich an die geistigen Gesetze hielten, von denen der Planet regiert wurde. Da die Menschen seinerzeit allerdings noch kein Karma angesammelt hatten, war es damals noch wesentlich einfacher als heute, sich den Himmel auf Erden zu erschaffen.

Auch zu jener Zeit schon waren die Menschen nie allein. Die Eine Quelle hatte Schutzengel engagiert, die sich um jeden Einzelnen kümmerten und als Bote beziehungsweise Mittelsperson zu Gott fungierten. Diese Engel kannten den göttlichen Plan von der Lebensaufgabe ihrer Schützlinge. Weil die Frequenz der Menschen so hoch war, hatten die Schutzengel zu jener Zeit ähnliche Schwingungen wie die Erzengel, die uns heute zur Seite stehen.

Das Land, das der Bevölkerung zur Verfügung gestellt wurde, war reich bewaldet. In den Bergen entsprangen Flüsse, die die Ebenen durchzogen und sauberes Wasser zum Trinken und Baden lieferten. Der Boden war sehr fruchtbar und das Gras grün und saftig. Essbare Pflanzen gab es im Überfluss, und die Menschen wussten instinktiv, welche ihnen gut taten. Auch war ihnen intuitiv klar, wie sie sich Getränke zubereiten konnten. So sammelten sie beispielsweise Kräuter und machten sich Tee daraus. Der Intergalaktische Rat folgte der Prämisse, dass den neuen Siedlern die erforderlichen Informationen zu Bewusstsein kamen, wann immer sie irgendetwas benötigten. Das Klima war insgesamt angenehm mild, variierte aber von Insel zu Insel. Im Norden war es kühler als im Süden.

Ihre Unterkünfte mussten sich die neuen Siedler bauen, indem sie sich der natürlich vorhandenen Materialien bedienten und ihre Gemeinschaften entsprechend organisierten. Natürlich mussten sie auch für Möbel, Kochtöpfe, Kleidung sorgen, ja sogar Wege waren anzulegen. Erste Priorität aber hatten die Tempel. Jeder der zwölf Stämme baute sich ein einfaches Gotteshaus, ein Haus des Dankes. Jeden Abend, wenn sie ihr Tagewerk verrichtet hatten, gingen sie in den Tempel, um sich für alle ihre Chancen und für die göttliche Freigebigkeit zu bedanken. Sie lebten vollkommen im Augenblick, ergötzten sich fröhlich an allem, was sie besaßen, und hatten keinerlei Vorstellung von der Zukunft.

Im Zentrum jedes Tempels befand sich ein Kristall. Diese waren alle sowohl miteinander als auch mit dem erhabenen Generatorquarz im Tempel des Poseidon verbunden. Da lebendiges Wasser den Menschen Frieden und Harmonie schenkte, legten sie in den Tempeln bald Brunnen an. Später dienten die Gebäude auch Bildungs- und Erziehungszwecken und wurden als Gemeindezentren genutzt, in denen Versammlungen abgehalten wurden. In der damaligen Zeit statteten die Bewohner von Atlantis dem Göttlichen ihren Dank auch gern im Freien ab. Sie errichteten Steinkreise, die auf ganz bestimmte Sterne ausgerichtet waren, sodass sie Weisheit und Wissen aus den Galaxien beziehen konnten. Auch die Sterne, von denen sie ursprünglich kamen, hielten sie in Ehren und blieben auf diese Weise mit deren Energien verbunden.

TIERE

Tiere gab es in Atlantis ursprünglich nicht. Jedoch inkarnierten sie sich kurz nach der Besiedelung durch die ersten Menschen, angefangen mit denen, die sich als Arbeits- oder Nutztiere anboten wie etwa Kühe, Ziegen, Schafe und Pferde. Die frühen Atlanter ernährten sich rein vegetarisch, nahmen tierische Erzeugnisse aber dankend an. Die Verständigung erfolgte verbal, aber auch telepathisch. So fragte jemand, der reiten wollte – natürlich ohne Zaumzeug und Sattel – das Pferd vorher immer um Erlaubnis. Die Menschen molken Kühe und Ziegen, schoren die Schafe und baten die Hühner um ihre Eier. All das setzte Kommunikation voraus und trug zum Aufbau der Gemeinschaft bei. Nach den Nutztieren trafen Katzen, Hunde und andere Haus- und Wildtiere in Atlantis ein. All diese Geschöpfe wollten gern in den Genuss der außergewöhnlichen Chance kommen, sich spirituell weiterzuentwickeln.

GEISTIGE UND MEDIALE FÄHIGKEITEN

Über mediale Fähigkeiten wie Hellsehen, -hören, -empfinden, heilerische Kompetenzen und Telepathie verfügten alle Menschen. Anderes, etwa Teleportation, die Beherrschung des Geistes, Telekinese oder Levitation (das freie Schweben oder gar Fliegen), musste dagegen erlernt werden. Die Herrschenden waren nämlich der Meinung, dass keine Grundlage zur Kooperation bestanden hätte, wenn die frühen Siedler schon bei ihrer Ankunft über alle Machtmittel verfügt hätten. Heute ist es genau dasselbe. Ein Baby kommt mit einer angeborenen Begabung auf die Welt, die es sich im Laufe vieler Leben in diesem und anderen Sternensystemen erworben hat. Dieses Talent muss dann trainiert, ausgebildet und perfektioniert werden: Eine begabte Musikerin muss üben, um es zur Meisterschaft zu bringen, ebenso, wie sich ein geborener Gärtner intensiv mit Pflanzen beschäftigen muss.

GEFÜHLE UND SEXUALITÄT

Die Menschen lernten aber nicht nur, auf vollkommen unbekanntem Terrain zu überleben. Sie mussten auch ihre Gefühle und ihre Sexualität herausbilden und integrieren – zwei Dinge, mit denen zuvor keiner der neuen Siedler je etwas zu tun hatte. Eine weitere Herausforderung ergab sich aus der instinktiven Sehnsucht nach einem Partner beziehungsweise einer Partnerin, die in den menschlichen Genen lag, seit sich die androgynen Lemurier in männliche und weibliche Körper geteilt hatten. Von diesem Moment an war der Mensch ständig auf der Suche nach seiner anderen Hälfte, seiner Zwillingsflamme.

Heute hat die Menschheit nur noch eine dreidimensionale Schwingungsfrequenz und ihre Sexualität beruht häufig auf reiner Sinnlichkeit und Bedürftigkeit. Der Orgasmus schenkt ihnen einen kleinen Moment im Jetzt und bringt sie den Wonnen einer Beziehung zu Gott häufig näher als irgendetwas sonst. In der Frühzeit von Atlantis, als sich die Schwingungen der Siedler noch auf einer Frequenz der fünften Dimension befanden, interessierten sie sich nicht für Sex ohne Liebe. Das Einzige, was sie suchten, war ein Seelenverwandter – ein Mensch, der emotional, mental, spirituell und körperlich auf derselben Wellenlänge war wie sie. Der sexuelle Ausdruck der Liebe schenkte ihnen nicht nur die Verschmelzung zweier Auras, sondern ermöglichte es ihnen auch, ihre verloren gegangene Ganzheit zurückzugewinnen.

SINNESERFAHRUNGEN

Die mutigen Abenteurer im frühen Atlantis hatten sich eine Riesenaufgabe vorgenommen. Sie kamen auf unbekanntes Gebiet, bevölkert von Fremden aus verschiedenen Planetensystemen, und es wurde von ihnen erwartet, dass sie mit all diesen verschiedenen Leuten Hand in Hand zusammenarbeiteten und eine neue Gemeinschaft aufbauten. Sie sollten Harmonie und allerhöchste Rechtschaffenheit an den Tag legen und dabei auch noch stets friedlich, liebevoll, fröhlich und dankbar sein.

Die neuen Siedler wussten das sagenhafte Glück, aus Billionen von Bewerbern ausgewählt worden zu sein, um ein Leben in einem menschlichen Körper führen zu können, sehr zu schätzen. Stellen Sie sich ihre Ehrfurcht jeden Morgen vor, wenn die Sonne in ihrer ganzen Pracht aufging und allmählich über den blauen Himmel dahinsegelte. Voller Freude beobachteten sie die Energiefelder aller Lebewesen, wie sie in der frischen Luft strahlten und pulsierten. Begeistert lauschten sie dem Gesang der Vögel, dem Zirpen der Grillen oder dem sanften Blätterrascheln. Sie streichelten einen Grashalm oder hielten die Finger in fließendes kühles Wasser und genossen von ganzem Herzen die Empfindung. Wenn sie die warme, feuchte Erde berührten, nahmen sie bewusst ihr reichhaltiges Aroma wahr. Sie staunten über den süßen Duft einer Blume. Zum ersten Mal konnten sie die Stimme eines Freundes oder einer Freundin hören und spüren, wie Liebe ihr ganzes Herz erfüllte. Sie konnten einander knuddeln und umarmen und die Wärme und Nähe eines anderen Menschen empfinden. Für sie war das alles ganz außergewöhnlich und staunenswert. So etwas Simples wie das Verspeisen einer Banane gab ihnen die Möglichkeit, etwas zu sehen, zu berühren, zu riechen und zu schmecken. Und so fühlten sie sich ständig gesegnet, weil ihnen die Chance zur Inkarnation gegeben worden war. Nach dieser Erfahrung sehnen sich die Engel und Geister gleich welchen Rangs in allen Universen. Auch wir, die wir schon viele Male hier sein durften, wissen die Einzigartigkeit der Erde zu schätzen, etwa einen wunderschönen Sonnenuntergang oder den Duft einer Blüte, denn das ist allen Inkarnierten genetisch so mitgegeben. Kein Wunder also, dass es die ersten Bewohner von Atlantis, die nie zuvor hier waren, besonders tief berührte.

Unsere heutige Welt ist so voller Krach, dass wir kaum zur Ruhe kommen. Damals aber war es auf der Erde beschaulich und mucksmäuschenstill und die Menschen empfanden tiefen Frieden. Durch Erfahrung lernten sie, dass sie diese ruhige Heiterkeit beibehalten und alles an ihrer neuen Welt genießen konnten, wenn sie nur ganz langsam ein- und ausatmeten.

DIE HERRSCHER

Ursprünglich waren die Hohepriester und Hohen Priesterinnen die Wohltäter des Volkes. Sie versorgten die Menschen mit allem Lebensnotwendigen, mit Essen, einem Dach über dem Kopf und mit Kleidung, bis sie sich selbst darum kümmern konnten. Als die Menschen nicht mehr auf fremde Hilfe angewiesen waren, konzentrierten sich die Großen Eingeweihten darauf, sie über die Kraft der Kristalle und ihre Anwendungsmöglichkeiten zu informieren. Die nächste Etappe ihrer Ausbildung war, wenn sie sich ihr denn unterziehen wollten, besonders eindrucksvoll. Es ging dabei um die Beherrschung des Geistes, die sie zur Levitation befähigte, zur Telekinese, Teleportation und zur Fähigkeit, Dinge einfach erscheinen zu lassen. Ferner erstreckte sich der Unterricht auf die Nutzbarmachung von Licht- und Schallschwingungen.

Wer schließlich den Status eines Magiers erreichte, bekam beigebracht, wie man fliegt und mit anderen Galaxien kommuniziert. Neue Technologien führte der Intergalaktische Rat im Zuge dieses fünften Experiments nur sehr behutsam ein. Die Hohen Priester und Hohen Priesterinnen waren genetisch mit bestimmten Informationen ausgestattet. Wenn man zu der Auffassung kam, dass das Volk gerüstet war, sich ein höheres Erkenntnisniveau anzueignen, erörterten sie dies mit dem Rat und ließen ihren Schützlingen dann alles dafür Nötige zukommen.

Innerhalb der Priesterschaft gab es verschiedene Ränge: Hoher Priester und Hohe Priesterin, Magier, Eingeweihter, Meister und Novize. Am höchsten entwickelt waren natürlich die Hohen Priester und Priesterinnen, die mit dem Intergalaktischen Rat zusammenarbeiteten und mit den Magiern und Eingeweihten kommunizierten. Eine der Aufgaben der Herrschenden bestand anfänglich darin, nach Individuen Ausschau zu halten, die selbst über das Potenzial verfügten, ein spirituelles Licht zu werden, und ihnen nachfolgen konnten. Besonderes Augenmerk wurde dabei auf Führungsqualitäten und reine Spiritualität gerichtet. Es wurden aber auch Menschen ausgewählt, die auf Gebieten, die für die goldene Zukunft von Atlantis von besonderer Bedeutung waren, große Fähigkeiten an den Tag legten, wie etwa Verwaltungs- und Organisationstalent, auf das es nicht nur in der Frühzeit ankam, sondern überhaupt in dieser ganzen geschichtlichen Epoche. Man benötigte Leute, die die kulturellen Angelegenheiten überwachten, beziehungsweise die Verantwortung für Architektur, Bildung und Lehre, für das Gesundheitswesen oder andere Lebensbereiche übernehmen konnten.

Das Lernpensum der ersten Siedler und die Arbeit, die sie zur Gestaltung von Atlantis leisten mussten, ist gar nicht hoch genug einzuschätzen, sie taten es nicht nur für sich selbst, sondern auch für die folgenden Generationen. Die ursprünglichen Bewohner des Goldenen Atlantis haben sich selbst zu mächtigen Wesen entwickelt. Viele von ihnen sind mit höherem Verständnis und größerer Weisheit ausgestattet zum Herkunftsstern ihrer Seele zurückgekehrt. Jetzt unterrichten sie die Lebewesen dort und verbreiten somit die Energien des reinen Atlantis in allen Galaxien.

Jeder Mensch, der gegenwärtig auf der Erde inkarniert ist, hat eine ähnliche Aufgabe, aber auch eine ähnliche Chance. Die Möglichkeiten für spirituelles Weiterkommen sind heute größer als je zuvor.

ÜBUNG ❖ ZURÜCK ZU DEN WURZELN

Lassen Sie sich einladen, zu Ihren Wurzeln zurückzugehen, zu erleben, was es eigentlich heißt, einen Körper zu haben und in ihm zu leben. Stellen Sie sich vor, Sie würden zu den ersten Bewohnern und Bewohnerinnen von Atlantis gehören und wären zum ersten Mal zu Besuch auf unserem Planeten. Gehen Sie raus und nehmen Sie unsere Erde wie ein Fremder wahr. Berühren Sie etwa die Borke verschiedener Bäume mit den Fingerspitzen, nehmen Sie einen Kieselstein in die Hand und streicheln Sie ihn oder seien Sie vollkommen still und lauschen Sie den Vögeln.

KAPITEL DREI

GEBURT, EHE UND TOD

Die ersten Freiwilligen hatten bald gelernt, ihre elementaren Lebensbedürfnisse durch den Aufbau einer Gemeinschaft zu befriedigen, die auf Zusammenarbeit beruhte. Nun wurden weitere Seelen eingeladen, sich auf dem Kontinent niederzulassen. Diese mussten allerdings von Frauen geboren werden und bedurften als Säuglinge und Kleinkinder besonderer Fürsorge. Um dieser Verantwortung gerecht werden zu können, fanden Elternpaare in einer verlässlichen gesegneten Verbindung zusammen. Dabei wurden keine Ringe ausgetauscht, und auch sonst verzichtete man auf Symbole, weil man der Auffassung war, dass auf diesem Planeten, auf dem Willensfreiheit herrschte, kein Mensch einem anderen gehören könne und auch die persönliche Freiheit nicht eingeschränkt werden dürfe. Der Sinn dieser Verbindung bestand darin, füreinander zu sorgen, voneinander zu lernen und sich das Leben so schön wie möglich zu machen. Da das Engagement für den Nachwuchs als heilig galt, gab es zu jener Zeit keinen Sex außerhalb fester Beziehungen.

Bevor einer Vermählung zugestimmt wurde, untersuchte ein Priester die Auras der möglichen Partner, um herauszufinden, ob die beiden spirituell und emotional auch wirklich zueinander passten. Damit sollte gewährleistet werden, dass die Kinder in einem emotional ausgewogenen Umfeld aufwachsen konnten und in den entscheidenden Entwicklungsjahren sowohl weiblichen als auch männlichen Energien ausgesetzt waren. Von allen Universen aus wurden die Entwicklungen in Atlantis genau beobachtet. Würde die Sexualität die Menschen dort verderben, oder bliebe sie eine wunderschöne, transzendente Erfahrung, die das Leben der Paare bereicherte und die Partner einander näher brachte? Alle, die mitverfolgten, wie moralisch integer die Bewohner von Atlantis mit Beziehungen,

Sexualität, Geburt und Tod umgingen, stellten fest, dass das alles viele Probleme mit sich brachte, aber auch alle möglichen Chancen, etwas zu lernen und persönlich zu wachsen. Die Inkarnation in einem menschlichen Körper wurde als der Gipfel der Herausforderung betrachtet. Genau wie heute standen die Seelen auch damals schon Schlange, um diese Erfahrungen machen zu dürfen.

In der Frühzeit von Atlantis diskutierte ein Paar, wenn es das Gefühl hatte, der Verantwortung der Elternschaft gewachsen zu sein, welcher Art von Seele sie als Eltern am besten dienlich sein konnten. Dann traten sie ganz bewusst in einen Dialog mit dem Geist eines der Freiwilligen ein, die ihren Kriterien entsprachen. Die Energie, die beim Akt der körperlichen Vereinigung entstand, zog dieses spezielle Wesen dann an, und man ging die geistige Verpflichtung ein, die Schwangerschaft im Schoße der Mutter einzuleiten. Auch heute noch wählt man sich diese Seele aus, im Allgemeinen wird diese Entscheidung aber unbewusst getroffen. In Atlantis dagegen wurde jedes Baby ganz bewusst ausgewählt, eingeladen, willkommen geheißen und geliebt.

DER WEITERE WEG

Von den 84 000 Seelen, die ursprünglich nach Atlantis kamen, war es den meisten beschieden, Teil eines Paares zu werden. Da der Intergalaktische Rat jedoch wusste, dass Traumata und emotionale Zerrüttung bei den früheren Experimenten häufig ein Problem dargestellt hatten, sollten diesmal einige Teilnehmer bewusst Singles bleiben. Ihre Aufgabe bestand darin, frei zu sein und eine Kerngruppe emotional unbelasteter Berater und Führer zu bilden. Viele von ihnen ließen sich im untersten Rang der Priesterschaft zu Novizen ausbilden, andere kümmerten sich um Waisenkinder.

Die Menschen starben in dieser Phase nur, wenn sie sich vorher damit einverstanden erklärt hatten, aus dem Experiment auszusteigen und es anderen zu ermöglichen, Abschiedsschmerz und Trauer zu erleben. Auch heute noch ist der Tod eine Entscheidung der Seele. Auch wir wählen, bewusst oder unbewusst, die Art unseres Todes, oft zugunsten des spirituellen Wachstums der Familie, häufig aber auch als Weckruf für unsere

Lieben. Manche Menschen beschließen seelisch, so langsam zu sterben, dass ihre Angehörigen genug Zeit haben, sich emotional auf den bevorstehenden Abschied vorzubereiten.

Genau wie heute verließen auch schon in Atlantis viele Menschen diese materielle Ebene, weil für sie die Zeit gekommen war, sich einem anderen Aspekt der Lichtarbeit zuzuwenden. Vielleicht hatte sich das Höhere Selbst eines Menschen bereit erklärt, einem Enkel- oder Urenkelkind aus dem Reich des Geistigen bei seiner Inkarnation behilflich zu sein. Oder aber es erging aus einer anderen Galaxie die Aufforderung, dort lehrend oder heilend tätig zu werden. Auch gab es damals schon, genau wie heute, immer Menschen, die ihren Absichten auf der Erde nicht entsprachen und daher im Schlaf Anleitung und Beratung brauchten. Wenn wir schlafen, verlässt unser Geist den Körper und besucht andere Ebenen, um dort spirituelle Hilfe zu finden. Dort wird er vielleicht bei der Entscheidung unterstützt, welcher Schritt des spirituellen Weges als Nächstes zu unternehmen ist. Wir alle befinden uns ja auf der Heimreise zu Gott. In Atlantis verlor man einen Menschen mit seinem Tod genauso wenig wie heute. Er betrat lediglich ein anderes Zimmer im großen Haus des Unendlichen. Wenn man wollte, konnte man sich wieder begegnen. Ganz so wie heute.

GEMEINSCHAFTSLEBEN

Nach der Anfangsphase, in der das gemeinschaftliche Überleben im Vordergrund stand, musste als Nächstes das Familienleben innerhalb der Gemeinschaft gelernt werden. Wenn sich zwei Menschen zu einem Paar zusammentaten, bauten sie sich ihr eigenes Heim, und alle waren ihnen dabei behilflich, indem sie ihre Zeit, Arbeitskraft und Ideen beisteuerten. Die Häuser bestanden aus Naturmaterialien wie Holz, Stroh und Lehm und allem, was in der Region sonst noch vorhanden war.

Weil nie jemand etwas gab, ohne etwas zurückzubekommen, konnte kein Karma entstehen. Dadurch wurden Selbstlosigkeit, gegenseitige Wertschätzung, Kreativität, Großzügigkeit, Respekt und all die anderen positiven Eigenschaften gefördert, auf die es in solch einer Gemeinschaft ankommt. Besitz kannte man nicht, hätte Eigentum doch bedeutet, die

Entstehung von Unterschieden, Spaltung und Habgier zu begünstigen, während das kosmische Experiment ja gerade darauf abzielte, gegenseitige Unterstützung, Fürsorge, Vertrauen und Einssein zu ermöglichen.

Jeder Einzelne wurde ermutigt, genau das zu tun, was er oder sie am liebsten machte. Die Bauern arbeiteten zusammen, ebenso die Schreiner, Bäcker, Köche, die Bauarbeiter, Näherinnen und alle anderen Berufsgruppen. Sie alle legten ihre Erzeugnisse in einem Pool zusammen, aus dem sich jeder nach seinen Bedürfnissen bedienen konnte. So etwas wie Geld gab es damals nicht.

Die ersten inkarnierten Neugeborenen wurden voller Staunen und Respekt in Augenschein genommen. Alle umsorgten und liebten sie von Herzen, denn sie gehörten zur Gemeinschaft. Ihre elementaren körperlichen und emotionalen Bedürfnisse wurden jedoch von den Eltern befriedigt. Da sowohl die Eltern als auch das Baby telepathisch begabt waren, konnten sie von Geist zu Geist miteinander kommunizieren, was bedeutete, dass Mutter und Vater immer automatisch wussten, was ihr Kind gerade brauchte. Sie kümmerten sich auch um seine verborgenen Talente und förderten sie nach Kräften. Bei der Befriedigung der sozialen und Bildungsbedürfnisse der Kinder wurden die Eltern von der Gemeinschaft unterstützt. Schon wenn sie noch ziemlich klein waren, verbrachten die Jungen und Mädchen einen Teil des Tages im Kindergarten, wo sie in ihrer gesellschaftlichen und spirituellen Entwicklung von Menschen unterstützt wurden, die eigens aufgrund ihrer Liebesfähigkeit, Fürsorglichkeit und Weisheit für diese Aufgabe ausgesucht wurden, aber auch, weil sie ein besonders gutes Händchen für Babys und Kleinkinder hatten. Dafür dass die spirituelle Energie in diesen Krippen nicht nachließ, sorgten ausgebildete Priester.

BILDUNG UND PERSÖNLICHE ENTWICKLUNG

Die Priester schätzten die spirituellen und übersinnlichen Talente eines jeden Kindes ab und brachten sie zum Vorschein. Bereits Babys wurden ermutigt, sich weiterzuentwickeln und zum Ausdruck zu bringen, was in ihnen steckte. Infolgedessen wuchsen sie glücklich und mit einem großen

Selbstwert-, Verbundenheits- und Zugehörigkeitsgefühl auf und konnten zu ausgeglichenen, liebevollen Erwachsenen heranreifen. So ergab sich eine Gesellschaft, in der alle dazu gehörten und keiner Isolation oder Einsamkeit empfand. Wenn sie so weit waren, meist schon mit drei Jahren, wurden die Kinder in kleinen Klassen zusammengefasst. Der Unterricht fand in der freien Natur statt. Die Kinder wurden angehalten, sich kreativ zu betätigen, sie lernten mithilfe von Liedern, Szenen, Musik, beim Malen oder Schauspielern. Das Ziel bestand darin, die rechte Gehirnhälfte zu trainieren, die die Verbindung mit der Einen Quelle ermöglicht. Auch wurden die übersinnlichen Fähigkeiten der Kinder in Bahnen gelenkt und gefördert.

Die Priesterschaft bestand sowohl aus Männern als auch aus Frauen. Mit sieben Jahren wurden die Kinder zum Unterricht zu ihnen in die Tempel gebracht. Dabei ging es heiter und fröhlich zu, denn die Lehrer waren sich darüber im Klaren, dass die Kleinen ihre Kindheit brauchten und nicht zu schnell erwachsen werden sollten. Das Erste, was geschult wurde, waren Bewusstsein und Respekt. Die Kinder lernten den Kontakt mit ihrer Umwelt und beobachteten die Energien von Pflanzen, Tieren, Menschen und unbelebten Dingen, damit sie es bemerkten, wenn eine Pflanze oder ein Tier Hilfe brauchte. Sie konnten die Bedürfnisse und Gefühle aller wahrnehmen, die sich in ihrer Nähe befanden, und da sie alles als eine Erweiterung ihrer selbst betrachteten, war ihnen bis auf Zellebene klar, dass sie sich immer auch selbst verletzten, wenn sie irgendjemandem oder irgendetwas Schmerzen zufügten. Aufgrund ihrer großen psychischen Offenheit konnten sie alle Energien um sich herum wahrnehmen, selbst auf subatomarem Niveau. Sogar kleinste Kinder waren bereits in der Lage, Auras zu sehen. Infolgedessen gab es keine Geheimnisse, was dazu führte, dass es keinerlei Risiko barg, sein Herz sperrangelweit offen zu halten. Schuld- und Schamgefühle, Verbitterung, Angst oder Zorn kannte man einfach nicht. Offenheit, Friedfertigkeit, Liebe, Freude, Unschuld und Vertrauen bildeten das Fundament für sichere, alle willkommen heißende Gemeinwesen.

Wie sie die Kinder am besten unterrichten sollten, erfuhren die Lehrerpriester von den Hohen Priestern und Priesterinnen, die ihr Wissen vom Intergalaktischen Rat bezogen und weitergaben. Da die Erziehungsrichtlinien immer genügend Raum für den Einzelfall ließen, behielten sie auch in den folgenden Generationen ihre Gültigkeit.

In der Schule wurden die spirituellen und übersinnlichen Talente der Kinder nicht nur registriert, sondern auch gewissenhaft weiterentwickelt. Die Kleinen lernten sich zu beherrschen und wurden auch in den Grundlagen der Beherrschung des Geistes unterrichtet. So konnte sich ein Kind etwa, wenn es Hunger und Appetit auf einen Apfel hatte, einfach auf die Frucht konzentrieren, und schon hatte es sie in der Hand. Diese Förderung ihrer übersinnlichen Fähigkeiten stattete die Kinder und Jugendlichen mit großer Macht und Verantwortung aus, was sich auf ihr spirituelles Wachstum natürlich sehr positiv auswirkte.

Weil die Kinder immer sicher behütet waren und Vertrauen in ihre Umwelt hatten, konnten sie sich nicht nur körperlich, sondern auch geistig so entspannen, dass sie in der Lage waren, die kosmischen Informationen aufzunehmen, die ihnen die Priester telepathisch zukommen ließen, weil es für die Kinder so am leichtesten war. Wenn es einem Kind einmal schwer fiel, eine kosmische Idee zu begreifen, richtete der Priester reines weißes Licht auf seinen Geist, wodurch sich alle Zellen noch mehr entspannten und der Lernprozess nun leicht vonstatten ging. Um den erforderlichen Grad an Entspannung erreichen zu können, wurde auch Musik eingesetzt. Die Atlanter versetzten sich in Trance und visualisierten. Da dies einer der ersten Schritte auf dem Weg zur Manifestation ist, war es wichtig, dass sich bereits kleine Kinder darin übten. Nähere Informationen über die verwendeten Techniken erhalten Sie später noch.

GESUNDHEIT

Um das harmonisches Gleichgewicht zu erhalten, wurden die Emotionen immer unmittelbar angesprochen und nie vernachlässigt. So konnten unterschwellige Unzufriedenheit oder Probleme gar nicht erst entstehen. Da die Menschen also glücklich und gesund waren, war es den Kindern vergönnt, in zufriedenen Familien aufzuwachsen.

Da sich der Intergalaktische Rat der Schwächen des menschlichen Körpers nur zu bewusst war, wurden in allen Tempeln immer als Erstes einige Räume der Gesundheit gewidmet. Dort ließen sich die Menschen regelmäßig untersuchen und ihren mentalen, emotionalen und geistigen Körper mithilfe von Tönen und Kristallen ins Gleichgewicht bringen, damit sie gesund blieben. Ganz am Anfang gab es daher überhaupt keine Krankheiten. Zu intensiveren Heilmethoden mussten die Priester höchstens nach einem Unfall oder einem anderen traumatischen Erlebnis greifen.

Großer Wert wurde auf die Familie gelegt. Mit Vorliebe verbrachten ganze Großfamilien einen erheblichen Teil ihrer Zeit im Freien, sie picknickten zusammen oder ließen es sich einfach in der Natur gut gehen. Gerade die Kinder sprachen hervorragend auf dieses einfache Leben an. In den »Dörfern«, die aus natürlichen, ökologisch einwandfreien Häusern bestanden und von grünen Wiesen und Bäumen umgeben waren, spielten sie gern. Sie gingen auch schwimmen und tobten in den Flüssen, Seen und Brunnen herum. Als dann die ersten Kinder größer wurden, trafen die Tiere ein, um bei der Arbeit zu helfen, ihre Produkte zu verschenken und das Familienleben zu bereichern.

ÜBUNG ❖ DER SUMMENDE BALL

Diese Übung ist eine der einfachsten und wirksamsten Methoden, einem anderen Menschen höhere Energie und Liebe zu schicken. Sie können sie anwenden, wenn Sie eine Beziehung kitten möchten, aber auch, um jemanden in Liebe, Überfluss, Wohlstand, Weisheit oder dergleichen zu baden. Sie ist so effektiv, dass es sogar schon zur Heilung körperlicher Erkrankungen gekommen ist, wenn jemand einen summenden Ball, der mit Liebe auf den Weg gebracht wurde, empfing. In einem Workshop schickte zum Beispiel einmal ein junger Mann seiner Mutter, die unter Depressionen litt, einen heilenden summenden Ball. Obwohl sie nicht wusste, was geschah, sah sie den Ball tatsächlich als goldenes Licht in ihr Zimmer fliegen. In diesem Moment legten sich ihre Depressionen und sind auch bis heute nicht wieder aufgetreten.

Wie bei vielen Meditationen und Bittgebeten liegt der Sinn dieser Übung darin, Sie zu öffnen. Daher dürfen Sie nie vergessen, sich am Ende auch wieder zu verschließen (siehe Punkt 6).

1. Setzen Sie sich ruhig hin, allein oder im Kreis anderer Menschen, und entscheiden Sie, wo Sie die Energie hinschicken wollen und welche Eigenschaft sie haben soll.

2. Halten Sie die Hände so, als befände sich ein Ball darin.
3. Bitten Sie die Engel, Ihnen beizustehen.
4. Während Sie den Ball in den Händen halten, konzentrieren Sie sich auf die Eigenschaft, mit der Sie ihn aufladen wollen. Summen Sie dabei leise, und stellen Sie sich vor, wie eine Farbe den Ball erfüllt.
5. Wenn die Eigenschaften und die Liebe, die Sie verschenken wollen, den Ball zum Vibrieren gebracht haben, stellen Sie sich die Person vor, der Sie ihn schicken wollen, und malen Sie sich aus, wie sie ihn in Empfang nimmt. (Sie können auch imaginieren, dass Sie den summenden Ball an Orte, in Situationen und zu Menschen schicken, die Ihnen vollkommen unbekannt sind.)
6. Schließen Sie die Übung ab, indem Sie nacheinander alle Chakren berühren und mit einem Kreuz oder einem anderen Schutzsymbol versiegeln, das für Sie von Bedeutung ist.

KAPITEL VIER

TIERE IN ATLANTIS

Der Intergalaktische Rat wollte sicher sein, dass die Siedler auch tatsächlich die Göttlichkeit von allem verstanden und in Ehren hielten. Daher erfreute es ihn immer, wenn die Menschen die Pflanzen baten, eine Frucht pflücken zu dürfen, und ihnen zum Dank ein Lied vorsangen oder das Unkraut jäteten, das ihren Wurzeln gefährlich werden konnte. Und auch dieses Unkraut baten sie um Erlaubnis, bevor sie es ausrissen. Wenn ein Ast abgesägt werden musste, erklärten die Atlanter dem Baum vorher, was sie tun würden, damit er seine Energie von diesem Ast abziehen konnte, der dann vollkommen schmerzlos zu entfernen war. Sie sprachen auch mit den in Kristallen eingeschlossenen Elementen, die bereitwillig mit ihnen arbeiteten. Sie baten die Wassergeister um Entschuldigung, bevor sie in einen Fluss stiegen, und konnten sich dann gefahrlos darin bewegen. Sensibel respektierten sie die Schwingungen aller Lebensformen.

NUTZTIERE

Als sich die ersten Siedler in Atlantis eingerichtet hatten, schickte der Rat die Tiere. Zuerst kamen die, die dem Menschen zu Diensten waren: Pferde, Kühe, Ziegen, Wild, Schafe, Bienen und Hühner. Sie nahmen aus demselben Grund an dem Experiment teil wie die Menschen. Es sollte untersucht werden, ob sie sich in einem Leib aus Fleisch und Blut inkarnieren und trotzdem ihre Göttlichkeit bewahren könnten. Würden sie auch in den Grenzen eines biologischen Körpers und angesichts der Herausforderungen, die die Erde stellte, in der Lage sein, die Menschen und einander bedingungslos zu lieben? Am Anfang war alles noch ziemlich einfach. Mensch und Tier achteten und dienten einander: Die Menschen waren den Tieren sehr dankbar, dass sie sie mit ihren Produkten versorgten, und gaben ihnen dafür Futter und ein Dach über dem Kopf, liebten sie und ließen ihnen ihre Freiheit.

RINDER

Die Rinder kamen von Lakuma, einem Stern des Sirius, dessen Strahlung so hoch war, dass wir uns heute nicht mehr auf sie einstimmen und ihn daher auch nicht sehen können. Ihre Aufgabe bestand darin, Milch zu geben. Schnell nahmen sie Eigenschaften an, die auf der Erde hoch geschätzt wurden, sie waren zuverlässig, leicht stallbar, solide, verlässlich, freundlich – und natürlich außerordentlich freigebig. Bei diesen Tieren zeigten sich in aller Deutlichkeit die Unterschiede zwischen weiblichen und männlichen Energien: Die Kuh war ausgesprochen mütterlich und liebevoll, der Bulle kräftig und schutzgewährend.

In den Zeiten von BSE demonstrierten sie den Menschen eindrucksvoll, dass wir sie mehr brauchen als sie uns. Sie veranschaulichten uns das, indem sie sich töten und verbrennen ließen und damit unsere Aufmerksamkeit auf sich zogen. Die Flammen, die bei diesen Verbrennungen loderten, halfen auch, einige der Schwingungen des Leidens und des Schmerzes zu bereinigen, die wir Menschen den Tieren im Laufe vieler Jahrtausende angetan haben. In der Frühzeit von Atlantis aber lebten die Menschen noch harmonisch mit den Tieren zusammen und behandelten sie wie einen Teil der Familie. Sie schenkten ihnen echte Liebe und erhielten diese auch zurück.

PFERDE

Auch die Pferde kamen von Lakuma. Es handelte sich dabei um hoch entwickelte Lebewesen, die den Menschen, die das Experiment von Atlantis unternahmen, bereitwillig zur Seite standen. Sie dienten als Transportmittel und wurden ohne Sattel und Zaumzeug geritten. Der Reiter saß auf dem Rücken des Pferdes, hielt sich an der Mähne fest, um das Gleichgewicht nicht zu verlieren, und erteilte seine Anweisungen telepathisch. Zwischen diesen wunderschönen Tieren und den Menschen herrschte liebevolle

Verbundenheit. Pferde legten große Würde, Selbstwert- und Ehrgefühl sowie viel Liebe an den Tag, und das strahlen viele von ihnen auch heute noch aus. Als der Niedergang von Atlantis seinen Anfang nahm, wurden die Pferde angeschirrt, gesattelt und in Rennen geschickt, mit denen das große Geld gemacht werden sollte.

WILD

Diese niedlichen, sanften Tiere, die ebenfalls von Lakuma kamen, waren scheu, aufmerksam und vorsichtig. Ihre Aufgabe bestand darin, Vertrauen zu lernen. Diesbezüglich können wir uns heute etwas von diesen Tieren abgucken. Wenn Sie ein Reh oder einen Hirschen sehen, so bedeutet das, dass Sie mehr Vertrauen haben oder sich zumindest mit diesem Thema beschäftigen sollten.

HÜHNER

Die Hühner kamen von einem fernen Planeten eines uns unbekannten Universums zu uns auf die Erde und versorgten die Menschen mit Eiern und Federn. In der Anfangszeit flossen die Energien alle langsam, friedlich und beinahe träge dahin. Hühner stellten das Gegengewicht dar: Lebendigkeit, Aktivität und Tempo. Eine Welt des reinen Seins konfrontierten sie mit dem Tun. Sie selbst dagegen lernten zu leben, zu dienen und sich hinzugeben.

ZIEGEN

Die Ziegen gaben Milch und waren Experten in Sachen Müllentsorgung. Ursprünglich waren sie auf dem Orion zu Hause, der spirituellen Universität dieser Galaxie, und erteilten Lektionen in Erleuchtung.

SCHAFE

Die Schafe gehörten zu den ersten Tieren, die es nach Atlantis zog. Sie stammten von den Plejaden, schenkten uns Wolle, Trost und ihr Wohlwollen.

BIENEN

Ebenfalls von den Plejaden kommend sollten die Bienen in Atlantis die Süße des Lebens kennen lernen und uns ihren Honig schenken. Sie bestäubten die Blumen und beeindruckten durch methodisches Arbeiten, Ordnung und die praktische Anwendung der heiligen Geometrie. In der Frühzeit mussten sie natürlich nicht stechen.

Nachdem sich die Nutztiere in Atlantis eingerichtet hatten, sandte der Intergalaktische Rat die Haustiere aus.

HAUSTIERE

HUNDE

Alle Hunde gehörten derselben Rasse an und unterschieden sich nur farblich voneinander. Von denen, die wir heute kennen, kommen ihnen die Jagdhunde noch am nächsten. Ihre Hauptaufgabe bestand im Umgang mit den Kindern. Diese berücksichtigten die Bedürfnisse des Tieres und lernten dabei, Verantwortung zu übernehmen, sich um andere Lebewesen zu kümmern und Mitgefühl mit ihnen zu haben. Im Gegenzug erfuhren die Hunde, wie es ist, unter Menschen zu leben. Ihre Aufgabe bestand darin, sich um die Kinder zu kümmern und sie zu beschützen. Bei der Geburt eines Babys fühlte sich ein Hund zu dessen Energie hingezogen. Die Eltern ihrerseits rechneten fest mit dem Auftauchen eines Spielgefährten für ihr Neugeborenes. Und tatsächlich öffneten sie eines Tages die Tür und er war da. Jedes Kind hatte seinen eigenen Hund, und da es in den Familien im Schnitt drei Kinder gab, lebten in jedem Haushalt also mindestens drei Hunde. Die Kinder hatten ein kameradschaftliches und in jeder Hinsicht symbiotisches Verhältnis zu ihnen. Die Tiere begleiteten ihre menschlichen Gefährten sogar zur Schule.

Die übliche Lebenserwartung eines Hundes betrug zwischen dreizehn und sechzehn Jahren, was in etwa der Kindheit seines Schutzbefohlenen entsprach. Danach suchte sich der Mensch entweder einen Partner beziehungsweise eine Partnerin oder zog in ein Heim für Alleinstehende und ließ sich zum Priester oder in einem anderen Beruf ausbilden. Hund und Mensch wussten in diesem Moment, dass sie ihre gegenseitigen Pflichten erfüllt hatten und diese Zeit jetzt vorbei war. Dann trennten sich ihre Energien, der Hund verließ die Erde und seine Seele kehrte auf seinen Heimatplaneten, Canis Major, zurück.

Nach dem Niedergang von Atlantis fingen die Menschen, egoistisch, wie sie inzwischen waren, an, Hunde zu züchten.

KATZEN

Katzen sind erleuchtete, autonome Wesen. Sie waren die einzige Spezies, die bereits so hoch entwickelt zur Erde kam, dass sie nichts mehr vom Menschen lernen konnte und uns daher auch nicht brauchte. Da sie vom Orion, dem großen Planeten der Spiritualität, stammten, war ihre Energie von größter Reinheit. Selbst heute noch sind Katzen völlig selbstständig. In der Frühzeit waren alle schwarz und sahen sehr »ägyptisch« aus. Schwarz ist ja die Farbe des großen Mysteriums, der Geheimkünste und Ausdruck höchster Weiblichkeit.

In jedem Haushalt sorgte eine Katze dafür, dass die Energie nicht verunreinigt wurde. Später bestand die Aufgabe der Tiere dann darin, die Energie zu verbessern. Wie alle Lebewesen hoher Frequenz ernährten sich auch Katzen zu jener glücklichen Zeit vegetarisch und ließen sich von den Menschen füttern. Ihre Krallen brauchten sie nicht, um Beute zu machen, aber sie kletterten liebend gern auf Bäume, zu denen sie überhaupt eine große Affinität hatten. In den Tempeln wurden eigens Leute eingestellt, die sich um die Bedürfnisse der Katzen, die hoch verehrt waren, kümmerten. Aufgrund ihrer großen übersinnlichen Fähigkeiten wurden sie häufig in den Tempeln eingesetzt, nahmen an Ritualen und Zeremonien teil und steuerten ihre Energien bei, wann immer es erforderlich war.

Heiler hatten zu ihrer Unterstützung schon von jeher Katzen bei sich. Wenn zum Beispiel ein Arrangement von Heilsteinen nicht ganz richtig ausgerichtet war, ordnete es die Katze korrekt an und sorgte damit dafür, dass die Kristalle ihre Heilkraft voll entfalten konnten. Auch wenn jemand starb, war immer eine Katze zugegen. Wenn einer Seele, was in jenen Tagen oft geschah, die Richtung gewiesen werden musste, trat die Katze aus ihrem Körper heraus und begleitete sie, damit sie sich nicht verirrte.

Auch die Magier hatten Katzen. Jahrhunderte später, als die ersten von ihnen das Gefühl bekamen, dass mit Atlantis etwas nicht stimmte, orderten sie vom Orion weitere Katzen, damit das Licht auf Erden nicht erlosch. Solange Atlantis noch sauber war, gab es natürlich keine üblen Wesenheiten oder dunklen Gedankenformen. Später aber, im Niedergang, beschützten die Katzen ihre Familien vor üblen Einflüssen. Das tun sie auch heute noch. Sie geben ihr Bestes, um ihre Besitzer und den ganzen Planeten vor Schaden zu bewahren.

KANINCHEN

Das dritte Haustier war das Kaninchen. Für die Kinder waren diese Tiere, genau wie Hunde, sowohl Beschützer als auch Spielgefährten. Hunde nahmen ihre Rolle als Aufpasser sehr ernst und halfen den Kindern mit ihrer liebevollen, aber überaus sachlichen Art, ihre männliche Seite zu entdecken. Das Kaninchen dagegen stand für die weiblichen Energien, es war unbeschwert, fröhlich und flauschig. Da sie der Seele gut tun, gingen Kinder immer zu ihren Kaninchen, wenn sie Trost brauchten.

Die Kaninchen teilten sich die Rolle des Beschützers und Betreuers der Kinder mit den Hunden und wurden von den Kleinen genauso geliebt wie diese. Der Hund begleitete seinen Schützling zur Schule, während das Häschen derweil zu Hause die Energie am Fließen hielt. Die Kaninchen stammten genau wie die Katzen vom Orion, daher war es auch keine Seltenheit, dass man sie im Gespräch miteinander beobachtete. Schließlich hatten sie eine gemeinsame Heimat, wenn auch auf der Erde unterschiedliche Jobs. Während sich die Katzen wie die Könige verhielten, da sie ja ganz genau wussten, dass sie der Boss waren, zeichneten sich die Kaninchen durch ihre ausgesprochen praktische Veranlagung und große Hilfsbereitschaft aus.

ANDERE LEBEWESEN

SCHWEINE

Mit der zweiten Welle trafen auch die Schweine ein. Sie kamen von den Plejaden und ihre Aufgabe bestand im Verzehr von Essensresten zur Aufrechterhaltung des ökologischen Gleichgewichts. Zu jener Zeit waren sie flink und aktiv wie die Hühner. Darüber hinaus wurden sie für ihre Intelligenz und Weisheit hoch geschätzt. Zum Haushalt gehörten sie nicht, trotzdem schenkten sie den Menschen ihre Freundschaft, Liebe und Zuneigung.

VÖGEL

Vom Sirius kommend inkarnierten sich zahlreiche Vogelarten, um zu erfahren, wie sie trotz eines Körpers aus Fleisch und Blut der Schwerkraft trotzen und ihre angeborenen Eigenschaften beibehalten konnten. Sie wiederum lehrten Heiterkeit, Würde und Ruhe und erinnerten die erdgebundenen Lebewesen immer wieder an die Freiheit. Die fröhlich schillernden Tierchen erfreuten die Menschen mit ihrem Gesang, ihrem wunderschönen Federkleid und ihrer Freiheitsliebe.

Schwäne genossen in Atlantis aufgrund ihrer Haltung, ihres königlichen Auftretens und des Friedens, den sie verbreiteten, ganz besondere Achtung und Bewunderung. Sie demonstrieren ihre Lebensaufgabe in aller Deutlichkeit und gelten auch heute noch als majestätische Vögel. Alle schneeweißen Lebewesen schwingen sie in einem sehr hohen Frequenzbereich.

FISCHE

Die Fische aus dem nach ihnen benannten Sternbild boten ihre Mitarbeit auf der Erde aus ökologischen Gründen an. Sie hielten die Meere und Flüsse sauber.

EICHHÖRNCHEN

Die Eichhörnchen waren bildschöne, hoch entwickelte und weise Lebewesen vom Orion, die unserer Welt ein Gefühl von Freiheit, Spaß und Lebendigkeit vermittelten.

RATTEN UND MÄUSE

In den guten Zeiten von Atlantis gab es dort keine Ratten und Mäuse. Erst als der Abstieg schon begonnen hatte, kamen sie und räumten den Müll weg. Die Ratten waren ziemlich aggressiv, während die Mäuse über eine relativ sanfte Energie verfügten und aus jeder Situation das Beste machten.

DELFINE

Delfine, die Weisen des Planeten, brachten ihre starke Energie, ihre Weisheit und ihr Know-how vom Sirius mit. Sie sind die Hüter des kosmischen Wissens und speichern Informationen ähnlich wie ein Computer. In der Epoche der Telepathie waren sie das Internet, aus dem die Menschen ihr Wissen bezogen.

Die Delfine inkarnierten sich als Lehrer und waren bedeutende Medien: Hohe Priester und Hohe Priesterinnen der Weltmeere, die die Schwingungen der See aufrechterhielten. Das Volk von Atlantis baute ihnen große Becken, in denen die Menschen mit den Delfinen schwammen und telepathisch Empfehlungen, Informationen und Erkenntnisse von ihnen entgegennahmen.

Als sich der Niedergang von Atlantis abzuzeichnen begann, beschloss der Intergalaktische Rat, das heilige alte Wissen und die Weisheit abzuziehen, und übertrug die Daten auf die Delfine. Als Atlantis schließlich zerbrach, nahmen einige derer, die seine Zerstörung inszeniert hatten, Delfingestalt an. Alle Ereignisse wurden detailgetreu aufgezeichnet, und der Intergalaktische Rat bedient sich dieser Delfine als Datenbank, die die Gründe für den Niedergang von Atlantis und den genauen Ablauf enthält.

Über alle Informationen, die unseren Planeten als Ganzen betreffen, nicht nur Atlantis, sondern alles, was jemals war, ist und sein wird, verfügt die Sphinx. Das war schon immer so. Die Engeldelfine und die Kristallschädel, von denen im 25. Kapitel die Rede sein wird, enthielten die gesamte Weisheit von Atlantis. Da der Rat aber absolut sichergehen wollte, dass keine Daten abhanden kamen, verteilte er sie. So verfügen die einzelnen Delfinarten, aber auch die Kristallschädel jeweils über ein Zwölftel all dieser Informationen.

TIERE AUS ANDEREN EXPERIMENTEN

Sonst gab es in Atlantis keine Tiere. Elefanten, Giraffen und Kamele beispielsweise inkarnierten sich als Teil eines anderen Experiments in Afrika. Krokodile und Beuteltiere traten im Zuge galaktischer empirischer Versuche auf, die in Australien durchgeführt wurden.

Auch Löwen, Tiger, Leoparden und andere Großkatzen, die noch höher entwickelt und majestätischer waren als die schwarze Hauskatze, sind anderen Unternehmungen zuzuordnen. Um dem Kontinent während des Niedergangs behilflich zu sein, fuhr der Intergalaktische Rat »schwerere Geschütze« auf und schleuste die Großkatzen mit ihrer unglaublichen Schwingungsfrequenz durch die Energiebiosphäre, von der das Experiment umgeben war. In Ägypten arbeiteten die großen Katzen später mit den Pharaonen zusammen, die nicht so rein waren wie die Atlanter und deshalb größerer Unterstützung bedurften.

ASTRALE WESENHEITEN

STECHMÜCKEN

Stechmücken sind keine göttlichen Lebewesen, sondern astrale Wesenheiten. Von Menschen gehen ständig Gedanken aus. In Zeiten niederer Frequenz steckten die Leute so voller Ärger, dass sie ihren ganzen Zorn und ihre Frustrationen mit aller Kraft in den Äther projizierten. Daraus entwickelten sich Gedankenformen, die sich materialisierten. Das war die Geburtsstunde der Stechmücke. Wie alle Mächte der Finsternis sind uns auch die Moskitos heute noch dienlich, da sie uns reizen und von unserem Ärger angezogen werden.

FLIEGEN

Auch Fliegen sind astrale Wesenheiten, die aus den umherschwirrenden üblen Gedankenformen der Menschen entstanden. Sie stellen die Kehrseite der Befähigung des Menschengeschlechts dar, sich an der Seite des Göttlichen als Schöpfer zu betätigen. Nach dem Fall von Atlantis begann sich die Welt zu öffnen und die Leute fingen an zu reisen. Man hielt sich nicht länger an die ökologischen Grundsätze, die ursprünglich in Atlantis erarbeitet wurden. Dadurch entstand das Müllproblem und die Fliegen konnten sich nach Herzenslust ausbreiten und vermehren.

Während des Goldenen Zeitalters von Atlantis lebten Tiere und Menschen 1500 Jahre lang als Freunde zusammen. Sie liebten und achteten einander. Man kannte keine Angst oder Gefahr. Viele Tiere gehörten sogar richtig zur Familie. Auch als Mensch und Tier begannen, Fleisch zu verzehren, tat man dies noch auf der Grundlage einer göttlichen Vereinbarung. Wenn zum Beispiel ein Mensch großen Hunger hatte, nahm er telepathisch Kontakt mit einer Viehherde auf, deren schwächstes Mitglied sich daraufhin als Nahrung zur Verfügung stellte. Durch dieses Opfer, das ein fester Bestandteil des Austausches der beiden beteiligten Lebewesen war, wurde es heilig. Diesen Grundsatz beherzigten auch die Ureinwohner Amerikas, die ihre gesamte Weisheit aus Atlantis bezogen hatten. Auch heute noch bitten sie ein Tier um Erlaubnis, bevor sie es jagen.

Um die Energie des ursprünglichen Atlantis zurückgewinnen zu können, müssen wir wieder lernen, die Tiere zu achten und Freundschaft mit ihnen zu schließen.

ÜBUNG ❖ KOMMUNIKATION MIT EINEM TIER

Sie können diese Übung mit Ihrem Hund, Ihrer Katze oder Ihrem Pferd machen, aber auch mit einer Maus oder einem Kaninchen. Wenn Sie selbst kein Tier haben, können Sie sich vielleicht in der Nachbarschaft eines ausleihen. Manchmal kommt auch ein Vogel vorbeigeflogen und will sich mit einem unterhalten – und auf dem Land stehen immer Pferde und Kühe auf der Weide. Je mehr Bezug Sie zu dem Tier bereits haben, desto leichter lässt sich der Kontakt natürlich herstellen. Das Entscheidende ist aber, dass Ihre Aura Liebe und Mitgefühl ausstrahlt und dass Sie in guter Absicht vorgehen.

Diese Übung lässt sich am einfachsten durchführen, wenn sich das Tier in Ihrer Nähe befindet. Ist das jedoch nicht möglich, so können Sie auch auf die Ferne mit ihm kommunizieren.

1. Setzen Sie sich ruhig zu dem Tier. Sie können es streicheln oder ihm auch etwas zuflüstern, das ist aber nicht erforderlich.
2. Stellen Sie sich rosafarbenes Licht vor, das aus Ihrem Herzen kommt und Sie umgibt. Hüllen Sie dann auch das Tier damit ein.
3. Sagen Sie dem Tier im Geist, dass Sie es lieben und gern mit ihm kommunizieren würden.
4. Sowie Sie das Gefühl haben, dass ein Kontakt entstanden ist, stellen Sie ihm telepathisch eine Frage.
5. Warten Sie aufnahmebereit auf eine Antwort. Sie tritt in der Regel in Form eines Gedankens auf, von dem Sie vielleicht meinen, es sei Ihr eigener. Je mehr Übung Sie bekommen, desto schneller lernen Sie zwischen Ihrem Denken und den Reaktionen des Tieres zu unterscheiden.
6. Manchmal empfinden Sie die Reaktion auch erst später – vielleicht sogar erst am nächsten Tag. Entspannen Sie sich also und genießen Sie die Übung ohne Druck oder irgendwelche Erwartungen.

KAPITEL FÜNF

HEIM UND FREIZEIT

HÄUSER

In den Goldenen Zeiten waren die Bewohner von Atlantis, auch die Priester, sehr familienorientiert und liebten ihr Zuhause. Die Häuser waren einfach: rund oder länglich und aus Naturmaterialien. Da man Fengshui beziehungsweise Geomantie anwandte, waren alle Formen geschwungen oder abgerundet. Man ging nämlich davon aus, dass dies der menschlichen Seele am besten entspricht und auch dem Energiefluss des Universums besonders zuträglich ist. Darüber hinaus stellen weiche Konturen auch eine Referenz an die weiblichen Prinzipien der Sanftheit, Fürsorge und der bedingungslosen Annahme dar.

Jede Familie hatte ihren eigenen Wohnbereich. Als ganz am Anfang noch alle Singles waren, bestanden im Grunde natürlich alle Unterkünfte aus einem einzigen Zimmer, da ja das primäre Ziel war, erst einmal jedem ein Dach über dem Kopf zu verschaffen. In der nächsten Phase ging es dann bereits um längerfristige Bedürfnisse. Zu dieser Zeit begann man zweistöckige Häuser zu bauen, in denen sich unten der Wohnbereich und oben die Schlafzimmer befanden, bei denen es sich um abgeteilte Räume ohne Türen handelte. Viele Leute kamen mittels Teleportation in den ersten Stock, aber nicht jedem war das möglich. Die meisten zogen es vor, zu Fuß zu gehen, eine Treppe gab es ja auch. Man bewegte sich ohnehin so viel wie möglich, da sich alle darüber im Klaren waren, dass der Zweck der Übung darin bestand, seinen Körper zu erleben. Außerdem erforderte die Teleportation mehr Energie als das Treppensteigen.

Badezimmer gab es nicht. Bei der warmen Witterung badeten alle in Wasserbecken im Freien oder gingen in die Sauna. Wasserverschwendung wurde so vermieden. In den ersten Jahren benutzte man gemeinsame Toiletten außerhalb des Wohnbereiches. Auf diese Weise konnten die menschlichen Exkremente als natürlicher Dünger weiterverwendet werden. Trotz des beeindruckenden technischen Wissens und Könnens war das Leben einfach, umweltbewusst und ganz natürlich.

WANDSCHMUCK

Auch der Wandschmuck war einfach. In der Regel hing nur im Wohnbereich ein Bild an der Wand, das ein Maler für die Familie gemalt hatte. Motive waren Tiere oder inspirierende Naturszenen, es gab aber auch abstrakte Gemälde in wunderschönen Farben und von großer spiritueller Energie. Alles diente der Aufrechterhaltung der göttlichen Frequenz.

Weil Farben eine so große Wirkung auf uns haben, wurden sie sehr sorgfältig ausgesucht. Rot verwendete man beispielsweise im Arbeitsbereich. Räume, in denen es besonders auf Kreativität ankam, wurden häufig orange gestrichen, die Kinderzimmer auch. Je nach Altersgruppe verwendete man unterschiedliche Farben. Um die Friedlichkeit zu betonen und ihre Frequenz zu erhöhen, wurden Tempel in Blau, Mauve und Grün gehalten, und die Inspiration förderte man mit Magenta. Der einzige Raumschmuck bestand in den ersten Jahren in Kristallen, die so programmiert waren, dass sie bei Einbruch der Dunkelheit zu leuchten begannen, und schimmerndem Metall.

MÖBEL

Fast alle Möbel und Gebrauchsgegenstände waren handgemacht und mit so viel Liebe geschnitzt oder gemeißelt, dass sie eine hohe Schwingung in die Atmosphäre sendeten. Weil die Leute so gern handwerklich tätig wurden, ließen sie praktisch nie Dinge einfach so aus dem Äther entstehen, nicht einmal diejenigen, die ohne weiteres dazu in der Lage waren. Es schenkte ihnen bedeutend mehr Befriedigung, wenn sie ihre Gegenstände nach eigenen Entwürfen selbst herstellen konnten. Jedes Objekt strahlt Energie aus. Dinge, die in Massenfertigung entstehen, in einer Umgebung voller Angst oder Frust, senden dunkle Energien aus, die jeden in Mitleidenschaft ziehen, der sie berührt. Damals in Atlantis wurde jeder einzelne Gegenstand mit Liebe handgefertigt und für heilig gehalten.

Die Betten bestanden aus Holzbrettern auf einem niedrigen Sockel und hatten weiche Decken, meistens aus gewebter Baumwolle. Die Atlanter waren außerordentlich praktisch veranlagt und hätten nie einem Tier ein Leid angetan. Starb es aber eines natürlichen Todes, so nahmen sie seine Haut gern und gerbten sie zu Leder. Es gab auch weiche Sitzkissen, die mit Hühnerfedern oder Schafswolle gefüllt waren.

In jedem Haus stand ein Ofen, der jedoch eher zum Kochen benutzt wurde als zum Heizen. Für die Nahrungszubereitung waren in der Regel die Frauen zuständig, hatten sie sich doch dafür entschieden, in einem weiblichen Körper auf die Erde zu kommen, weil sie ihre weiblichen Energien ausleben und mehr über sie erfahren wollten. Aus demselben Grund nehmen die Frauen auch heute noch einen weiblichen Körper an. In jenen schönen Zeiten betrachtete man Frauen jedoch als spirituelle Wesen, deren Fähigkeiten im Haushalt außerordentlich hoch geschätzt wurden. Überdies waren auch die Talente der Frauen auf kreativem und künstlerischen Gebiet sehr anerkannt und wurden nach Kräften gefördert. Die Frau galt als anders, dem Manne aber ebenbürtig und keineswegs als Heimchen am Herd. Zudem verfügte die Frau über gewisse Fähigkeiten, die ihr das Leben erleichterten. So musste sie zum Beispiel nur mit den Fingern schnippen, und schon hatte sie einen Gegenstand, der sich an der entgegengesetzten Ecke des Zimmers befand, in der Hand.

DAS LEBEN DRAUSSEN

In den meisten Gärten gab es eine Feuerstelle, auf der man kochen konnte. Familien und Freunde versammelten sich gern unter dem Sternenhimmel um das offene Feuer, erzählten sich Geschichten oder sangen zusammen. Die Leute waren sehr gesellig, und einer der wichtigsten Gründe für ihre Zufriedenheit bestand darin, dass sie oft und gern feierten. Gelegenheiten gab es reichlich: Geburtstage, eine üppige Ernte, Vollmond, der erste Regen nach einer längeren Trockenperiode, aber auch andere Anlässe erschienen wichtig genug, um sie zu ehren und dafür zu danken. Dabei aß man natürlich zusammen und segnete die Mahlzeit. Intuitiv wussten alle, dass Speisen, die gesegnet wurden, voller göttlicher Energie stecken.

Am Anfang brauchte man in Atlantis weder Alkohol noch irgendwelche anderen Drogen, denn die Fröhlichkeit kam von innen heraus. Zu bewusstseinsverändernden Substanzen griff man erst, als die Schwingungen allmählich nachließen.

Da ihnen die Natur und das Leben im Freien so wichtig waren, schätzten die Atlanter ihre Gärten, die wunderschön und vollkommen naturbelassen waren. Man liebte Blumen, züchtete aber keine. Der Rasen sah in den ersten Jahren natürlich auch nicht aus wie mit der Nagelschere geschnitten. Da man jedoch Schafe oder Ziegen darauf weiden ließ, war er trotzdem immer gut in Schuss. Den Rahmen bildeten schön geschnitzte Skulpturen aus Holz oder speziell ausgesuchte Steine. Da für das allgemeine Wohlbefinden fließendes Wasser eine große Bedeutung hatte, gab es in vielen Häusern und Gärten Bassins und Brunnen. Dort verbrachten die Menschen ihre Zeit, meditierten oder gaben sich einfach dem Sein hin, hörten und sahen dem Wasser zu und entspannten sich dabei. Später wurden in den Städten dann auch zahlreiche Schwimmbäder angelegt. Zudem befanden sich im Zentralbereich der Tempel Brunnen oder andere Arrangements mit fließendem Wasser.

Den Bewohnern von Atlantis war bewusst, dass alles, auch Steine, Kristalle, Bäume, Pflanzen und Tiere, eine Offenbarung der göttlichen Lebenskraft ist. Alles ist Gott. Daher ließen sie allem und jedem ihre Verehrung zukommen und akzeptierten, dass es eine wichtige Rolle in ihrem Leben spielte. Und weil diese einfachen Menschen erkannten, dass das Göttliche in allen Dingen zu finden ist, reagierten die Kristalle, Pflanzen und Lebewesen entsprechend und kooperierten mit ihnen. So konnten die Menschen beispielsweise mit der elementaren Lebenskraft eines Baum kommunizieren und ihn bitten, genau so zu wachsen, dass er ihnen Schatten spendete oder Unterschlupf gewährte.

Im Zeitalter des Wassermanns bemühen wir uns, wieder göttlich zu werden. In Atlantis wussten die Menschen um ihre Göttlichkeit.

Die Atlanter bewahrten sich ihre hohe Schwingungsfrequenz, indem sie sich entspannten, ihre Freizeit genossen und Geselligkeit pflegten. Die Familien lebten im Verbund zusammen und wenn eine neue Generation hinzukam, wurde angebaut oder man wohnte zumindest nicht weit voneinander. Die Menschen genossen die Gemeinschaft mit anderen, weil dabei ein Energieaustausch stattfand. Daher luden sich die Familien abwechselnd zu einem frugalen Essen ein. Diese Zusammentreffen brachten sie in Schwung, dort wurde musiziert, man erzählte Geschichten, spielte Theater und tanzte, was damals alles beliebte Freizeitbeschäftigungen waren. Weil ihre rechte Gehirnhälfte gut entwickelt und auch ihre Gedächtnisleistungen bemerkenswert waren, konnten sie sich die verschiedensten Geschichten bis in die allerkleinsten Einzelheiten merken.

Das waren alles ganz unschuldige Vergnügungen. Man ging Beeren sammeln, machte Spaziergänge oder veranstaltete Picknicks am Fluss. Alle schwammen wie die Fische, dies besonders gern mit ihren Freunden, den Delfinen, im Meer oder in riesigen Wasserbecken, die sie extra für sie angelegt hatten. Gern bauten sich die Leute auch Flöße oder segelten in kleinen Booten. Sie spielten auch: Fußball, Fangen oder Verstecken. Dabei ging es in erster Linie immer darum, Spaß zu haben.

KULTUR UND GESELLSCHAFT

Genauso wie an ihrem familiären Zuhause hingen die Bewohner von Atlantis auch an ihren Tieren, die einfach dazugehörten und wie nahe Angehörige behandelt wurden.

Die Frauen trafen sich im Freien, töpferten, webten oder nähten gemeinsam. Die Kleidung war schlicht. Man verwendete Wolle, Baumwolle oder Seide, die man mit natürlichen Pflanzenfarben einfärbte. Die Leute trugen Tuniken, oft in Purpurrot. Den Farbstoff dafür gewannen sie aus den reichlich vorhandenen Wulstschnecken. Der einzige Schmuck war ein auf das höhere Bewusstsein eingestimmter Kristall.

Schon die ersten Siedler begannen zu musizieren. Zunächst stellten sie sich aus Schilfrohr und Tierknochen Blasinstrumente wie Flöten her. Da für sie nichts eine Selbstverständlichkeit war, baten sie ein Tier vor seinem Tod um die Erlaubnis, seine Knochen verwenden zu dürfen. In der Frühzeit starben Tiere natürlich nie eines gewaltsamen Todes.

Auch Trommeln, Becken und Glocken waren von Anfang an sehr beliebt. Bald stellten die Leute Metallrohre verschiedener Größe her und befestigten sie aneinander, sodass es aussah wie mehrere Panflöten nebeneinander. Die einzelnen Rohre schlugen sie dann mit einem Stock an, der mit einem weichen Stoff verkleidet wurde, was sehr schöne Töne ergab. Da das Metall von einem anderen Planeten kam, können wir weder diese Instrumente noch die Töne, die von ihnen ausgingen, rekonstruieren. Auch mit hängenden Kristallen machte man in Atlantis Musik. In der letzten Phase brachten es die Atlanter mit ihren handwerklichen Fähigkeiten so weit, Saiteninstrumente, selbst große Harfen, herzustellen.

Die Leute liebten es, miteinander zu singen und zu chanten, aber sie hörten auch gern Musik und ließen ihre Körper von den Klangwellen durchfluten. Die eine Komposition gibt einem vielleicht ein Gefühl von Macht, andere können eine sinnliche, beruhigende Note haben. Jedes Konzert war einer ganz speziellen Art von Musik gewidmet, zum Beispiel heiligen Sprechchören oder heiteren Weisen. Es wurden große Musikhallen erbaut, in denen eine außergewöhnlich gute Akustik herrschte. Man besuchte die Konzerte dort der Inspiration wegen, aber auch, weil es sich um gesellschaftliche Ereignisse handelte. In den Tempeln wurden zu Heilzwecken ebenfalls Resonanzkammern eingerichtet.

Es gab Musik für alle Ansprüche und jeden Geschmack, nur kein Heavy Metal. Da die Kinder nicht so unausgeglichen waren wie heute, bestand dafür einfach keine Nachfrage. Erst später, als die Frequenz von Atlantis bereits dissonant wurde und die Menschen das Bedürfnis bekamen, diesen Disharmonien auch Ausdruck zu verleihen, wurde diese Art Rockmusik beliebt.

Kreativität und insbesondere die bildende Kunst standen hoch im Kurs und wurden gefördert. Große Popularität genossen Kunstausstellungen, nicht zuletzt, weil den Malern daran gelegen war, die Energie ihrer Werke erlebbar zu machen. Die Formen, Farben und Kompositionen eines Bildes haben eine ganz spezielle Ausstrahlung und den Malern des frühen Atlantis war es ein besonderes Anliegen, mit ihren Gemälden und Zeichnungen die Schöpfung zu rühmen. Zu einem späteren Zeitpunkt wurden Ausstellungshallen mit mehreren Stockwerken errichtet, von denen jedes einer bestimmten Schwingungsfrequenz gewidmet war. Auf der jeweiligen Etage hatten dann alle ausgestellten Bilder und Skulpturen, aber auch die Musik und die Beleuchtung die entsprechenden Schwingungen. Wer genau diese Frequenz benötigte, konnte dorthin gehen und sozusagen darin baden. Da der gesellschaftliche Aspekt in Atlantis nie zu kurz kam, konnte man bei solchen Ausstellungen natürlich auch Freunde treffen.

Die Menschen hielten sich körperlich fit und fingen irgendwann auch mit sportlichen Wettbewerben an. Dabei ging es aber immer nur darum, Spaß zu haben und seine Grenzen auszutesten. Das Ego spielte bei diesen Wettbewerben nie eine Rolle. Das Einzige, was dabei zählte, war, dass sie eine Gelegenheit boten, Höchstleistungen zu erbringen. Schließlich lud eine Stadt die andere zu einem Spiel ein und die Gastgeber wechselten sich ab. Es waren die Vorläufer unserer heutigen Olympischen Spiele, immer eine Gelegenheit zum Feiern und zur Pflege von Freundschaften. Aber auch eine Chance, die körperlichen Leistungsgrenzen weiter zu stecken. Selbst Pferde lieferten sich ihre Rennen. Und zwar ohne Sattel und nicht etwa, weil man sie so trainiert hatte, sondern ganz freiwillig und aus purer Freude.

Ein Weg, ihre Energien rein und sauber zu halten, war für die Atlanter ein einfacher Lebensstil. Ihr Alltag bestand aus einer ausgewogenen Mischung aus Arbeit, gesellschaftlichem und Familienleben, stiller Besinnlichkeit, Freizeit und Dankesbezeugung.

ÜBUNG ❖ BRINGEN SIE IHRE KREATIVITÄT ZUM AUSDRUCK

1. Entscheiden Sie sich, was Sie zum Ausdruck bringen möchten. Gelassenheit, Freude, Sehnsucht vielleicht oder was auch sonst.
2. Suchen Sie sich etwas, mit dem Sie sich ausdrücken können. Ölfarbe oder Malstifte, Sand, Ton, Holz, ein Musikinstrument oder auch etwas ganz anderes.
3. Sitzen Sie ein paar Minuten lang in stiller Besinnlichkeit da. Nehmen Sie bewusst wahr, was Sie zum Ausdruck bringen möchten, und konzentrieren Sie sich darauf.

- Welche Farbe hat es?
- Welchem Ton könnte es entsprechen?
- Wie fühlt es sich an? Ist es dick, dünn, seidig, derb, spricht es die Sinne an?

- Entspricht es einem Element? Wasser, Feuer, Luft, Erde, Äther?
- Wie riecht und schmeckt es?
- Was für eine Form hat es?
- Wie sieht es aus?

4. Drücken Sie es jetzt mithilfe Ihres Materials aus. Es muss kein Kunstwerk werden und zu sehen braucht es außer Ihnen auch niemand. Es ist lediglich der Ausdruck eines göttlichen Teils von Ihnen. Je häufiger Sie diese Übung machen, desto mehr nähern Sie sich dem, was Sie ausdrücken wollen, an und werden es bald auch in Ihrem Leben umsetzen können.

ÜBUNG ❖ FEIERN

Jeder Tag ist ein Anlass zum Feiern. Welchen Grund könnten Sie heute haben? Wie wollen Sie es anstellen? Feiern Sie Ihre Gesundheit, indem Sie eine Kerze anzünden und Dank sagen, feiern Sie die Schönheit der Blumen, indem Sie ein paar Dankesworte formulieren, feiern Sie einen schönen Sonnenuntergang, indem Sie die Arme in einer großen, umfassenden Geste öffnen.

KAPITEL SECHS

LANDWIRTSCHAFT

Bis zum Untergang waren alle Atlanter Vegetarier, allerdings nahmen sie die Geschenke, die ihnen die Tiere machten, etwa Wolle, Milch, Federn oder Eier, gern an. Da man glaubte, dass der Verzehr von Fleisch die Schwingungsfrequenz senken und die übersinnlichen Fähigkeiten beschneiden würde, aß man pflanzliche Erzeugnisse, Nüsse, Samen, Beeren, aber auch Eier und Milchprodukte. Ganz am Anfang gab es ausschließlich Rohkost; als sich die Gemeinschaft aber etwas weiterentwickelt hatte, begann man bald, das Essen auch leicht zu kochen oder anzubraten.

ARBEIT MIT DER NATUR

Da das spirituelle Leben der Menschen eng mit der Natur verbunden war, respektierten und achteten sie deren Rhythmen und Bedürfnisse. Beim Anbauen und Ernten der Pflanzen richteten sich die Bauern nach den Besonderheiten des jeweiligen Getreides ebenso wie nach den Mondphasen. Und man aß nur das, was gerade natürlich zur Reife gekommen war. Da man wusste, dass der menschliche Körper in Harmonie mit der gesamten Natur ist, verließ man sich darauf, dass zur rechten Zeit immer genau die richtigen Lebensmittel vorhanden sind. Das galt nicht nur saisonal, sondern auch lokal. Die Nahrungsmittel, die auf den nördlichen Inseln gediehen, entsprachen exakt den Bedürfnissen der Menschen, die dort lebten, nicht anders, als es auf den südlichen Inseln der Fall war. Dieses göttliche Prinzip hat auch heute noch seine Gültigkeit. Die Nahrungsmittel, die in einer bestimmten Jahreszeit in einer bestimmten Region wachsen, enthalten in ausreichenden

Mengen genau die richtigen Nährstoffe, um den Menschen, die dort leben, gut zu tun. An dieser Regel bestand im Goldenen Zeitalter nicht der geringste Zweifel, und es wäre vollkommen undenkbar gewesen, Nahrungsmittel von einem Ende der Welt ans andere zu transportieren. Wissenschaftler haben herausgefunden, dass die Aminosäuren in Sojabohnen, die sich je nach dem Breitengrad unterscheiden, auf dem sie angebaut werden, genau den Erfordernissen der Menschen und Tiere entsprechen, die sich in der jeweiligen Region davon ernähren.

Auf den Feldern und Beeten bauten die Bauern immer Pflanzen zusammen an, die gut miteinander harmonierten, die sich gegenseitig stützten und schützten. Sie beobachteten ihre Sämlinge, hörten ihnen zu und erhielten Informationen von ihnen. Der mächtige Thot, später als Hermes Trismegistos bekannt, belehrte die frühen Siedler über die Harmonien und Analogien bei allen lebendigen Wesen im Universum, auch bei der Bewegung der Planeten, bei den Gezeiten und Strömungen, bei den Tieren, Menschen, Pflanzen, Kristallen – bei allem. Der gesamte Kosmos reagiert auf gewisse Harmonien und Kombinationen von Noten der Tonleiter. Das heißt, dass Menschen mithilfe von bestimmten, auf ihre Zellstruktur abgestimmten Tönen und Rhythmen geheilt werden können. Manche Töne unterstützen auch das gesunde Pflanzenwachstum. Die Bewohner von Atlantis erfuhren, dass Pflanzen auf bestimmte Musik reagieren, daher sangen und chanteten sie ihnen etwas vor, sandten ihnen harmonische, liebevolle Schwingungen, um den Ernteertrag zu steigern. Auch hielten es die Leute für völlig normal, sich zu ihrem Gemüse zu setzen und mit ihm zu sprechen. Dabei kam es zum Austausch großer Mengen von Prana beziehungsweise Lebensenergie zwischen Mensch und Natur. Über Klangheilung sprechen wir später noch etwas detaillierter.

Wenn heute jemand ein besonderes Händchen für Pflanzen hat, sagen wir, er hat einen grünen Daumen. Solche Leute unterhalten sich – laut oder im Stillen – immer mit ihren Pflanzen. Die Liebe ist eine kosmische Kraft, von der Menschen, Pflanzen, Felsen und Gaia selbst berührt werden. In unserer Zeit wurden schon viele Experimente unternommen, die zeigen, dass Pflanzen dahinvegetieren und schließlich sterben, wenn man sie mit abgehackter Rockmusik bombardiert. Dagegen wachsen und gedeihen sie, wenn sie Klassisches zu hören bekommen, insbesondere Barock- oder sakrale indische Musik.

KRISTALLE FÜR PFLANZEN

Zwischen die Pflanzen legte man in Atlantis Kristalle, die automatisch mit ihnen mitschwangen, sie beim Wachstum unterstützten und bei guter Gesundheit hielten. Pflanzen, die im Übermaß wuchsen und dazu neigten, alles andere zu überwuchern, wurden dagegen mit speziell programmierten Quarzen kombiniert, um sie davon zu überzeugen, dass sie sich etwas zurückhalten sollten.

Dentritenachat hat einen besonders positiven Einfluss auf das Wachstum von Getreide und wurde auch gern zum Schutz vor Krankheiten für Zimmerpflanzen benutzt. Zudem stabilisiert er die Wirbel im Energiefeld der Erde.

Bojisteine bestehen aus verdichtetem Sand. Ihre äußere Schicht enthält Eisenpartikelchen und Sand, so dicht gepackt, dass sich die Steine eisenhart anfühlen. Die speziellen Schwingungen, die von ihnen ausgehen, tun dem Getreide und auch anderen Pflanzen so gut, dass in Atlantis Bojisteine auf dem Boden ausgelegt wurden. Es gibt zwei Arten davon, eine glattere mit weiblicher Energie, und eine, die Wölbungen aufweist und von männlicher Energie ist. Man achtete immer darauf, sie so einzusetzen, dass perfekte Harmonie bestand.

Lithiumquarz, den es reichlich gab, wurde zur Heilung von Pflanzen und Tieren benutzt, kann aber auch zur Reinigung von Wasser verwendet werden. Im Goldenen Zeitalter war das natürlich nicht erforderlich. Später aber legte man diese Kristalle in Schwimmbecken und ins Trinkwasser. Gerade heute ist es sinnvoll, einen Lithiumquarz in einen Krug mit Mineral-, Leitungs- oder gefiltertem Wasser zu geben, um es zu reinigen. Wenn Sie ein blaues Gefäß verwenden und es in die Sonne stellen, kann es sich mit göttlicher Energie aufladen. Eine kleine Menge dieser heiligen Flüssigkeit kann auch einen Fluss oder ein Schwimmbecken homöopathisch säubern und seine Schwingungen verbessern.

Der grüne Turmalin war ebenfalls sehr beliebt, weil er alle Pflanzen heilen und die Energie des gesamten Gartens auf einem hohen Niveau halten kann. Das liegt zum Teil daran, dass er in enger Verbindung zu den Devas steht, jenen Naturgeistern, die sich der Bäume, Pflanzen, Flüsse, Berge und anderer Aspekte der Natur annehmen. Die Bauern kannten die Elfen, Feen, Gnome, Salamander, Wassernixen und all die anderen Naturgeister gut und kooperierten mit ihnen.

Infolge dieser harmonischen Zusammenarbeit mit der Natur konnten die Bauern Nahrungsmittel erzeugen, die dermaßen reich an Nährstoffen waren, wie wir es uns heute kaum mehr vorstellen können. Sie erhielten so viel Prana, also göttliche Lebenskraft, dass man nur sehr wenig zu essen brauchte.

ACKERBAU

Um die Pflanzen kümmerten sich spezialisierte Landwirte, aber natürlich half die gesamte Gemeinschaft bei der Ernte. Alles wurde so gelagert, dass sich die Familien je nach Bedarf mit dem versorgen konnten, was sie benötigten. Zu einem großen Teil ernährte man sich von Mais und Getreide, aber es wurden auch Kartoffeln sowie alle Arten von Gemüse, Nüssen und Obst angebaut.

Bereits in der Frühzeit von Atlantis setzte man Hydroponik ein, also eine Art Hydrokultur, die gewährleistete, dass alle Pflanzen immer die richtige Menge Feuchtigkeit und Licht bekamen. Man entwickelte hüfthohe überdachte Häuschen, in denen die Sämlinge unter optimalen Bedingungen heranwachsen konnten. Sie ähnelten unseren heutigen Gewächshäusern, waren aber weder aus Polyäthylen noch aus Glas, sondern aus einem besonders geeigneten Material, das wir heute leider nicht mehr herstellen können, weil wir nicht über die entsprechenden Technologien verfügen.

Die fünf Inseln, aus denen das Goldene Atlantis bestand, erstreckten sich über ein sehr großes Gebiet. Da die Entfernung zwischen den nördlichen und den südlichen Inseln enorm war, bestanden erhebliche klimatische Unterschiede. Im Norden wurden Weintrauben, Blau- und Boysenbeeren, Kirschen und Nüsse angebaut, für Äpfel war es jedoch schon zu warm. Weiter südlich wuchsen Orangen, Zitronen, Limetten, Pampelmusen und Feigen, und auf der Insel, die am weitesten im Süden lag, gab es Mangos, Ananas, Kokosnüsse, Papayas und Granatäpfel im Überfluss. Man trank sehr gerne gemischte Obstsäfte, insbesondere auf der Basis von Granatäpfeln.

Andere Spezialisten mit einer besonderen Liebe zu Tieren kümmerten sich um die Rinder, Schafe und anderen Lebewesen. Alle Bauern einer Gemeinde arbeiteten eng zusammen, hatten große Achtung nicht nur vor den Tieren, sondern auch vor den Nahrungsmitteln, die sie den Menschen schenkten. Sie hielten sich nicht für berechtigt, sich Milch oder Wolle einfach zu nehmen. Nein, sie baten die Tiere immer freundlich um Erlaubnis und bedankten sich anschließend herzlich. Um die Bienen kümmerten sich engagierte Imker, die auch einfache Bienenkörbe herstellten. Bevor sie sich an den Waben bedienten, fragten sie selbstverständlich nach, ob sie den Honig nehmen dürften.

BÄUME

Bäume, die grünen Lungen des Planeten, gleichen die Atmosphäre aus. Sie sind sehr gütig und verbreiten viel Liebe. Das spüren die Menschen und deshalb sitzen wir selbst heute in unserer zynischen Zeit immer noch so gern unter einem Baum oder gehen im Wald spazieren. Bäume sind aber auch die Hüter der alten Weisheit, denn sie bewahren die Geschichte und das Wissen eines Landes. Ein Baum könnte uns alles erzählen, was auf dem Erdboden um ihn herum seit Beginn der Zeit je geschehen ist. Ob die Luft verschmutzt wird, eine Insektenplage auftritt oder sich das Klima wandelt: Die Bäume speichern alle diese Informationen. In Atlantis archivierten sie auch alle Daten über das Experiment, sodass der Intergalaktische Rat die gespeicherten Informationen nutzen konnte, um herauszufinden, was falsch gelaufen war, und seine Lehren daraus ziehen konnte.

Auf den verschiedenen Inseln gab es unterschiedliche Nutzhölzer. Eichen, Eschen, Ulmen, Buchen, Kastanien, Lärchen oder Platanen, wie sie heute in unseren nördlichen Klimazonen wachsen, existierten nicht. Dafür aber in großen Mengen Palmen, Eukalyptus, Ahorn, Weiden, Pappeln, Olivenbäume, Pinien, Sandelholz, Zypressen und einige andere Bäume, die inzwischen ausgestorben sind. Die Atlanter waren richtig gehend vernarrt in ihre Bäume. Wenn sie ihr Gleichgewicht wiederfinden oder neue Kraft tanken wollten, setzten sie sich in die Nähe eines Baumes oder lehnten sich an seinen Stamm. Bei ihren Festen und Zeremonien tanzten sie um die Bäume herum.

In den goldenen Zeiten war der Boden nährstoffreich und fruchtbar. Das Klima war mild, es gab genau die richtige Menge an Regen, gesteuert von der Energiekuppel, von der Atlantis bedeckt war. Die Pflanzen, angebaut im Einklang mit der universellen Energie, schmeckten hervorragend und waren außerordentlich nahrhaft. Die Menschen mussten deshalb nur wenig Zeit und Energie investieren, um ihre Nahrungsbedürfnisse zu befriedigen. Da sie auch nicht den Wunsch verspürten, materielle Güter anzuhäufen oder zu beweisen, dass sie etwas Besseres waren, blieb ihnen reichlich Zeit, sich kreativ zu betätigen. Sie zeichneten, malten, bildhauerten oder stellten anderweitig schöne Dinge her. Sie machten auch gern Musik, entspannten sich in der freien Natur oder hatten Spaß im Familienkreis, mit ihren Freunden und den Tieren.

Wenn wir zu geschäftig werden und allzu viel Zeit mit Denken verbringen, entfernen wir uns von unserem wahren Selbst. Das Leben der Menschen in Atlantis dagegen war friedvoll, besinnlich und harmonisch. Das hielt ihre Beziehungen zur spirituellen Welt rein und ihre rechte Gehirnhälfte offen. Auch waren sie oft im Freien, in der Natur – eins mit dem All-Eins, denn die Natur ist ja eng mit dem Göttlichen verbunden.

Genau wie Menschen reagieren auch Pflanzen auf positive beziehungsweise negative Gefühle und Schwingungen, sei es auf Musik, Gedanken oder Worte. Versuchen Sie die folgende Übung und überzeugen Sie sich selbst, was passiert.

ÜBUNG ❖ DIE MACHT DER LIEBE UND DES HASSES

1. Nehmen Sie zwei gleiche Blumentöpfe mit derselben Erde und pflanzen Sie in jeden einen Sämling.
2. Schreiben Sie die Worte »Liebe«, »Frieden« und »Danke« auf einen Zettel und befestigen Sie ihn an einem der Töpfe.
3. Auf einen anderen Zettel schreiben Sie die Worte »Hass«, »völlig nutzlos« und »schrecklich«. Diesen befestigen Sie an dem anderen Blumentopf.
4. Gießen Sie beide Töpfe genau gleich. Dabei sagen Sie dem Pflänzchen im ersten Topf, dass sie es lieben und dass es gut gedeiht. Visualisieren Sie, wie es sprießt, und teilen Sie ihm mit, wie viel Freude es Ihnen macht und dass Sie sehr stolz auf es sind. Der Pflanze im anderen Topf erklären Sie, dass sie nichts taugt, dass Sie sie hassen, dass es ein elendes, schreckliches Teil ist, das es gar nicht verdient hat zu wachsen.
5. Beobachten Sie, wie sich die Pflanzen entwickeln.

KAPITEL SIEBEN

DAS LEBEN NACH DER ZWEITEN GENERATION

EINE HARMONISCHE GEMEINSCHAFT

Jahrhundertelang hatten die Bewohner von Atlantis den Himmel auf Erden. Miteinander teilen, sich umeinander kümmern, persönliche Entwicklung und Verantwortung – all das waren Werte, die hoch im Kurs standen. Die Gemeinschaften gediehen daher prächtig und alle waren glücklich und zufrieden.

Die Hohen Priester und Priesterinnen, die die Stämme regierten, verbrachten einen Teil ihrer Zeit im Tempel des Poseidon und den anderen in ihrer jeweiligen Gemeinschaft. Dort standen sie den Menschen mit Rat und Tat zur Verfügung und wurden als rechtschaffen und ehrenwert geachtet und geliebt. Da jeder wusste, dass die Regierenden ihre Entscheidungen stets im Sinne des Gemeinwohls trafen, wurden diese Entscheidungen von allen akzeptiert. Und mehr noch. Weil die Herrschenden ohne Fehl und Tadel waren, kamen auch keine Zweifel an der Gerechtigkeit des Systems als Ganzem auf. Das heißt, zwischen den Oberhäuptern und denen, die man heute als ihre Wähler bezeichnen würde, herrschte ein hohes Maß an Vertrauen. Daher wurde alles der Gemeinschaft gewidmet. Persönliche Bereicherung wäre niemandem in den Sinn gekommen.

Da es nicht benötigt wurde, gab es bis zum Niedergang von Atlantis kein Geld. Alles – Nahrungsmittel, Kleidung, Möbel, Gemälde und Werkzeuge – wurde zentral gelagert und die Menschen nahmen sich, was sie brauchten. Da für alle genug da war, hätte nie jemand mehr entnommen, als seinen unmittelbaren Bedürfnissen entsprach. Warum auch? Ein offenes Herz empfindet keinen Mangel, es genießt den Überfluss. Im Einklang mit dem geistigen Gesetz des Ausgleichs gaben die Leute, wenn sie etwas erhalten hatten, auch immer irgendetwas zurück. Weil alle glücklich waren und sich geschätzt fühlten, waren sie großzügig und wurden mit einem Gefühl der Befriedigung dafür belohnt. Raum für Neid oder Eifersucht gab es daher gar nicht. Wenn die gesamte Gemeinschaft einer Vision folgt, die über sich selbst hinausweist, wird niemand schummeln oder betrügen. Und da es kein räuberisches Steuersystem gab, bestand auch keine Notwendigkeit für kreative Buchführung. Jeder Einzelne unterstützte das große Ganze, trug liebend gern sein Scherflein dazu bei.

Die gesamte Atmosphäre war friedlich. Es gab keinen Verkehrslärm, keine Presslufthämmer, keine dröhnende dissonante Musik und auch kein Gebrüll. Alle waren auf die Natur eingestimmt, auf die Ruhe und Stille von Gaia, und infolgedessen herrschte allenthalben heitere Zufriedenheit. Jeder hatte viel Freizeit, fühlte sich geliebt und umsorgt, war der Gemeinschaft mit seiner Lieblingsbeschäftigung dienlich und rundum gesund. Es war eine Epoche, die von Lachen und schierer Glückseligkeit gekennzeichnet wurde.

DIE ÜBERGANGSRITEN DER FRAUEN

Genau wie heute machten die Frauen auch im frühen Atlantis bereits verschiedene innere Initiationen durch. Die Erste war das Einsetzen der Menstruation, die Mensis, die als der Beginn des Erwachsenenlebens begrüßt und gefeiert wurde. Die jungen Frauen waren stolz auf ihre Monatsblutung. Die zweite, tiefer gehende Initiation war die Niederkunft, schmerzhaft, aber erträglich. Nach der Geburt konnte man beobachten, dass die Aura der Mutter eine wunderschöne helltürkisfarbene Tönung annahm, die das Baby zwei Jahre lang umfing, nährte und schützte. Wenn sie sich in dieser Zeit einmal von ihrem Kind entfernen musste, visualisierte die

Mutter es in diesem schönen Aquamarin, damit es sich so sicher fühlen konnte wie an ihrer Brust. Gebärt heute eine Frau ein Kind, werden die beiden von Mutter Maria und ihren Engeln in ein dunkleres Blau getaucht. Diese intensivere Farbe ist nötig, weil wir in einem niedrigeren Frequenzbereich leben, der nach einem größeren Schutz verlangt. Wie damals in Atlantis behält auch bei uns die Aura der Mutter ihr Blau zwei Jahre lang bei. Wenn man während dieser Zeit das Kind einmal bei anderen Leuten lassen muss, ist es wichtig, dass man es mit diesem Marineblau umgibt, damit es sich sicher und geborgen fühlen kann. Das können Sie ganz einfach tun, indem Sie sich das entsprechende Blau vor Ihrem geistigen Auge vorstellen und visualisieren, wie Ihr Kind davon eingehüllt wird. Die dritte Initiation war die Menopause, wenn kein Monatsblut mehr floss und die Frau zur Weisen Frau wurde, die man für das Wissen und die Erfahrung, die sie besaß, verehrte.

DIE ÜBERGANGSRITEN DER MÄNNER

Der Übergang des Jungen zum Mann fand mit dreizehn statt, wenn er seine Familie verließ. Dann wurden ihm ganz spezielle Unterweisungen zuteil und auch sein körperliches Leistungsvermögen kam auf den Prüfstand. Danach kehrte er als Mann in seine Gemeinschaft zurück, voller Selbstvertrauen und Stolz auf seine Männlichkeit. Jetzt war er bereit, seine Körperkraft einzusetzen, um auf die Heranwachsenden und auf Schwächere aufzupassen, sie zu beschützen und den Jungen ein Vorbild zu sein.

FESTE UND FEIERLICHKEITEN

Die Menschen waren zu jener Zeit sozial eingestellt und kontaktfreudig, sie feierten gern. Gemeinschaften, bei denen es gesellig zugeht, sind in der Regel glücklich. Dankesfeste und Zeremonien verbinden die Menschen und schaffen Gemeinsamkeiten.

In Atlantis konsumierte man weder Drogen noch sonstige stimmungsverändernde Substanzen. Das war auch gar nicht nötig, weil es ja keinen Stress gab, den es zu bekämpfen galt, keine Unzufriedenheit, die betäubt, oder innere Dämonen, die niedergehalten werden mussten. Die Menschen wussten, dass der Genuss bestimmter pflanzlicher Stoffe wie Cannabis, Tabak oder Kaffee nicht nur ihre Aura, sondern auch die übersinnlichen Wahrnehmungsfähigkeiten verändert und beeinträchtigt. Danach verlangte es damals einfach niemanden.

Bei LSD handelt es sich um eine künstlich hergestellte Substanz, die die Hirnströme verändert, was zur Folge hat, dass der Konsument geistig vollkommen aus dem Gleichgewicht gerät, wobei der ausgeglichene Zustand nicht wiederherstellbar ist. Dieses ganze Leben lang wird derjenige keinerlei spirituelle Verbindungen herstellen können. Als Macht und Reinheit von Atlantis im Niedergang begriffen waren, begann man Drogen herzustellen, die bereits eine ganz ähnliche Wirkung hatten. Zu jener Zeit ließen die übersinnlichen Kräfte der Menschen allmählich nach, daher griffen sie häufig zu solchen Chemikalien, weil sie hofften, auf diese Weise ihre früheren Fähigkeiten reaktivieren zu können.

Etwas Ähnliches geschieht auch heute wieder. Immer mehr Jugendliche greifen zu allen möglichen Drogen, um ihrem Leben zu entfliehen; sie sehnen sich nach spirituellen Erfahrungen. Diese Art der Suche aber führt in die Irre, weil sie auf keinem soliden Fundament steht. Die Bewusstseinsebenen, die man unter dem Einfluss von Drogen erreicht, sind häufig nichts als Selbsttäuschung oder Projektion. Weil aber die Bilder, die man dabei sieht, so real wirken, hält man sie für die objektive Wahrheit. Die Feiern, die im frühen Atlantis abgehalten wurden, waren immer höchster spiritueller Ausdruck von Dankbarkeit und völlig drogenfrei.

Heutzutage empfinden manche Menschen einen tiefen Drang, sich mit dem Göttlichen zu verbinden. Bei ihren Seelen-Readings hat Shaaron oft beobachtet, dass manche Leute »absichtlich« unbewusst Alkohol- oder Drogenmissbrauch treiben, um dadurch ausgelöst irgendwann das Zwölf-Schritte-Programm der Anonymen Alkoholiker oder Drogenkonsumenten erleben zu können. In diesem Programm geht es darum, sich einer höheren Macht anheim zu geben, insbesondere in den Punkten 3 und 11, die da lauten:

SCHRITT 3. »Wir fassen den Entschluss, unseren Willen und unser Leben der Sorge Gottes, wie wir ihn verstehen, anzuvertrauen.«

SCHRITT 11. »Wir suchen durch Gebete und Besinnlichkeit die bewusste Verbindung zu Gott, wie wir ihn verstehen, zu vertiefen. Wir bitten ihn nur, uns seinen Willen erkennbar werden zu lassen und die Kraft zu geben, ihn auszuführen.«

Die zwölf Schritte können ein ausgezeichneter Ausgangspunkt dafür sein, die Verantwortung für sich selbst zu übernehmen. Dies ist häufig der Beginn des spirituellen Aufstiegs.

RECHTE UND LINKE GEHIRNHÄLFTE

In den glücklichen Tagen von Atlantis wurden die Menschen hauptsächlich von ihrer rechten Gehirnhälfte gesteuert. Und wie in allen Rechts-Hirn-Gesellschaften kümmerte man sich auch dort um jeden und kam allen mit großem Mitgefühl entgegen. Die bedeutendsten Werte waren Liebe, Großherzigkeit, miteinander Teilen und sich umeinander Kümmern sowie Kreativität und künstlerischer Selbstausdruck. Die Leute waren entspannt, kontemplativ und offen für mystische Erfahrungen. Ihr origineller, kreativer Verstand ermöglichte es ihnen, eine geistige Technologie zu entwickeln, die Unglaubliches bewirkte, dabei aber weder Menschen, Tieren noch der Natur im Ganzen jemals Schaden zufügte.

Alle Zivilisationen, die eine übergeordnete Vision haben, wie etwa die Aborigines, die Ureinwohner Amerikas oder die Kahunas, sind ganzheitlich orientiert, im Gegensatz zum späten Atlantis und den modernen Links-Hirn-Gesellschaften, in denen Cliquen, Hierarchien und zerstrittene Regierungen herrschen, die von Eigennutz dominiert werden. Immer wenn sich Menschen viel zu viel anstrengen, allzu beschäftigt sind und unter Stress stehen, kommen die Gefühle zu kurz oder werden mit Füßen getreten. Die daraus resultierende Trennung von Hirn und Herz führt zu

Brutalität, Gewalt, Missbrauch und Krieg. In der heutigen Zeit, die durch ständige Unzufriedenheit gekennzeichnet ist, versuchen wir, mithilfe von Naturwissenschaft und Technologie weiterzukommen. Doch dabei berauben wir die Erde ihrer Erz- und Erdölvorkommen und kümmern uns überhaupt nicht um den Dreck, den wir überall auf der Welt hinterlassen. Wo die Natur nicht verehrt wird, entsteht der Eindruck, von ihr getrennt zu sein. Das wiederum verleitet die Menschen zu der Annahme, sie hätten das Recht, sie zu verändern, gentechnisch einzugreifen, Lebewesen zu klonen, Wälder abzuholzen oder Flüsse zu verseuchen. Eine solche Trennung von Herz und Verstand trat mit allen Konsequenzen wie Grausamkeit, Sklaverei und Ungerechtigkeit auch in Atlantis ein, als sich die Inseln im Niedergang befanden. Aber nicht einmal in den allerschlimmsten Zeiten wäre man auf die Idee gekommen, fossile Brennstoffe zu verwenden, weil man genau wusste, welche verheerenden Folgen das für den Planeten haben würde. Allerdings schreckte man in den Jahren der größten Finsternis nicht davor zurück, Lebewesen zu klonen, Pflanzen genetisch zu verändern und Implantationen vorzunehmen.

Da Kinder in Gesellschaften, in denen die rechte Gehirnhälfte dominiert, als ein Geschenk an die Gemeinschaft betrachtet werden, stehen sie dort immer im Mittelpunkt. In Atlantis wurden die Kleinen geliebt, respektiert und in alles einbezogen. Selbst an gewissen Entscheidungen wurden sie beteiligt. Da es nichts Materielles zu vererben gab, wurde die Weitergabe der Traditionen und Weisheiten an die nächste Generation als gemeinschaftliche Verantwortung betrachtet.

ÜBUNG ❖ DOMINIERT BEI IHNEN DIE RECHTE ODER DIE LINKE GEHIRNHÄLFTE?

Mit dem folgenden einfachen Schnelltest können Sie herausfinden, ob bei Ihnen die linke oder die rechte Gehirnhälfte dominiert. Verdecken Sie die Antworten so lange, bis Sie so weit sind, dass Sie Ihr Ergebnis ermitteln können. Lesen Sie sich die folgenden Aussagen durch. Immer wenn eine auf Sie zutrifft, machen Sie in der entsprechenden Spalte ein Häkchen. Schauen Sie sich dann die Antworten am Ende dieses Kapitels an und schreiben Sie neben jedes Häkchen entweder ein L (für linke Gehirnhälfte) oder ein R (für rechte Gehirnhälfte) in die rechte

Spalte. Zählen Sie dann zusammen. Haben Sie mehr Ls, dann dominiert bei Ihnen die linke Gehirnhälfte, sind es überwiegend Rs, dann ist Ihre rechte Hirnhälfte aktiver. Wenn kein großer Unterschied zwischen den beiden Zahlen besteht, so bedeutet das, dass bei Ihnen die Gehirnhälften etwa gleich aktiv sind.

Aussage	*Häkchen* (*wenn die Aussage auf Sie zutrifft*)	*L/R*
1. Ich bin sehr sauber und ordentlich.	❑	____
2. Ich führe Tagebuch.	❑	____
3. Ich ergehe mich häufig in Tagträumen.	❑	____
4. Ich gehe gern in der Natur spazieren.	❑	____
5. Mit meinen Vermutungen liege ich oft richtig.	❑	____
6. Ich wäre eine gute Redakteurin.	❑	____
7. Ich gestikuliere beim Sprechen.	❑	____
8. Ich gehe Probleme logisch an.	❑	____
9. Ich muss mir alles hart erarbeiten.	❑	____
10. Ich bin sehr intuitiv.	❑	____
11. Ich bin Realist.	❑	____
12. Ich habe eine Vision für die Welt.	❑	____
13. Ich kann mich gut verbal ausdrücken.	❑	____
14. Ich wäre immer gern Malerin, Designerin oder Musikerin geworden.	❑	____
15. Ich mag Fantasy-Literatur.	❑	____
16. Ich bin gut in Mathematik.	❑	____
17. Ich bin zielorientiert.	❑	____
18. Ich tanze gern.	❑	____
19. Ich tue gern etwas Praktisches.	❑	____
20. Ich folge meinen Ahnungen.	❑	____
21. Mit übersinnlichen Dingen kann ich nichts anfangen.	❑	____
22. Routinearbeiten langweilen mich.	❑	____
23. Wenn mir eine Frage gestellt wird, drehe ich den Kopf leicht nach links.	❑	____

Aussage	*Häkchen* (*wenn die Aussage auf Sie zutrifft*)	*L/R*
24. Ich nehme gern immer denselben Weg.	❑	____
25. Mich interessieren Fakten.	❑	____
26. Ich wäre gern Anwältin, Steuerberaterin oder Zahnärztin geworden.	❑	____
27. Bevor ich eine Entscheidung treffe, kenne ich gern alle Fakten.	❑	____
28. Manchmal verplempere ich meine Zeit.	❑	____
29. Ich liebe den Vollmond.	❑	____
30. Routine finde ich gut.	❑	____
31. Ich liebe Musik.	❑	____
32. Wenn mir eine Frage gestellt wird, wende ich den Kopf leicht nach rechts.	❑	____
33. Ich erstelle gerne Listen.	❑	____
34. Ich habe eine lebhafte Fantasie.	❑	____
35. Manches weiß ich einfach.	❑	____
36. Ich arbeite gern im Team.	❑	____
37. Ich ziehe das Buch der Verfilmung vor.	❑	____
38. Ich habe gern die Verantwortung.	❑	____
39. Ich habe gern das Ganze im Blick.	❑	____
40. Wenn ich einen Raum betrete, spüre ich die Atmosphäre.	❑	____

Antworten

1. *L*	11. *L*	21. *L*	31. *R*
2. *L*	12. *R*	22. *R*	32. *L*
3. *R*	13. *L*	23. *R*	33. *L*
4. *R*	14. *R*	24. *L*	34. *R*
5. *R*	15. *R*	25. *L*	35. *R*
6. *L*	16. *L*	26. *L*	36. *R*
7. *R*	17. *L*	27. *L*	37. *L*
8. *L*	18. *R*	28. *R*	38. *L*
9. *L*	19. *L*	29. *R*	39. *R*
10. *R*	20. *R*	30. *L*	40. *R*

Menschen, bei denen die linke Gehirnhälfte dominant ist, sind eher logisch, rational, intellektuell, praktisch, sie denken in Hierarchien, sind pünktlich, lieben Routine, Ordnung und Disziplin. Auch haben sie einen guten Blick für Details. Die Kehrseite ist, dass Herz und Hirn bei ihnen oft getrennt sind, was dazu führen kann, dass sie wenig Gefühl für andere Menschen aufbringen. Wenn sie darüber hinaus den Kontakt zu ihrer Seele verloren haben, neigen sie auch zum Zynismus.

Menschen, bei denen die rechte Gehirnhälfte dominiert, sind dagegen eher ganzheitlich veranlagt, mitfühlend, visionär, offen, künstlerisch, kreativ, spirituell, sie sind im Fluss und verfügen über übersinnliche Fähigkeiten. Die Kehrseite: Weil es ihnen oft an Konzentrationsfähigkeit fehlt, fällt es ihnen mitunter schwer, Dinge, die sie begonnen haben, auch zu Ende zu bringen. Deshalb kommen sie häufig nur sehr langsam voran. Überdies sind sie gelegentlich ängstlich und abergläubisch.

Für die Zukunft wäre der Ausgleich beider Gehirnhälften anzustreben.

KAPITEL ACHT

GESELLSCHAFTLICHE ENTWICKLUNGEN

DIE ENTWICKLUNG DES BILDUNGSWESENS

Als die Bevölkerung wuchs, spezialisierten sich die Priester auf unterschiedliche Gebiete wie etwa Erziehung und Bildung. Ganze Tempel oder zumindest Teile davon wurden eigens diesem Zweck gewidmet. Die Schülerinnen und Schüler wurden wie bereits die ersten Kinder, die in Atlantis eingetroffen waren, telepathisch unterrichtet. Während sie sich entspannten und für das erhabene Wissen öffneten, vermittelten ihnen die Lehrerpriester spirituelle Informationen und kosmische Weisheiten. Zusätzlich hatte jedes Kind auch noch seinen eigenen Lehrkristall.

Kristalle verfügen über ein Bewusstsein, sie stehen untereinander in Verbindung und übertragen Energie. So kann zum Beispiel ein Quarz einem anderen direkt Informationen zukommen lassen. Auch die Kommunikation zwischen zwei Amethysten funktioniert reibungslos, wohingegen es zwischen einem Amethyst und einem Rosenquarz Unklarheiten geben kann. Das ist alles eine Frage der Kompatibilität. Genau wie wir mit bestimmten Leuten auf einer Wellenlänge sind, schwingen sich auch Kristalle, die dieselbe Aufgabe haben, aufeinander ein.

Wenn der oberste Lehrerpriester im Tempel des Poseidon eine Stunde plante, programmierte er einen Kristall mit den Informationen, die er den Schülern vermitteln wollte. Anschließend legte er fünf, zwanzig oder auch mehr Kristalle darum herum, die die Informationen aufnahmen. Dann ließ er die Steine ein paar Minuten oder auch Stunden lang allein. In dieser Zeit fand die Informationsübertragung statt. Danach teleportierte der oberste Lehrerpriester die Kristalle an die Schulen. Wenn mehrere Kinder dieselbe Lektion erhalten sollten, bekamen alle den entsprechenden Datensatz. Die Kinder legten sich dann ihren Lehrquarz auf das dritte Auge und luden sich genau die Informationen herunter, die sie brauchten. Da Jungen und Mädchen als einander ebenbürtig, aber nicht gleich betrachtet wurden, bekamen sie auch nicht ganz dieselben Inhalte vermittelt.

Die Lehrtempel waren so angelegt, dass sie es den Schülern ermöglichten, sich intensiv zu entspannen. Man war sich darüber im Klaren, dass es vollkommen unnütz wäre, einem Kind etwas beibringen zu wollen, wenn es irgendwie unter Stress stand, da seine Aufnahmefähigkeit unter diesen Umständen gleich null war. Daher waren die »Schulen« freundliche, einladende Orte, an denen beruhigende Musik gespielt wurde, ätherische Öle in der Luft lagen und sanfte Beleuchtung herrschte. Auch wenn die Schüler schon älter waren, wurde noch Wert darauf gelegt, den Unterricht angenehm zu gestalten, weil der Erfolg sonst nicht so groß gewesen wäre. Da Farben einen erheblichen Einfluss auf den Lernerfolg haben, wurde, dem Lebensalter und den Aufnahmefähigkeiten der Kinder und Jugendlichen entsprechend, unterschiedliches Licht eingesetzt.

Unser heutiges Internet spiegelt in etwa wider, wie die Menschen in Atlantis gearbeitet haben. Im Großen Kristall war das gesamte Wissen gespeichert. Statt die nötigen Informationen aber mithilfe einer Tastatur auf ihren Laptop oder ihren PC herunterzuladen, holten sie sich die Informationen, zu denen sie Zugang hatten, indem sie sich auf den Quarz konzentrierten. Dann stellten sie ihre Frage und die Information kam direkt auf ihr drittes Auge.

Auch damals schon waren nicht alle Informationen für jeden zugänglich. Heute braucht man für bestimmte Bereiche im Internet ein Passwort. In Atlantis konnten die Priester rein gedanklich Informationen vor dem Zugriff Unbefugter schützen.

TECHNOLOGIE

Immer wenn der Intergalaktische Rat zu der Auffassung kam, die Bevölkerung sei nunmehr bereit für das nächste Stadium der technologischen Entwicklung, wurden die entsprechenden neuen Informationen in den Großen Kristall einprogrammiert. Das ging genau so wie heute auch, allerdings nicht mithilfe einer Tastatur, sondern telepathisch. Auch in den Haupttempeln der zwölf Gemeinden gab es jeweils einen großen Quarz, der in gewisser Weise über die Eigenschaften eines Computers verfügte. Informationen wurden vom Großrechner – dem Großen Kristall im Tempel des Poseidon – auf die individuellen Tempelquarze heruntergeladen. Um sich dort Zugang zu den Daten zu verschaffen, versetzten sich die Magier, hoch entwickelte Schamanen, die in den jeweiligen Zentren arbeiteten, in Trance. Nachdem sie die Informationen empfangen und verstanden hatten, gaben sie sie weiter. Als der Intergalaktische Rat etwa zu dem Schluss kam, es sei Zeit, Straßen zu bauen, die die alten Steinpfade ersetzen sollten, wurde diese Vision zusammen mit der dafür erforderlichen Technologie über einen Lehrkristall weitergegeben.

Die Leute vor Ort überlegten dann, wo die Straßen sein sollten, und visualisierten sie. Das war ihr Beitrag. Auf diese Weise hatten alle das Gefühl, an einem Gemeinschaftsprojekt teilzunehmen. Mit der Unterstützung seines Stammes sandte der Magier dann Energieströme aus, die zu einem glatten, ebenen Oberflächenbelag wurden. Die Komponenten, aus denen dieses Material bestand, existieren auf unserem Planeten heute nicht mehr. Es sah aus wie eine makadamisierte Rollbahn, war aber etwas vollkommen anderes.

REISEN

Ganz am Anfang gingen die Leute auf den Wegen, die die verschiedenen Ortschaften miteinander verbanden, zu Fuß. Schon bald aber entwickelten sie Wägelchen und baten die Pferde, ihnen beim Ziehen zu helfen. Da die Tiere wussten, dass diese Arbeit Teil ihres Dienstvertrages war, gehorchten sie gern. Von da an konnten Getreidesäcke von hier nach dort transportiert werden, ganz im Einklang mit dem insgesamt rustikalen Lebensstil.

Es dauerte nicht lange, bis der Bevölkerung die Technologie des Straßenbaus übermittelt wurde und sich die Überwindung von Entfernungen auch für das normale Volk erheblich vereinfachte. Die Priester und alle, die über hinreichend entwickelte Fähigkeiten verfügten, transportierten ihre Waren mittels Teleportation und Telekinese.

Aufgrund ihrer hohen Intelligenz fielen den Leuten bald auch andere Transportmittel ein. Wenn ein Kind sieben Jahre alt wurde, bekam es im Rahmen einer Zeremonie im örtlichen Tempel, von der später noch ausführlicher die Rede sein wird, eine Metalltafel beziehungsweise ein Tablett überreicht, das auf die Schwingung seines Namens eingestimmt war. Damit konnte es dann auf den Leylinien reisen – den Energiebahnen, die den Planeten umgeben.

Der Besitzer setzte sich auf sein Tablett und schlug es mit einem speziellen Stab an. Infolge der daraus entstehenden Schwingungen hob das Tablett ab. Gelenkt wurde, indem man sich auf das gewünschte Ziel konzentrierte. Auch viele Erwachsene reisten so. Wir könnten uns gut vorstellen, dass der Mythos vom fliegenden Teppich auf diese Tabletts zurückgeht.

Das Metall, aus dem sie bestanden, wurde je nach dem Heimatplaneten des Kindes ausgesucht. Die wenigsten dieser Materialien sind heute noch existent. Das Universum operiert nämlich sehr achtsam in Bezug auf alles, was »sein muss«. Sobald etwas erforderlich ist, wird es auch zur Verfügung gestellt. Wenn unsere Frequenz wieder steigt, bekommen wir auch erneut Zugang zu den kosmischen Materialien, die uns im Moment vorenthalten werden.

Aufgrund der Magnetkraft der Leylinien reiste es sich am leichtesten mitten am Tag oder bei Vollmond. Während einer Sonnen- oder Mondfinsternis war es vollkommen unmöglich. Daher führten die Magier sehr fortschrittliche Kalender, die über die Mondphasen informierten und Sonnen- beziehungsweise Mondfinsternisse exakt vorherbestimmten. Rechtzeitig zu wissen, wann nicht genügend Energie vorhanden sein würde, war von äußerster Wichtigkeit, denn in diesem Fall mussten alle »Flugzeuge« sofort landen.

Die beste Reisezeit war wie gesagt bei Vollmond, also in einer sehr weiblichen Zeit, in der die Frauen kollektiv menstruierten. (In bestimmten

Eingeborenengesellschaften, die den natürlichen Lebenszyklen sehr nahe sind, ist dies heute noch der Fall, ebenso, wenn Gruppen von Frauen eng zusammenleben, beispielsweise in einem Nonnenkloster.) Allmonatlich flogen in dieser Nacht bestimmte begabte Frauen die Leylinien entlang, um sich zu treffen, miteinander zu reden, sich Geheimnisse anzuvertrauen und ihr heiliges Wissen zu erweitern.

Im frühen Atlantis, also zu einer Zeit, in der die Weisheit der Frauen noch bewundert und verehrt wurde, galt so etwas als völlig normal. Als Atlantis dann jedoch degenerierte, sahen die Männer, unter denen der Zusammenhalt nicht so groß war wie bei den Frauen, in deren überlegenem Wissen und ihrer Macht eine Bedrohung. Da sie körperlich stärker waren, begannen sie die Frauen zu unterdrücken. Als Symbol für ihre Unterlegenheit zwangen sie sie sogar, sich den Kopf zu bedecken und einen Ring zu tragen.

Jahrtausende später, im dunklen Mittelalter, versuchte die männlich dominierte Kirche, die Macht der Frauen zu zerschlagen, sie verbrannte weise Frauen, Medien, Heilerinnen und Kräuterkundige auf dem Scheiterhaufen. Um die Menschen einzuschüchtern, wurden diese Frauen als böse Hexen dargestellt, die bei Vollmond in der Luft herumflogen. Darin spiegelte sich eine verzerrte Erinnerung an Atlantis wider, die auch heute noch im menschlichen Bewusstsein herumschwirrt.

In Atlantis blieben die Familien in der Regel zusammen und vergrößerten ihr Haus, wenn die nächste Generation hinzukam. Da Eheschließungen unter Blutsverwandten missbilligt wurden, lud man zu vielen Sportereignissen, Kunstausstellungen, Konzerten und Feiern auch die anderen Stämme ein. Bei diesen Gelegenheiten konnten sich die jungen Menschen kennen lernen und einen Partner fürs Leben finden. Da dann entweder der Bräutigam oder die Braut zur Schwiegerfamilie zog, wurde natürlich viel gereist und sich gegenseitig besucht, damit der Kontakt nicht abriss.

Beliebt waren auch die großen Luftbusse, die auf unterschiedlichen Frequenzen in verschiedenen Höhen verkehrten. Die Transportmittel konnten Geschwindigkeiten erreichen, die wir uns heute kaum mehr vorstellen können. Dabei verkehrten sie völlig lautlos und verursachten nicht die geringste Umweltverschmutzung.

GEISTHEILUNG

Als die Gesellschaft größer wurde, kam es gelegentlich zu Unfällen oder Befindlichkeitsstörungen aufgrund einer Unausgewogenheit der Chakren. Die Kranken wurden in Heiltempel gebracht, wo hoch talentierte Heilpriester Operationen mit Laserkristallen durchführten, Knochenbrüche mit besonderen Tönen behandelten oder die Patienten mithilfe einer Farbtherapie wieder ins Gleichgewicht brachten.

War das Ungleichgewicht geistiger Natur und führte es zu asozialem Verhalten, musste der Patient länger im Heiltempel bleiben. Weil die Menschen eine Schwingungsfrequenz der fünften Dimension hatten und das geistige Gesetz kannten, wollte jeder so schnell wie möglich wieder zu seiner wahren Seelenenergie zurückfinden. Als Erstes fand also eine Beratung durch einen Priester statt, der nach der Ursache des Problems suchte. Bereitwillig unterzog sich der Delinquent danach einer Magnethypnose, die den Geist aus seinem Körper heraustreten ließ. Anschließend wurde er dem Magier vorgestellt, der ihn untersuchte und die Stellen markierte, an denen sich die Störung körperlich bemerkbar machte. Heiler bestrahlten diese dann mit Energie und verminderten beziehungsweise verstärkten die Blutversorgung bestimmter Organe.

Währenddessen kommunizierte ein entsprechend ausgebildeter Priester telepathisch mit dem Geist des Patienten und erweiterte dessen Bewusstsein, sodass er wieder in Übereinstimmung mit den authentischen Schwingungen seiner Seele kam. Das moderne Äquivalent zu diesem Verfahren ist die Hypnotherapie, bei der der Patient in Trance versetzt und seine emotionalen, geistigen und spirituellen Probleme angesprochen und neu programmiert werden. Obwohl unser Wissen über die Zusammenhänge heute bei weitem nicht so hoch entwickelt ist wie damals in Atlantis, kann sich diese Therapieform, sofern sie von einem gut ausgebildeten Heiler angewendet wird, als äußerst hilfreich und effektiv erweisen.

Gefängnisse gab es zu jener Zeit in Atlantis übrigens nicht. Und wer im Heiltempel behandelt wurde, wurde nie wieder rückfällig.

ÜBUNG ❖ ABSCHLUSS BEI VOLLMOND

Die Zeit des Vollmonds ist immer auch eine Zeit der Vollendung und bietet daher eine wunderbare Gelegenheit, Dinge loszulassen und zum Abschluss zu bringen, die nicht mehr zu Ihnen gehören. Viele Menschen beginnen etwas Neues, bevor sie das Alte abgeschlossen haben. Sind Sie beispielsweise voller Freude auf die Zukunft aus dem elterlichen Umfeld ausgezogen, ohne vorher das Ende des vergangenen Lebensabschnitts zu zelebrieren? Haben Sie schon einmal an einer neuen Arbeitsstelle angefangen, ohne der vorherigen Lebewohl zu sagen? Oder sich von einem Partner getrennt, ohne ihm für die Zukunft alles Gute zu wünschen? Ein Ende feiern wir heute nur noch selten. Dabei wäre es so wichtig. Denn wenn Sie es versäumen, verbleiben immer Spuren der alten Energie in Ihrer Aura.

In den Tagen unmittelbar vor Vollmond sollten Sie die Bereiche Ihres Lebens auflisten, in denen Sie etwas zum Abschluss bringen wollen. In der eigentlichen Vollmondnacht führen Sie die folgende Meditation durch – wenn irgend möglich in der freien Natur. Machen Sie sich aber keine allzu großen Sorgen, wenn das nicht geht. Die Energie des Mondes lässt Sie auch in der Wohnung nicht im Stich.

1. Zünden Sie eine Kerze an, eine Duftlampe oder ein Räucherstäbchen.
2. Spielen Sie sanfte Musik. Wenn Sie einen Mondstein zur Hand haben, tragen Sie ihn am Körper oder legen Sie ihn in Ihre Nähe.
3. Gold ist die Farbe der Vollendung. Stellen Sie Ihre Kerze daher auf ein Stück goldfarbenen Stoff.
4. Schließen Sie die Augen und lassen Sie sich das Mondlicht aufs Gesicht scheinen. Wenn Sie im Haus sind, können Sie es sich vorstellen und seinen Schein auch so spüren.
5. Widmen Sie sich jetzt dem ersten Punkt Ihrer Liste. Stellen Sie sich das, was Sie zum Abschluss bringen möchten, intensiv bildlich vor. Sagen Sie dann ganz bewusst »Lebewohl«. Danken Sie den beteiligten Menschen und allen Umständen, die zu der entsprechenden Erfahrung geführt und es Ihnen ermöglicht haben, der Mensch zu werden, der Sie heute sind.
6. Spüren Sie, wie Sie alle emotionalen, geistigen, körperlichen und persönlichen Aspekte des Alten loslassen.

7. Machen Sie dasselbe auch mit allen anderen Punkten Ihrer Liste.
8. Bleiben Sie dann ein paar Minuten lang ruhig sitzen, und spüren Sie, wie das Mondlicht Sie reinigt.
9. Öffnen Sie die Augen. Atmen Sie ein paar Mal tief ein und aus. Trinken Sie danach ein Glas Wasser.

KAPITEL NEUN

SPIRITUALITÄT

DIE ZEREMONIEN AN DEN STEINKREISEN

Die Leute nahmen außerordentlich gern an Ritualen und Zeremonien teil und diese heiligen Feiern hielten die Gemeinschaften im Kern zusammen. Da man sich der Tatsache bewusst war, dass echte, von Herzen kommende Dankbarkeit eine der machtvollsten Energien ist und buchstäblich Universen bewegen kann, beruhten alle Gebete auf Dankbarkeit. Die Menschen konzentrierten sich darauf, Ströme des Danks auszusenden, und vergaßen nie, was es in ihrem Leben alles Gutes gab. Unter solchen Umständen leuchtet die Aura immer auf und man zieht noch mehr Gutes an sich. Die frühen Bewohner von Atlantis strahlten richtig gehend Licht aus.

Da das von den Alta gesteuerte Klima mild war, konnten die Gemeinschaften in der schönen freien Natur zusammenkommen. Dort legten sie Kreise aus Steinen an, die im Hinblick auf Form und Eigenschaften mit großer Sorgfalt ausgesucht waren. Viele wurden mittels Telekinese sowie Klang- und Kristallkraft von weit her gebracht und dann vorsichtig vor Ort installiert. Viele der Steine waren konkav. Den sich daraus im Steinkreis ergebenden Resonanzraum nutzten die Priester, um Töne hervorzubringen und Sprechgesänge anzustimmen.

Die Teilnehmer an diesen Zusammenkünften näherten sich den Steinkreisen auf den Leylinien, wobei sie deren spezielle Magnetenergie über die Fußsohlen aufnehmen konnten, was ihre Schwingungen verbesserte und zur Einstimmung auf das Ritual beitrug. Wenn sie dann um die Steine herumgingen und dabei in die Lieder und Sprechgesänge einstimmten, erhöhten sie damit die Schwingungsfrequenz des Kreises. Wenn der Priester den Ring betreten hatte, sprach er Formeln des Dankes und der Anrufung. Danach wurde die Energie wieder abgeschwächt, indem die Anwesenden die Steine gegen den Uhrzeigersinn umrundeten, genau so, wie man es auch in einem heiligen Labyrinth machen würde.

Die Steinkreise waren stets auf bestimmte Sterne ausgerichtet, zum Beispiel auf den Orion, um während des Rituals von der Weisheit ihrer Meister profitieren zu können, so etwa von der Heilenergie der Plejaden oder der geistig-spirituellen Technologie des Sirius. Auf diese Weise tauchten alle in das hochfrequente Licht des jeweiligen Sterns ein und nahmen es bewusst auf.

Die Steinkreise wurden an Stellen errichtet, an denen sich Wasseradern kreuzten, damit über den Menschenring nicht nur die Kraft der Zeremonie, sondern auch die Weisheit der Überirdischen ganz Atlantis erreichen konnte. Aufgrund dessen war das Wasser stets äußerst sauber und rein, aber auch immer gesegnet und voller hochfrequenter Energie. Die Menschen wurden gesegnet, sobald sie davon tranken, darin schwammen oder badeten.

Heutzutage sind unsere Nahrungsmittel oft ohne Saft und Kraft und auch das Wasser ist von zweifelhafter Qualität. Hinzu kommt, dass nur die wenigsten Menschen ihr Essen und ihre Getränke noch segnen. Das jedoch weckt die darin enthaltene Lebenskraft. Anhand von Kirlian- und Aurafotos, die Speisen vor und nach dem Segnen zeigen, konnten erhebliche Unterschiede nachgewiesen werden. Durch die Dusche mit göttlichem Licht, die der Segen bewirkt, werden unsere Nahrungsmittel buchstäblich zum Leben erweckt.

Das gilt auch für unser Wasser. Der menschliche Körper besteht zu neunzig Prozent aus Wasser und es ist für unsere Gesundheit und unser Wohlbefinden von essenzieller Bedeutung. Verunreinigtes oder verseuchtes Wasser stellt eine dramatische Bedrohung für unsere Schwingungsfrequenz dar. In seinem Aufsehen erregenden Buch *Die Botschaft des Wassers* zeigt Masaru Emoto Fotos von Wasserkristallen. Die Kristalle von Leitungswasser in den Großstädten überall auf der Welt sind gespenstisch trübe, deformiert und seltsam verzerrt. In reinem, sauberem Wasser sind sie dagegen von erstaunlicher Schönheit. Die herrlichsten Kristalle fanden sich in Wasser, über dem ein Gebet gesprochen wurde oder das mit liebevollen beziehungsweise dankbaren Gedanken angereichert war. Emoto hat bewiesen, dass selbst ein Zettel mit den Worten »Danke« oder »Liebe«, an einem Krug mit Wasser befestigt, die Kristalle darin positiv beeinflussen kann. Immer wenn wir an einem See, Fluss, Bach oder am Meer stehen, liegt es in unserer Macht, die Wasserqualität mit Liebe, Dankbarkeit und einem Gebet zu verbessern.

In den friedlichen Zeiten des Goldenen Atlantis, die so voller Licht und Freude waren, blieben die Familien und Gemeinschaften nach einer Zeremonie immer noch an bisschen an den Steinen stehen, plauderten, sangen oder chanteten. Ganz besonders die Kinder wurden angespornt, Geschichten zu erzählen, damit sie üben konnten, in vollem Umfang auf ihren Gedächtnisspeicher zuzugreifen. Die Menschen empfanden tiefen Frieden und ein intensives Gefühl von Zusammengehörigkeit. Angezogen von der Energie des Rituals gesellten sich auch Tiere hinzu und badeten gemeinsam mit den Menschen in prächtigem Licht.

DAS SPIRITUELLE LABYRINTH

Damals wie heute hatte das Labyrinth hohen Symbolwert. Wenn Sie eines betreten oder auch nur auf Papier mit dem Finger seinen Linien folgen, vollziehen Sie symbolisch die heilige Reise Ihres Lebens nach: Sie dringen bis ins Herz Ihres Wesens vor und wenden sich dann wieder der Welt zu. Ein Labyrinth besteht aus einem Kreuz, das von einer Spirale umgeben wird. Viele Leute meinen, ein Labyrinth sei dasselbe wie ein Irrgarten. Das stimmt aber nicht. Ein Irrgarten ist im Grunde eher eine Art Geduldsspiel, das man mit der linken Gehirnhälfte bewältigt. Das Labyrinth dagegen ist eine meditative Reise der rechten Gehirnhälfte, die einen spirituell öffnet.

Labyrinth

EIN LABYRINTH ZEICHNEN

Wenn Sie sich Ihr eigenes Labyrinth zeichnen möchten, gehen Sie wie folgt vor:

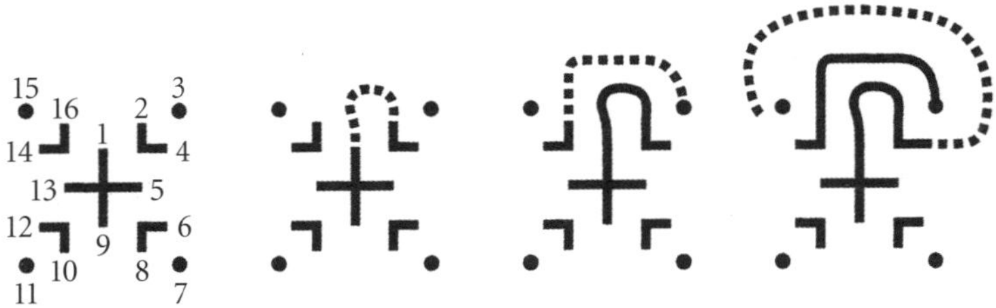

Schritt 1 *Schritt 2* *Schritt 3* *Schritt 4*

SCHRITT 1. Zeichnen Sie als Erstes das innere Gitter (vgl. Abb.).
SCHRITT 2. Verbinden Sie die Punkte 2 und 1.
SCHRITT 3. Verbinden Sie die Punkte 3 und 16.
SCHRITT 4. Verbinden Sie die Punkte 4 und 15. Und dann:
SCHRITT 5. Von 5 nach 14.
SCHRITT 6. Von 6 nach 13.
SCHRITT 7. Von 7 nach 12.
SCHRITT 8. Von 8 nach 11.
SCHRITT 9. Von 9 nach 10.

DER ÜBERGANG

In Atlantis hatte man das Prinzip der Reinkarnation verinnerlicht. Die Menschen wussten, dass ihre Seele nach dem Tod weiterreisen und sich eine Weile »zu Hause« aufhalten würde, um sich neu zu orientieren und dazuzulernen. Dabei war nicht auszuschließen, dass die Seele in einer anderen Galaxie oder in einem anderen Sternensystem ihre Ausbildung fortsetzte, um dann zur Erde zurückzukehren, weiterzulernen oder anderen zu helfen.

Umweltverschmutzung oder Müll gab es nicht, und Leichen wurden weder verbrannt noch beerdigt, sondern in spezielle Kammern gebracht, in denen der biologische Leib mithilfe besonderer Schwingungen wieder in seine ursprüngliche energetische Form zurückverwandelt wurde. Die Familie zog den Toten für seine weitere Reise an und brachte ihn in einen großen Saal, wo er in eine geräumige sargartige Kammer gelegt wurde. Die folgende Zeremonie, der man höchste Bedeutung beimaß, wurde von einem Magier durchgeführt.

Wenn ein Mensch gestorben war, brachten alle Blumen zu seinem Haus, da deren reine Energie wie eine Startrakete für den weiteren Weg der Seele wirkte. In den Anfängen konnten viele Atlanter noch bewusst beschließen, wann sie die Erde verlassen wollten, und ihren Abgang selbst steuern. Menschen mit besonders hohen Schwingungen sind dazu auch heute noch in der Lage. Auch der hoch verehrte Guru Yogananda kündigte seinen Anhängern vorher an, wann er beabsichtigte, seinen Körper zu verlassen.

Das Atlantis-Experiment bestand unter anderem darin, Emotionen zu erleben und den Umgang mit Gefühlen zu lernen. Trotz ihres hohen Bewusstseins empfanden die Menschen daher Trauer und Abschiedsschmerz, wenn ein geliebter Mensch verstarb. Da das von allen verstanden wurde, ermutigte man die Trauernden sogar, ihren Gefühlen Ausdruck zu verleihen und ihre emotionalen Energien loszulassen. Bald lernten sie auch, dass unterdrückte Emotionen das Energiefeld wie dunkle Wolken überschatten und die Gesundheit beeinträchtigen können.

ENGEL UND EINHÖRNER

Die Energie der Atlanter war von außerordentlicher Reinheit. Als Schutzengel agierten daher auch nur die reinsten und schönsten Engel des Lichts, die in ihrer Frequenz in etwa der unserer heutigen Erzengel entsprachen. Darüber hinaus gab es zahlreiche andere Engel, die den Menschen hilfreich zur Seite standen. Sie alle hatten eine sehr hohe Schwingungsfrequenz. Die Menschen konnten sie sehen, spüren und telepathisch mit ihnen kommunizieren. Genau wie heute waren die Engel auch damals schon im Besitz des göttlichen Entwurfs der Menschen und flüsterten ihnen leise Ermutigungen zu. Und da alle bedeutend empfänglicher für so etwas waren als wir heute, verwunderte das niemanden.

Genau wie jedem Menschen ein Engel zur Seite stand, der ihn auf seiner Reise führte und begleitete, hatte jeder auch sein eigenes Einhorn. Dem dritten Auge dieser wunderschönen ätherischen weißen Pferde entströmt reines Licht in der Form eines spiralförmigen Horns – sichtbare Strahlen geistig-spiritueller Energie, die der von Engelsflügeln entspricht. Die Einhörner stammten von Lakuma, dem aufgestiegenen Stern in der Nähe des Sirius, der spirituellen Heimat aller Pferde. Im Goldenen Zeitalter hielten sie das Niveau der Reinheit und der göttlichen Unschuld auf der Erde stabil und waren zugleich die Hüter von Mythen und Magie. Sie strahlten Würde, Selbstwertgefühl, Ehrenhaftigkeit, Schönheit, Grazie, Genesung, Freude, Frieden, Verwandlung und Klarheit aus, was nicht ohne Wirkung auf die Menschen blieb.

Als der Niedergang von Atlantis begann, fanden die Siedler keinen Zugang mehr zu den Einhörnern und anderen hoch entwickelten Engeln des Lichts. Und da deren reine Natur den niedrigen Schwingungen nicht standhielt, mussten sie sich zurückziehen. Nun, da die Erde erneut dabei ist, sich zu entwickeln, strömen die Engel – auch die Erzengel – heran, um uns zu unterstützen. Und auch die Einhörner kehren zurück, um uns ihre Hilfe anzubieten. Gegenwärtig konzentriert sich das gesamte Universum auf unseren Planeten und drückt ihm sozusagen die Daumen für den Aufstieg.

ÜBUNG ❖ DANKESSPAZIERGANG

Machen Sie einen Spaziergang in der Natur, und bedanken Sie sich im Geist für alles, was Sie sehen, hören und erleben können, zum Beispiel für den warmen Sonnenschein, das frische Lüftchen, den sanften Regen, das Vogelgezwitscher, einen schönen Baum oder die Pflanzen, die Sie sehen.

ÜBUNG ❖ DANKESMEDITATION

Hierbei geht es darum, sich auf das zu besinnen, was einem beschert wurde. Als Vorbereitung schreiben Sie sich alles Gute auf, das es in Ihrem Leben gibt. Vergessen Sie neben Ihrem materiellen Besitz auch nicht das Wasser, Essen, Liebe, Freundschaft, Ihren Körper und die Sinne.

1. Suchen Sie sich einen Platz, an dem Sie ungestört sind.
2. Zünden Sie eine Kerze an.
3. Schließen Sie die Augen und atmen Sie so lange tief ein und aus, bis Sie das Gefühl haben, ganz entspannt zu sein.
4. Stellen Sie sich alles Gute und Schöne, das es in Ihrem Leben gibt, vor und bedanken Sie sich dafür.
5. Öffnen Sie dann wieder die Augen.

ÜBUNG ❖ BEDANKEN SIE SICH FÜR IHRE GESUNDHEIT

Wir Menschen neigen dazu, uns immer nur auf das zu konzentrieren, was an unserem Körper *nicht* funktioniert. Es gibt Leute, die lassen sich von einem Wehwehchen im kleinen Zeh den ganzen Tag vermiesen. Und bei anderen sind die körperlichen Probleme so groß, dass sie alles Sonstige überlagern. Da alles, worauf wir unsere Gedanken richten, gewichtiger wird, kann sich eine Krankheit allein dadurch verschlimmern, dass wir ihr Aufmerksamkeit schenken.

Der Körper reagiert positiv, wenn wir alles, was an ihm gut funktioniert, zum Gegenstand unserer Besinnung machen und uns dafür bedanken. Dankbarkeit ist der beste Weg zu Gesundheit und Heilung.

1. Suchen Sie sich einen Platz, an dem Sie ungestört sind.
2. Zünden Sie eine Kerze an.
3. Schließen Sie die Augen, und atmen Sie so lange tief ein und aus, bis Sie das Gefühl haben, entspannt zu sein.
4. Konzentrieren Sie sich nacheinander auf alle Teile Ihres Körpers, denen es gut geht und die perfekt funktionieren. Bedanken Sie sich dafür.
5. Öffnen Sie dann wieder die Augen.

ÜBUNG ❖ WASSER SEGNEN

Schreiben Sie das Wort »Liebe« oder »Danke« auf ein Stück Papier, das Sie dann an Ihrem Wasserfilter oder -krug befestigen. Lassen Sie ihn über Nacht so stehen. Am nächsten Morgen werden die Kristalle im Wasser voller Vitalität sein.

ÜBUNG ❖ DANKBARKEIT

Bei dieser Übung kommen Sie mit all den Dingen in Ihrem Leben in Kontakt, die Sie oft für selbstverständlich halten, und bringen Ihre Dankbarkeit dafür zum Ausdruck.

Sehr gut geht das, wenn Sie sich ein Leben »ohne« vorstellen, zum Beispiel ohne Sehvermögen. Allzu lange sollten Sie sich nicht dabei aufhalten, lassen Sie vor Ihrem inneren Auge aber ruhig ein, zwei Bilder entstehen.

Schreiben Sie an den folgenden dreißig Tagen jeweils fünf Dinge auf, für die Sie dankbar sind – ja, täglich fünf *neue*. Denken Sie an jedes ein paar Minuten, und machen Sie sich die Bedeutung klar, die es für Sie hat. Dabei kann es sich um körperliche, emotionale oder auch geistig-spirituelle Dinge handeln wie eben Ihr Augenlicht, Ihr Zuhause oder Ihre Fähigkeit, die Engel zu spüren. Wenn Shaaron ihre Seelen-Readings vornimmt, hat sie dabei einen Ausblick auf einen wunderschönen Garten. Dann stellt sie sich manchmal vor, wie es wäre, vor dem Fenster eine Backsteinmauer, lauten Straßenverkehr oder eine Schnellstraße zu haben. Sie ist dann gleich noch viel dankbarer für alles, was sie besitzt.

Nach den ersten dreißig Tagen brauchen Sie dann nur noch zwei Dinge täglich aufzuschreiben – und dürfen sich zur Not auch wiederholen. Behalten Sie diese Gewohnheit bis an Ihr Lebensende bei.

KAPITEL ZEHN

DIE ENERGIEKUPPEL

Der Intergalaktische Rat bekam alles mit, was in und um Atlantis geschah, und wollte das Experiment unter einzigartigen, genau kontrollierten Bedingungen durchführen. Deshalb wurde ein riesiger Schirm mit reiner, hochfrequenter Energie über dem Kontinent aufgespannt, wodurch eine Biosphäre entstand, innerhalb derer sowohl die Elemente als auch die Atmosphäre gesteuert werden konnten. Eine ihrer Funktionen bestand darin, das Wetter auf den fünf Inseln zu regulieren. Der Schirm war so wirksam, dass Atlantis von Erdbeben verschont blieb und auch kein Sturm die Kuppel durchdringen konnte. In jedem Teilbereich des Systems konnte der Intergalaktische Rat die Frequenz so verändern, dass bestimmte kontrollierte Regenmengen fielen. Auf diese Weise herrschte in jeder Region genau das richtige Ökoklima.

Die Energiekuppel fungierte auch als eine Art Schutzhülle, denn Atlantis war ja mit voller Absicht vom Rest der Welt isoliert worden und konnte nicht mit anderen Kontinenten kommunizieren. Diese unsichtbaren Grenzen, die die Inseln umgaben, konnten von niemandem überwunden werden und waren gleichzeitig so programmiert, dass jeder Atlanter, der sich ihnen näherte, instinktiv wieder umkehrte. Das hatte natürlich zur Folge, dass die geistige Technologie von Atlantis den anderen Zivilisationen der Erde unzugänglich war. Nicht zuletzt das machte Atlantis so außergewöhnlich.

ENERGIEVERSORGUNG

Die energetische Abschirmung hatte in etwa dieselbe Funktion wie heute die Ozonschicht, war aber zugleich auch ein Stromversorgungsnetz und ein geistiges Internet, das wie folgt funktionierte:

Der Große Quarz, ein großer Generator vergleichbar der Hauptplatine eines Rechners, war mit einem System von Kristallpyramiden verbunden. Diese schwebten in Dreiecksformation hoch über der Welt in der Atmosphäre. Daraus ergab sich ein Netz magnetischer Energie. Jede dieser Pyramiden hatte an der Spitze einen großen Kristall, der wie ein Satellitenrechner arbeitete und von hochfrequenter Energie, die durch das Zentrum der Pyramide aufstieg, an Ort und Stelle gehalten wurde. Diese großen Kristalle waren selbst Generatoren und verhielten sich wie geistig-spirituelle Verteilerstationen.

Die Pyramiden waren praktisch Antennen, die Signale aussandten und ganz Atlantis mit Energie versorgten.

Das moderne Äquivalent hierzu wären unsere Mobilfunknetze. Überall stehen Funkmasten, die Signale empfangen und sie an die Handys weitergeben. Wenn Sie mit Ihrem Telefon die Grenzen eines Funkmastes überschreiten, erhält es seine Signale vom nächsten. Der einzige Unterschied besteht darin, dass die Funksignale, die heute verwendet werden, sehr gefährlich sind, weil sie die menschliche Zellstruktur angreifen, insbesondere bei Kindern. In Atlantis erhielten der Große Quarz und die Kristalle auf den Pyramiden ihre Energie aber von der Einen Quelle, sodass die Strahlen vollkommen rein und unbedenklich waren. Aus diesen Kristallen bestand die unsichtbare Kuppel. Über dieses globale Netz von Magnetenergie wurde Atlantis versorgt und zugleich der Planet auf seiner Umlaufbahn gehalten. Es war ähnlich wie unser heutiges Stromnetz. Die Menschen konnten es anzapfen und sich je nach Bedarf mit Energie eindecken, wobei die Kristalle quasi als Stecker fungierten. Wenn man in so ein Beförderungsmittel hineinsah, um den Motor zu finden, konnte man lediglich einen Kristall entdecken.

Die Energie, die für Beleuchtung, Heizung, Transport und alle anderen Erfordernisse benötigt wurde, stammte aus großen Kristallen, die sich aus dem globalen Netz speisten. Diese fungierten zugleich als Batterien, die Energie speicherten. So schwang beispielsweise der Kristall eines Transportfahrzeuges mit dem Kristall an der Spitze der nächstgelegenen Pyramide mit und bekam seine Energie von ihr. Man konnte einen Kristall sogar auf die Unterstützung des Wachstums von Pflanzen programmieren. Diese Generatorkristalle kamen unter anderem auch bei der Teleportation zum Einsatz, also bei Reisen durch Zeit und Raum mit späterer Rematerialisierung. Die Atlanter konnten sich dieser Kristalle jedoch nur so lange bedienen, wie sie in der Lage waren, ihre reine, hohe Schwingungsfrequenz beizubehalten.

Der Schlüssel zur Energie von Atlantis lag in seiner geistig-spirituellen Reinheit.

Absolut nichts wurde seinerzeit auf dem Planeten verschwendet. Alles, was nicht unmittelbar auf der Erde recycelt werden konnte, wurde dematerialisiert und wieder in reine Energie zurückverwandelt. Speziell ausgebildete Priester waren in der Lage, von anderen Planeten Metalle, Baumaterialien und andere Gegenstände herbeizuholen, deren Haltbarkeit unbegrenzt war. Hatten sie ihren Dienst geleistet, so wurden sie dem Universum wieder zur Verfügung gestellt. Auch diese Dematerialisation fand über das Kristallnetz statt.

GEBURTSKRISTALLE

Die Geburt jedes Menschen wurde von Kristallen begleitet, deren Schwingungen sich in Resonanz zu seinem Heimatplaneten befanden – wie weit auch immer dieser entfernt sein mochte. Wenn zum Beispiel jemand das Bedürfnis hatte, sich ganz wie auf dem Orion zu fühlen, seiner 50 000 Lichtjahre entfernten Heimat, musste er nur seinen Geburtskristall in das Kristallnetz stecken, um das Signal zu verstärken, und schon war die Verbindung hergestellt. Den Menschen war nicht bewusst, dass sie es taten, und sie konnten auch nicht direkt mit ihren Lieben zu Hause kommunizieren. Sie fühlten sich aber gleich viel wohler und ausgeglichener. Das ist heute noch ganz ähnlich, wenn jemand einen Stein in den Händen hält und sagt: »Ich habe keine Ahnung, woran es liegt, aber wenn ich den anfasse, geht es mir immer gleich viel besser.« Da sind unbewusste Kräfte am Werk.

DER GROSSE KRISTALL

Der Große Quarz war zugleich auch ein interdimensionales Tor, eine Art Autobahn, die in den Kosmos führte und auf der es viele Knotenpunkte gab, von denen überall Straßen zu den verschiedenen Sternen abgingen. Aber nur die Hohen Priester und Priesterinnen sowie einige Magier waren befugt, diese Wege einzuschlagen, etwa wenn sie ein Treffen beim Großen Rat des Saturns besuchen wollten.

Untereinander und mit dem Großen Quarz waren alle zwölf Regionen durch die Leylinien verbunden, die wir uns wie große Straßen vorstellen können. Neben örtlichen Verbindungen gab es natürlich auch Bahnen, auf denen größere Entfernungen zurückgelegt werden konnten. Oberhalb befanden sich unterschiedliche Frequenzbereiche, auf denen Menschen und Transportgut in verschiedenen Höhen verkehren konnten. Die Metallplatten, auf denen Kinder ab sieben, aber auch Erwachsene die Leylinien entlangfliegen konnten, waren genauso mit dem Hauptstromnetz verbunden wie Luftbusse und sogar Raumschiffe, die aber nur selten benutzt wurden.

Wer zur Kathedrale wollte, um an einer Zusammenkunft teilzunehmen, umgab sich, sofern er seine Energiefelder hinreichend kontrollieren konnte, mit einem aerodynamischen Wirbel und traf in seiner ganzen Körperlichkeit am Bestimmungsort ein, um seine Mission dort zu erfüllen.

KRISTALLPYRAMIDEN

Materiell existieren die meisten Kristallpyramiden heute nicht mehr. Energetisch gibt es sie aber immer noch. Als Atlantis versank, kehrten viele Pyramiden auf die geistigen Ebenen zurück, manche aber sind noch vorhanden und dienen den Meistern und Erzengeln als spirituelle Kraftzentren im Äther. Hier nur ein paar Beispiele:

- Erzengel Gabriel hat sein irdisches spirituelles Kraftzentrum auf dem Mount Shasta in Kalifornien.
- Auch Sedona ist ein bedeutender Kraftpunkt, der viele Menschen anzieht.

- Das ägyptische Luxor ist die spirituelle Heimat von Serapis Bey, in der spirituellen Blütezeit Hoher Priester von Atlantis.
- Eine wunderbare magnetische Energie wirkt in den heiligen Bergen von Tibet. Dort können Sie Verbindung mit Djwal Khul aufnehmen. Diesem großen Meister obliegt gegenwärtig die Verantwortung für die Evolution unseres Planeten.
- In der Wüste Gobi befindet sich Shambala, der Zufluchtsort der Erleuchteten Meister und Heimat von Sanat Kumura, dem ehemaligen Planetarischen Logos, Chef des Universums und größten aller Avatare, in dessen Hand die Herrschaft über den Aufstiegsprozess des gesamten Planeten lag. Inzwischen ist er zur Venus zurückgekehrt, aber natürlich stattet er der Erde gelegentlich noch einen Besuch ab. Wer sich ihm nahe fühlt, kann sehr stark von seiner Energie profitieren.
- Der Grand-Teton-Nationalpark in Wyoming. Die Aufstiegskammer dort ist real vorhanden. Allerdings muss man die geistigen Ebenen aufsuchen, um den Weg gewiesen zu bekommen und die Erlaubnis zu erhalten. Genau wie alle anderen dieser Orte können Sie aber auch diesen in der Meditation oder im Schlaf aufsuchen.

Die genannten Orte befanden sich nicht in Atlantis. Das Kristallnetz umspannte aber den gesamten Planeten und fand aus unterschiedlichen Gründen auch bei zahlreichen anderen Experimenten Verwendung. Ursprünglich war natürlich allen daran gelegen, die Teilnehmer an den verschiedenen Versuchen voneinander getrennt zu halten. Inzwischen haben sie sich aber längst weltweit vermischt.

Nachdem sich der Intergalaktische Rat von der Erde zurückgezogen und die Menschen sich selbst überlassen hatte, sah es Äonen lang sehr düster aus für den Planeten. Gegenwärtig nimmt die Spiritualität der Menschen jedoch wieder zu und sie bitten auch wieder mehr um Hilfe. Einige der Tore stehen uns deshalb bereits erneut offen. Insbesondere der Himalaja entwickelt sich gerade zu einem Zentrum des Lichts, in dem es den Menschen leichter fällt, sich mit dem Göttlichen zu verbinden. Im Zuge der »Beschleunigung« des Wiederaufstiegsprozesses unseres Planeten erwägt der Intergalaktische Rat gegenwärtig, auch die Kristallpyramiden wieder einzuführen.

ÜBUNG ❖ BESUCHEN SIE DAS KRAFTZENTRUM EINES MEISTERS ODER ERZENGELS

Lesen Sie sich jetzt bitte noch einmal unsere Aufzählung der Kraftzentren der Meister und Erzengel durch, und wählen Sie dasjenige aus, zu dem Sie sich intuitiv am meisten hingezogen fühlen.

1. Suchen Sie sich ein Plätzchen, an dem Sie eine Weile ungestört sind.
2. Zünden Sie eine Kerze an, und widmen Sie sie der Verbindung, die Sie gleich herstellen möchten. Falls Sie sich im Freien befinden, lassen Sie die Energie der Sonne auf sich wirken und nehmen Sie die Zueignung rein mental vor.
3. Schließen Sie die Augen, und visualisieren Sie, dass Sie eiförmig von goldener Christusenergie umgeben sind. Das Licht Christi ist von höchster Frequenz und eine der reinsten Energien bedingungsloser Liebe.
4. Spüren Sie, wie Sie sich beim Ausatmen entspannen und Ihre Aura mit der Farbe Gold anfüllen.
5. Bitten Sie jetzt darum, an den Ort gebracht zu werden, für den Sie sich entschieden haben.
6. Nehmen Sie eine schier endlose Treppe wahr, die sich bis in den Kosmos erstreckt, und beginnen Sie Ihren Aufstieg.
7. Jetzt sind Sie angekommen. Schauen Sie sich um.
8. Sie begegnen dem Meister oder Erzengel. Seien Sie offen für jede Form der Kommunikation.
9. Im Anschluss danken Sie dem Großen Wesen und steigen die Treppe hinab.
10. Öffnen Sie die Augen und spüren Sie Ihre Füße fest auf dem Erdboden.

KAPITEL ELF

DIE TEMPEL

DER TEMPEL DES POSEIDON

Der Tempel des Poseidon, auch als Kathedrale der Heiligen Höhen bekannt, bildete eine der Sieben Säulen der Weisheit und versinnbildlichte das Gesetz der Einheit. Es war der stärkste Kraftort von ganz Atlantis. Nach Poseidon, dem Herrscher der Weltmeere, war der Tempel benannt, weil das Land ursprünglich unter der Meeresoberfläche lag und eigens für dieses Experiment geborgen wurde. Letztlich bekam es der Ozean ja auch wieder zurück.

Der längliche Tempel von 182 Meter Länge und 92 Meter Breite hatte den Regeln der heiligen Geometrie und des Fengshui folgend keinerlei scharfe Ecken und Kanten. Es war ein sehr schlichter Bau aus weißen, schwarzen und roten Steinen örtlicher Vorkommen. Da die Außenwände mit Orichalkos verkleidet waren, in den Bergen von Atlantis weit verbreitetem Goldkupfererz, lag die Kathedrale über den Ebenen bei Sonnenlicht in einem rosa-güldenen Schimmer. Es gibt übrigens eine Verbindung zwischen der Welt der Metalle und der Astrologie, denn die Schwingungen der Metallionen entsprechen den Bewegungen der Planeten, mit denen sie verbunden sind. Bei Orichalkos wäre das die Sonne, was natürlich zu seiner Kraft und besonderen Wirkung beitrug. Auch die Inkas und Azteken verwendeten dieses Metall, das, soviel wir wissen, in den Anden auch heute noch gefunden wird. Kupfer entspricht der Venus und Zinn dem Jupiter. Da die übrigen damals verwendeten Metalle aus anderen Welten stammen, sind sie uns gegenwärtig nicht mehr zugänglich.

Silber, Gold, Platin und Eisen kannte man in den reinen Zeiten noch nicht. Diese Metalle kamen erst später auf. Aus den vorhandenen Grundmetallen stellten die Magier zu einem späteren Zeitpunkt alchemistisch Gold her, das Metall der Weisheit und Erleuchtung, mit dem Thot die Speichen des planetarischen Lichtnetzes auslegte, um die Schwingungen an bestimmten Stellen hochzuhalten.

Fußboden und Innenwände des Tempels bestanden aus reinweißem Marmor. Alles war sanft abgerundet und von klarer Form. Schmuck oder Verzierungen gab es nicht, mit Ausnahme bewusstseinserweiternder Kristalle. Der Gottesdienst konzentrierte sich auf einen einfachen Altar. Im Mittelpunkt der Kathedrale befand sich der größte und Ehrfurcht gebietendste Bergkristall, der Große Quarz, der unmittelbar vom Schöpfer stammte und ein Teil von ihm war. Er bestand aus reiner Quellenergie. Jede Region hatte ihren eigenen großen Kristall.

DIE SPHINX

Am Osttor der Kathedrale stand die gigantische Statue einer Sphinx, ein einzigartiges Symbol der Reinheit. Sie fungierte als Energiequelle für die Erde. Das Material, aus dem sie bestand, ist heute auf unserem Planeten nicht mehr existent. Die Sphinx versinnbildlichte die Gottheit von Atlantis und umfasste die Archive aller Universen, die jemals waren, sind und sein werden. Sie sind auch als Akasha-Chronik bekannt. Die Informationen wurden wie Bücher in einer Bibliothek aufbewahrt. Ihre Frequenz war jedoch so hoch, dass nur die rangobersten Priester und Priesterinnen Zugriff auf sie hatten. Zwischen den Pranken der mächtigen Kreatur im Tempel des Poseidon befand sich ein Raum, der mittels einer Art Falltür geöffnet wurde, wenn sich die Bevölkerung bei Zeremonien unten versammelte. Dann standen die Alta und Eingeweihten am Tor und bestrahlten die Menschen mit Licht. Sie badeten sie in reiner Liebe, spirituellem Wissen und heilten sie, um sie zu stärken und ihre Frequenz auf dem hohen Niveau zu halten. Die großen Engel von Atlantis versammelten sich während der Rituale über der Bevölkerung und hielten sie sozusagen ans Licht.

Weil in Atlantis alles auf gerechtem Austausch beruhte, richteten die Menschen ihrerseits Liebe und Dankbarkeit auf die Herrschenden, die im Gegenzug ihre Energie verstärkten. Man kann diesen Effekt in etwa mit der Beziehung zwischen Bühnenkünstler und Publikum vergleichen: Der Künstler gibt etwas, bekommt frenetischen Applaus zurück und schöpft daraus neue Kraft. Dieser Energieaustausch spornte jeden an, auch weiterhin zum Besten aller zu wirken, und ermöglichte es den Erhabenen, Entscheidungen zu treffen, die dem Volk zuträglich waren. Darauf konnten sich die Menschen fest verlassen.

Das heutige Äquivalent ist die Sphinx in Ägypten, die die Akasha-Chronik der Erde enthält. Erbaut wurde sie zu Beginn des Zeitalters des Löwen, einer Epoche des Mutes, der Schönheit und der Liebe. Sie ist also viel älter, als Wissenschaftler aktuell meinen. Ihre ursprüngliche Farbe war Rot, als Symbol für die heilige kriegerische Energie der Beschützerin des Planeten. Solange die Sphinx noch ihre gesamte Macht besaß, ging von ihr so viel reines, kraftvolles Licht aus, dass Eindringlinge, die sich uns näherten, unwillkürlich zurückwichen. Aufgrund des spirituellen Niedergangs des Planeten ist die Sphinx heute praktisch nicht mehr in der Lage, die Erde zu beschützen. Daher ist es von äußerster Bedeutung, dass sich die Menschen auf der ganzen Welt jetzt wieder ganz auf Liebe, Frieden und Licht einstimmen, damit die Sphinx ihre volle Kraft zurückerhält. Als Dianas Buch *The Web of Light* erschien, hatte sich die Lebenskraft der Sphinx auf zwei Prozent reduziert. Dann haben so viele Menschen die Übungen aus dem Buch gemacht und damit das Lichtnetz über Afrika mit Energie versorgt, dass die Lebenskraft der Sphinx innerhalb von nur wenigen Monaten auf fünf Prozent anstieg. Es gibt also Hoffnung für die Erde. Wir müssen nur alle unseren Teil beitragen.

EINWEIHUNG

Der Tempel des Poseidon enthielt auch die Große Initiationskammer, in der die Prüfungen der Einzuweihenden stattfanden. Wer auf dieser Ebene scheiterte, lief Gefahr, dass seine Seele Hunderte von Lebenszeiten zurückfiel. In dieser Kammer mussten sich alle erhabenen Wesen, die anstrebten, Hoher Priester oder Hohe Priesterin zu werden, strengen Initiationsriten unterziehen, bevor sie Teil der Alta werden konnten. Sie bekamen Aufgaben erteilt und stellten sich auch selbst auf die Probe, um sich zu läutern. Letztlich befand der Intergalaktische Rat darüber, ob ein Bewerber formal angenommen wurde oder nicht.

Alle, die sich um Zulassung zu den Alta bewarben, waren hoch entwickelte Wesen, Absolventen der berühmtesten Ausbildungsstätten der Universen. Für dieses Experiment mussten sie aber nicht nur die üblichen Initiationsriten absolvieren, bevor sie näher in Betracht gezogen wurden, sondern auch einen menschlichen Körper annehmen inklusive aller Tests und Prüfungen, die damit einhergingen. Der Hauptgrund dafür bestand darin, dass sie Mitgefühl lernen und Verständnis für die Probleme und Einschränkungen entwickeln sollten, die das Leben in einer physischen Gestalt mit sich bringt.

Da sie hinter dem Schleier des Vergessens lebten, waren sich die in Atlantis inkarnierten Menschen nicht bewusst, dass sie an einem göttlichen Experiment teilnahmen. Anders die Alta. Ihre höhere Warte erlaubte es ihnen, auf alles objektiv und weise zu reagieren.

Zugang zum Tempel des Poseidon fand man nur auf dem Wege der Levitation, man musste quasi hinfliegen. Daher konnten ausschließlich die Eingeweihten sowie Wesen, die gelernt hatten, die Schwerkraft zu überwinden und ihre Energiefelder zu beherrschen, dorthin gelangen. Äußerst wenige Auserwählte waren in der Lage, in dieser gesteigerten Energie zu arbeiten. Die hoch gebildeten Seniorpriester konnten sich jederzeit de- und an einem anderen Ort rematerialisieren. Wenn sich jedoch größere Menschenmassen von einem Ort zum anderen begeben mussten, was hin und wieder erforderlich war, wurden sie in riesige Teleportationskammern geführt und woanders rematerialisiert. Bedienen konnten diese Teleportationskammern nur die Hohen Priester, Priesterinnen und die Eingeweihten.

ALLJÄHRLICHE VERBINDUNG MIT DER HEIMAT

Einmal im Jahr fand eine Zeremonie statt, bei der sich die gesamte Bevölkerung versammelte und zur Kathedrale der Heiligen Höhen gebracht wurde. Dabei durften die gewöhnlichen Menschen nur in den Hauptbereich. Der heilige mittlere Raum blieb ihnen verschlossen. Bei dieser speziellen Gelegenheit durften sie sich nach unseren heutigen Vorstellungen für etwa eine Stunde mit ihrem Heimatplaneten in Verbindung setzen. Wir als Lebewesen der dritten Dimension haben ja einen linearen, pfeilförmigen Zeitbegriff. Eine solche beschränkte Vorstellung war den Bewohnern von Atlantis fremd. Wie auch immer, dieses besondere Erlebnis war ein Geschenk an alle Teilnehmer des Experiments. In dieser kostbaren Zeit wurde der Schleier des Vergessens gelüftet. Da er hinterher aber wieder vorgezogen wurde, konnte sich auf der Bewusstseinsebene keiner an das erinnern, was er erlebt hatte. Was blieb, war das Glücksgefühl, das damit einherging. Ähnliches erleben wir auch heute noch, wenn wir voller Freude aus einem Traum auftauchen, aber nicht mehr wissen, wo er uns hingeführt hat.

Viele Generationen lang wurde dieses Geschenk den Menschen einmal pro Jahr zuteil. Als aber die Gemeinschaft irgendwann zusammenzubrechen begann, trat Unzufriedenheit auf. Manche Leute hatten plötzlich Eindrücke oder Träume von ihrem Heimatplaneten, die sie nicht verstanden. Einige wenige konnten sich auch vage an ihre Ursprünge erinnern. Das Gefühl, das Leben müsse doch noch mehr zu bieten haben, vergrößerte ihre Unzufriedenheit. Es wurde immer schwieriger, den Schleier des Vergessens an seinem Platz zu lassen. Die Erinnerung an die eigene Natur lief aber dem Zweck des Experiments zuwider, das ja darin bestand herauszufinden, ob man auch in materiellen Frequenzbereichen leben und trotzdem Einheit mit der Einen Quelle wahren könne. Daher wurde diese alljährliche Vergünstigung abgeschafft. Die große Mehrheit musste den Preis dafür zahlen, dass einige wenige unzufrieden waren.

Als später eine Generation von Hohen Priestern und Hohen Priesterinnen nach der anderen versuchte, ihre Vorgänger zu übertrumpfen, ging die reine Schlichtheit verloren. Kurz vor dem Niedergang von Atlantis war alles voller Edelmetalle, wertvoller Preziosen und Stoffe, und die Führer trugen pompöse, kunstvoll verzierte Roben. Wie heißt es doch so richtig: »Das Einfache ist spirituell, das Komplexe egoman.«

DIE TEMPEL DER ZWÖLF REGIONEN

Da der Tempel der Kristallisationspunkt der Gemeinschaft war, wurde mitten in jeder Stadt auf einer Anhöhe eine solche Stätte errichtet. Den Erkenntnissen der Geomantie zufolge, auf die großer Wert gelegt wurde, musste es sich dabei immer um das größte Gebäude handeln. Dort befand sich auch der Meisterkristall der Region. Diese heiligen Gebäude waren rund. Geschmückt wurden sie von erbaulichen Wandgemälden in wunderschönen Farben. Die Fensterscheiben bestanden aus Quarz, der reichlich vorhanden war, und dienten dazu, die Besonderheit des Gebäudes noch zu unterstreichen. Gewöhnliche Häuser hatten nämlich gar keine Fenster.

Im Tempel waren alle Elemente vertreten und so ausgerichtet, wie es die Ureinwohner Amerikas heute noch tun: Luft nach Norden, Wasser nach Süden, Feuer nach Osten und Erde nach Westen. Die einzigen Dekorationselemente waren Kristalle, die je nach der Energie, die sich der Hohe Priester oder die Hohe Priesterin für die Gemeinschaft wünschte, unterschiedlich angeordnet waren. Da Wasser enorme spirituelle Bedeutung besaß, wurde im Tempel ein Brunnen angelegt, und um das Hauptgebäude herum führte ein Kanal. Dahinter lag ein Ring von Häusern, dann kam wieder eine Wasserstraße, dann wieder Wohnhäuser, Wasser, Häuser, Wasser und so weiter. Das Wasser wurde immer sauber und rein gehalten und diente der Erholung und dem Badevergnügen. Als später Handel und Profit in das Bewusstsein der Atlanter vordrangen, wurden die Kanäle für den Warentransport genutzt.

Bei der Planung und Errichtung der Gemeinden war großer Wert darauf gelegt worden, dass die einzelnen Häuser genügend Abstand voneinander hatten und sich inmitten von Grünflächen und kleinen Wäldern befanden.

Der Kreis wurde in Atlantis als Symbol für das Geheimnis des Lebens angesehen. Genau wie die Sonne, der Mond und die anderen Planeten ist auch die Erde rund. Auf- und Untergang der Sonne folgen einem kreisförmigen Muster, die Jahreszeiten bilden einen Kreis, Vögel bauen runde Nester, Tiere markieren kreisförmig ihr Territorium. Aus demselben Grund waren auch die Häuser in Atlantis rund.

DIE GEMEINDEN

Wenn ein Tempel für »seine« Stadt zu klein wurde, zog man den Magier zurate. Es wurde eine neue Anhöhe ausgewählt und der heilige Kristall aus dem Zentrum des Tempels dorthin verlagert. Um ihn herum baute die Gemeinschaft dann ein neues Gebäude. Dieses neue Zentrum enthielt neben einer Schule und Heilstätten auch individuelle Traum-, Klang- und Kristallkammern, in denen die entsprechenden Berufe vertreten waren. Darum herum wurde ein größerer Ring mit Häusern errichtet, der auch die ursprüngliche Stadt umfasste. Der alte Tempel wurde zu Lehr- oder Heilzwecken umgewidmet und entsprechend genutzt.

Anlage der Gemeinden in Atlantis

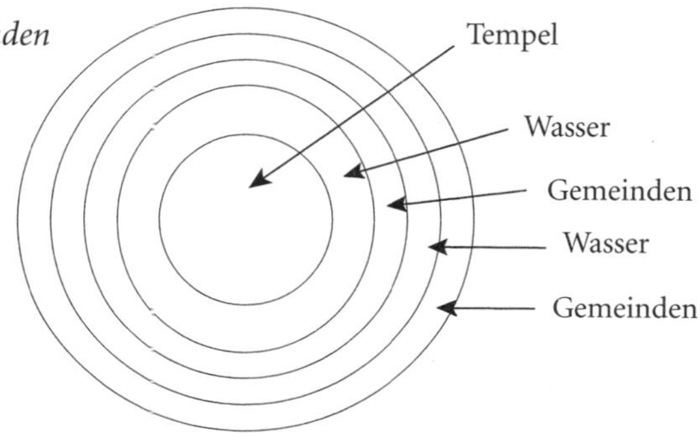

Zu Beginn waren die Kirchen sehr einfach gebaut und bestanden ausschließlich aus Naturmaterialien. Im Laufe der Zeit wurde der runde Hauptheiltempel auf eine Größe von achtzehn Meter Durchmesser erweitert und seine hohe Kuppel mit Kristallen ausgelegt. Auch wurde er schön mit Gold dekoriert.

Als sich Atlantis immer mehr vergrößerte, mussten die Menschen ausbalanciert und geheilt werden. Dafür wurden kreisförmige Klangtempel von ganz bestimmten Ausmaßen und entsprechender Höhe (die Hälfte der breitesten Stelle) errichtet. Für musikalische Zwecke waren sie optimal. Klänge dienten den verschiedensten therapeutischen Zwecken. Mit ihrer Hilfe wurden Gliedmaßen geheilt, sie halfen bei der Entgiftung und wurden zur Aufrechterhaltung hoher Frequenzen eingesetzt. Die heilenden Klangkammern wurden ferner aufgesucht, um sich die Chakren wieder ausrichten zu lassen. Hier bekamen die Kinder auch ihre Reisetabletts ausgehändigt, mit denen sie über den Leylinien fliegen konnten.

Im Vergleich zu Atlantis steckt unser heutiges Wissen über die Schallwellen noch in den Kinderschuhen. Wir bedienen uns der Klangtechnologie ja überwiegend für so profane Zwecke wie Anrufbeantworter und dergleichen. Auch in dieser Hinsicht können wir noch viel von Atlantis lernen.

Irgendwann wurden auch Traumtempel errichtet, in denen Träume herbeigeführt wurden, die den Menschen Informationen über ihren Gesundheitszustand vermittelten. Die Priester entwickelten Traumfänger, die es ihnen ermöglichten, Albträume herauszufiltern, und die zugleich bewirkten, dass man sich an schöne Träume erinnern konnte. In einigen Teilen der Welt werden sie heute noch verwendet. Wie Sie sich selbst einen Traumfänger bauen können, erfahren Sie im dreißigsten Kapitel. Andere Tempel verfügten über verschiedene Räume mit jeweils unterschiedlichen Kristallen. Das Vermählungszimmer beispielsweise war voll mit Selenit, da dieses Mineral ein Symbol für die Verbindung von Geist und Materie ist. In den Räumen, in denen die Sonnenmeditation stattfand, von der noch die Rede sein wird, bestand der Boden aus Hämatit, damit die Menschen ihre Erdung nicht verloren.

Da die Temperatur in Atlantis wesentlich von der Energiekuppel über den fünf Inseln gesteuert wurde, war es im Süden im Allgemeinen wärmer als im Norden. Man konnte jedoch auch örtlich Temperaturveränderungen bewirken. In jedem der zwölf Haupttempel gab es nämlich ein ganz außergewöhnliches Gerät. Es wirkte äußerlich wie eine Harfe, hatte aber bedeutend dickere Saiten und bestand aus einem lumineszierenden extraterrestrischen Material. Mit diesem Gerät, das auf allerhöchstem Niveau praktisch Klimaanlage, Zentralheizung und Luftbefeuchter in einem war, konnte man die Atmosphäre beeinflussen. Zu diesem Zweck stellte sich der Priester davor und bediente die Maschine mit einem Kristallstab. Dabei entstanden unglaublich schöne Klänge. Zwar war diese Musik nicht der primäre Zweck, aber in Atlantis ließ man sich nie eine Gelegenheit entgehen, in den Genuss der Heilkräfte von Klang oder Wasser zu kommen. Dieses Gerät konnte zum Beispiel auch benutzt werden, um die Außentemperatur für ein Fest oder eine Versammlung im Freien nach Wunsch zu regulieren.

Als sich der Niedergang von Atlantis abzuzeichnen begann, wurden die Tempel immer kunstvoller dekoriert und die Priester kleideten sich zunehmend kostbar. Einige von ihnen begannen auch Ringe zu tragen – als Symbol für ihre Verbundenheit mit Gott. Als die Selbstsucht weiter um sich griff, legten sie sich Kopfbekleidungen zu, die ihre Position in der Hierarchie betonten: je höher die Mütze, desto erhabener die Stellung. Damit wollten sie zum Ausdruck bringen, dass die Massen ihnen nicht das Wasser reichen konnten. Zunehmend verloren die Menschen ihre Verbindung zur Natur. Gottesdienste fanden immer häufiger in geschlossenen Räumen statt, und es ging dabei nur noch selten um Dankesbezeugungen, sondern immer mehr um flehentliches Bitten. Der Ausdruck der Lebensfreude durch Dankbarkeit trat bald vollkommen in den Hintergrund.

ÜBUNG ❖ ZWANZIG MINUTEN OM

Sie können diese Übung zwar auch allein machen, viel wirksamer ist sie jedoch, wenn Sie sie mit anderen Menschen zusammen durchführen, am besten im Kreis.

Om ist ein machtvoller heiliger Ton und besteht aus den Lauten A, O und M. Korrekt intoniert stimuliert er sowohl das dritte Auge als auch das Kronenchakra. Nach zwanzig Minuten hat die Schwingung alle Ihre Körperzellen erfasst. Am Anfang werden Ihnen zwanzig Minuten sehr lang vorkommen. Wenn der Klang aber erst einmal durch Sie hindurch in den Raum fließt und Ihre Frequenz erhöht, schwindet die Zeit. Menschen haben unterschiedlich langen Atem. Wenn Sie die Übung gemeinsam machen, wird daher bald der gesamte Raum von einem kontinuierlich zirkulierenden Om erfüllt sein.

1. Nehmen Sie Platz, entweder allein für sich oder im Kreis. Wenn Sie zu mehreren sind, sollte einer die Zeit im Blick haben.
2. Zünden Sie eine Kerze an und stellen Sie sie in die Mitte des Kreises oder vor sich hin.
3. Schließen Sie die Augen, und bilden Sie, Ihrem eigenen Rhythmus folgend, achtsam den Laut Om. Immer wenn Ihnen der Atem ausgeht, setzen Sie neu an.
4. Bleiben Sie danach noch ein paar Minuten in vollkommener Stille sitzen.

Wenn Sie mögen, können Sie diesen Laut einem persönlichen oder einem der gesamten Welt zugute kommenden Wunsch widmen.

KAPITEL ZWÖLF

DIE PRIESTERSCHAFT

Unter den ersten 84 000 Freiwilligen, die in Atlantis eintrafen, befanden sich auch Menschen, die über die Fähigkeiten und Eigenschaften verfügten, die für das Amt eines Priesters oder einer Priesterin nötig waren. Die zwölf Herrscher, die Alta, wählten die Personen aus, die von Natur aus die entsprechenden Qualitäten für diese Aufgaben aufwiesen, und motivierten sie dann ganz bewusst, ihre Begabung weiter auszubauen. Die gesamte Priesterschaft war auf allen Ebenen Hüterin der Spiritualität.

Als die zweite Generation von Einwanderern nach Atlantis kam, untersuchten die Priester und Priesterinnen die Auras der Kinder, um schlummernde Talente zu entdecken und fördern zu können. Dann wählten sie künftige Novizen für das Priesteramt aus und arbeiteten an ihrer Weiterentwicklung mit. Da man in Atlantis großen Wert auf Ausgewogenheit legte, bestand die Priesterschaft sowohl aus Männern als auch aus Frauen. Es herrschte Gleichberechtigung unter den Geschlechtern. Priester und Priesterinnen durften heiraten und Familien gründen.

Im Zölibat lebten nur diejenigen, die an den heiligen Stätten wirkten. Sie wohnten in speziellen Unterkünften für allein Stehende und widmeten ihr ganzes Leben dem Beruf. Sexualität ist ja in erster Linie etwas sehr Irdisches und Erdendes. Die Priester lernten, ihre sexuellen Energien zu sublimieren und sie im Dienste des Göttlichen einzusetzen. Für dieses Engagement genossen sie große Verehrung. Wir dürfen nicht vergessen: Nur wer freiwillig bereit war, seine Sexualität derart zu transformieren, durfte es tun. Missbrauch war daher vollkommen ausgeschlossen.

Je nach Hierarchieebene hatten die Gewänder der Priester unterschiedliche Farben. Novizen trugen Blassgrün, Meister ein helles Blau und die Roben der Eingeweihten waren weiß. Die Magier, überaus gut ausgebildete

Schamanen und Alchemisten, trugen Orangerot. Die einfachen, weiten Gewänder der Herrschenden waren dunkelblau. Auch hierbei ging es nie um das Ego oder darum, dass einer etwas Besseres sein wollte. Die verschiedenen Farben dienten lediglich der leichteren Identifizierung.

AUSBILDUNG

Die Priester und Priesterinnen erfuhren in allen zwölf Regionen dieselbe Schulung.

NOVIZEN

Die Ausbildung der Novizen begann mit dreizehn. Im ersten Jahr lebten sie vollkommen außerhalb ihrer Gemeinschaft in Priesterseminaren, die den Tempeln angeschlossen waren. Sie waren dort in Schlafsälen untergebracht. Während dieser Lehrzeit lernten sie, sich zu beherrschen. Auch echtes Mitempfinden und Einfühlungsvermögen wurden bereits zu diesem Zeitpunkt von ihnen erwartet. Zu ihrem Ausbildungsprogramm gehörte ferner, im Augenblick zu leben und zu begreifen, welche Kraft daraus erwächst.

Fünfundachtzig Prozent ihrer Zeit verbrachten die Novizen mit Sprechgesängen, Meditation, Visualisierungen und im Schweigen. All das sollte sie auf ihren Eintritt in die Stille vorbereiten. In diesem Stand der Gnade waren sie dann in der Lage, das Einssein zu erleben. In den anderen fünfzehn Prozent ihrer Zeit beschäftigten sie sich mit den Energiefeldern und lernten elementare medizinische Fähigkeiten, also die Grundlagen der Geistesbeherrschung und die Wiederausrichtung der Chakren. Die Ausbilder der Novizen achteten ganz genau auf die besonderen Fähigkeiten ihrer Schutzbefohlenen, um sie später entsprechend fördern zu können.

Nach ihrem ersten Ausbildungsjahr durften die angehenden Priester heiraten. Wollten sie sich jedoch später zum Meister weiterqualifizieren, mussten sie mit der Eheschließung noch bis nach dem Abschluss der entsprechenden Ausbildung warten.

Im zweiten Lehrjahr lebten die Novizen wieder in der Gemeinschaft und mussten unter Beweis stellen, dass sie auch in der materiellen Welt ein hohes Maß an Ruhe bewahren konnten. An dieser Prüfung ist nie jemand gescheitert, weil ja alle aufgrund ihrer besonderen spirituellen Fähigkeiten für das Priesteramt ausgewählt worden waren. Und wenn doch einmal jemand eine Schwäche an sich entdeckte, brachte man ihm bei, sie in eine Stärke zu verwandeln.

Im zweiten Lehrjahr wurde die medizinische Ausbildung der Novizen fortgesetzt, das heißt, sie lernten die Grundlagen des Umgangs mit Heilsteinen und verbesserten die Beherrschung ihres Denkens. Darüber hinaus wurden sie eingeweiht, die Kraft der Dankbarkeit zu nutzen sowie die Techniken der Teleportation, Telekinese und Levitation. Insbesondere aber verfeinerten sie ihre Geistesbeherrschung immer weiter. Sie lernten zum Beispiel, ihre Energien so zu beeinflussen, dass sie ihre Hände warm werden oder ihre Körpertemperatur sinken lassen konnten. Oder sie erfuhren, wie man ein Trinkgefäß von einer Stelle zur anderen teleportierte.

Das Allerwichtigste war aber, dass sie weiter daran arbeiteten, ein Gefäß für die höheren Energien zu werden. So erlernten sie in dieser Phase ihrer Ausbildung etwa die Grundbegriffe der Materialisation, des Channelns und der Verwirklichung gesetzter Ziele.

MEISTER

Die Ausbildung zum Meister nahm drei Jahre in Anspruch. Das erste Jahr verbrachte man dabei ausschließlich im Tempel. Danach wurden die Meister-Anwärter wieder in die Gesellschaft integriert. Am Anfang standen unter anderem Heilen, Geomantie beziehungsweise Fengshui, die Leitung von Zeremonien und pädagogische Techniken zur Ausbildung von Novizen auf dem Lehrplan. Außerdem die Grundzüge der Überwindung der Schwerkraft.

Bereits im ersten Jahr entschieden sich die Meisteranwärter auf der Grundlage ihrer persönlichen Begabungen für ein Spezialgebiet. So wurden die einen beispielsweise Lehrer, andere beschäftigten sich intensiv mit Kristallen oder mit Geistheilung. Wieder andere bereiteten sich darauf vor, Berater, spirituelle Mentoren oder Tempelarbeiter zu werden.

Im zweiten und dritten Lehrjahr durften sie bereits ihre eigenen Erfahrungen im zukünftigen Aufgabenfeld machen. Den Rest der Zeit arbeiteten sie unter der Anleitung eines Meisters. Angehende Lehrer wurden in den Lehrtempeln eingesetzt. Künftige spirituelle Berater wurden hinzugezogen, wenn es etwa darum ging, Unausgeglichenheiten in einer Beziehung zu erörtern, oder damit sie Familien halfen, mit bestimmten Gefühlen umzugehen. Vollkommene Gesundheit galt als die Norm. Das heißt, dass in der ersten Zeit überhaupt keine Heilarbeit nötig war. Das Einzige, was die Priester zu tun hatten, bestand darin, die Energiefelder der Menschen auszugleichen.

Wer sich der Tempelarbeit zuwenden wollte, durfte jetzt bereits Totenzeremonien, Geburts- oder Tauffeierlichkeiten abhalten. Meisteranwärter halfen auch bei der Ausbildung der Novizen. Es gab zwar einige verheiratete Meister, die meisten verpflichteten sich jedoch zum Zölibat. Im Tempel hatten sie rund um die Uhr Dienst und so war ihnen ihre Berufung der ganze Lebensinhalt.

EINGEWEIHTE

Wer sich als Meister zum Eingeweihten weiterqualifizieren wollte, musste bestimmte Aufgaben absolvieren, um seine (beziehungsweise ihre) Fähigkeiten unter Beweis zu stellen. Das fand im Rahmen einer Einweihungszeremonie statt; darüber hinaus mussten aber auch während der gesamten Ausbildung ständig neue Prüfungen absolviert werden. Nur sehr wenige Meister schafften den Sprung zum Eingeweihten. Möglich wurde das ohnehin erst, wenn man bewiesen hatte, dass man in der Lage war, die Schwerkraft zu überwinden, denn nur wer fliegen konnte, fand Zugang zum Tempel des Poseidon. Die Eingeweihten waren in jeder Hinsicht sehr weit fortgeschritten: Man setzte voraus, dass sie ihren Körper vollkommen beherrschten, dass sie ihren Herzschlag, den Blutzuckerspiegel und ihre Körpertemperatur bewusst steuern konnten. Ferner durfte es ihnen nichts ausmachen, über glühende Kohlen und spitze Nägel zu gehen. Diese außergewöhnlich engagierten und höchst spirituellen Lebewesen hatten ihre Energiefelder sogar so weit unter Kontrolle, dass sie sich unsichtbar machen konnten. Die Eingeweihten hatten es in der Kunst der Levitation schon beinahe zur Perfektion gebracht und konnten ihren Geist extrem gut beherrschen. Darüber hinaus hatten sie gelernt, Seelen zurückzuführen. Sie arbeiteten mit der Energie der Pyramiden und trugen viel dazu bei, die hohe Frequenz von Atlantis aufrechtzuerhalten. Sie überwachten alle Stufen der Priesterausbildung und hatten den Vorsitz über gewisse Zeremonien inne.

MAGIER

Einige der kompetentesten, engagiertesten und reinsten Eingeweihten wurden Magier. Dabei handelte es sich um extrem gut ausgebildete Wissenschaftler, Alchemisten, Astrologen, Astronomen, Handleser und Nummerologen. Sie vermochten die Elemente zu steuern und praktizierten Nekromantie, wozu auch die Unterredung mit Toten, Seelenrückführung, Prophezeiung und Wahrsagung gehörten. Die Magier konnten klar und deutlich in die Zukunft sehen. Sie waren es auch, die über die Grenzen unserer Welt hinausblickten und ihre Zeitgenossen warnten, wenn die Erde von irgendeiner Kraft bedroht wurde.

Schon von Anbeginn an trugen die Schamanen aller Kulturen Federn. Auch für die Magier waren Federn von großer Bedeutung, wussten sie doch, dass hochfrequente Energieimpulse von ihnen ausgehen. Aus demselben Grund sieht man in Federn auch ein Symbol für die Energie der Engel.

Wie die Eingeweihten praktizierten auch die Magier Seelenrückführungen. Wenn irgendwo eine Seele von ihrem Weg abkam, wussten die Magier sie zu finden und wieder auf den rechten Pfad zu bringen. Im Goldenen Zeitalter kamen die meisten Menschen reibungslos an ihrem Zielort an, sodass ein Magier nur bemüht werden musste, wenn der Tod plötzlich und unerwartet auftrat oder mit großen Schmerzen einherging, sodass die Seele einen Schock erlitt und die Orientierung verlor. Dies betraf in der Regel Unfälle, jedoch kam es manchmal auch vor, dass Mutter oder Baby bei der Geburt starben. All diese Seelen hatten ihren Tod, wie bereits erörtert, bewusst gewählt, um Familienangehörigen und Freunden die Gelegenheit zu geben, Verlust, Trauer, Angst, Zorn und all die anderen Gefühle zu erleben, die ein Todesfall hervorrufen kann.

Wenn die Magier ihren Dienst auf diesem Planeten vollendet hatten, begaben sie sich in spezielle natürliche Kristallkammern. Dort verließen sie ihren Körper und kehrten nicht zurück, sondern stiegen wieder zu ihrem jeweiligen Heimatplaneten auf.

Ihre Ausbildung verlieh den Magiern eine sehr große Macht, die sie 1500 Jahre lang ausschließlich zum höchsten Wohle aller ausübten. Letztlich waren aber genau sie es, die den Fall von Atlantis verursachten, weil sie nämlich begannen, ihre Macht zur Erhöhung ihres persönlichen Egos zu verwenden.

Diejenigen Eingeweihten und Magier, die seinerzeit keine Abstriche von ihrer Integrität machten, sind heute als Lehrer und Berater in der geistigen Welt tätig, wo sie uns bei der Auswahl des nächsten Lebens unterstützen und uns zwischen den Inkarnationen unterrichten. Es sind die höheren Geistführer und Meister. Die Talente und Fähigkeiten, die sie bereits in Atlantis an den Tag legten, sind heute nötig, um der Welt zu helfen. Wenn wir hier auf der Erde bereit sind, der Reinheit und der Kraft des Goldenen Atlantis wieder zu ihrem Recht zu verhelfen, werden sie sich wieder inkarnieren.

DIE ALTA

Die Hohen Priester und Hohen Priesterinnen hatten keine Partner, weil sie ihre gesamte Energie für die Aufgaben brauchten, die sie zu erfüllen hatten. Es gab zwölf Herrscher, die König- und Königinnenpriester, Alta genannt. Sie verbrachten die meiste Zeit im Tempel, hatten aber, ähnlich wie heute unsere Politiker, auch einen Wohnsitz in der Stadt, aus der sie kamen.

Sie waren für intergalaktische Kontakte zuständig, erstatteten dem Großen Rat Bericht über die Fortschritte des Atlantis-Experiments und wurden bei Entscheidungen bezüglich seiner Zukunft beratend hinzugezogen. Eine weitere ihrer Aufgaben bestand darin, den Großen Kristall sauber zu halten und ihn zu beschützen. Die Hohepriester und Priesterinnen regelten darüber hinaus die große Biokuppel über dem Planeten. Da keiner von ihnen das allein vermochte, mussten sie harmonisch zusammenarbeiten und alle Entscheidungen gemeinsam treffen.

Bei besonderen Gelegenheiten versorgten die Alta die Bevölkerung mit hoch frequentem Licht, damit die Ausstrahlung der Menschen rein blieb. Manchmal übernahmen sie auch den Vorsitz über wichtige Zeremonien wie etwa bei der Priesterweihe und zur Begrüßung einer neuen Jahreszeit.

Thot, der große Hohe Priester, gab die sieben Geistigen Gesetze durch, die in Atlantis herrschten, sowie zahlreiche untergeordnete Verordnungen. Jesus vereinfachte diese schließlich zu dreiunddreißig geistigen Gesetzen, von denen drei überweltlicher Natur sind.

Jeder Hohe Priester und jede Hohe Priesterin war persönlich für den jeweiligen Stamm verantwortlich, über den er oder sie herrschte, und kam dieser Aufgabe je nach individueller Energie nach. Schließlich hatte der

Intergalaktische Rat eigens zwölf Stämme gegründet, um die Chance zu vergrößern, dass das Experiment von Atlantis diesmal nicht fehlschlug.

DIE BEHERRSCHUNG DES GEISTES

Diese Fähigkeit lässt sich auf vielerlei Art und Weise praktisch anwenden: Sie können damit Ihren Blutdruck steuern, Ihren Blutzuckerspiegel und die Körpertemperatur beeinflussen. Heutzutage wird die Beherrschung des Geistes in erster Linie zur Schmerzlinderung und gegen Schlafstörungen eingesetzt. Aber natürlich ist sie auch ein grundlegender Bestandteil von intensiver Meditation und Fernheilung. Die alten asiatischen Praktiken – über das Feuer laufen, auf einem Nagelbett sitzen oder in eisiger Kälte schlafen – werden heute auch im Westen ausprobiert. Versuchen Sie es doch einmal mit der folgenden Übung:

ÜBUNG ❖ VERÄNDERN SIE IHRE KÖRPERTEMPERATUR

Wir alle sind in der Lage, unsere Körpertemperatur zu steuern. Es setzt allerdings große Konzentration voraus.

1. Nehmen Sie bewusst Temperatur und Farbe Ihrer Hände wahr.
2. Schließen Sie die Augen und richten Sie Ihre gesamte Aufmerksamkeit auf Ihre rechte Hand. Stellen Sie sich vor, sie stecke in einer Schüssel mit angenehm heißem Wasser. Nehmen Sie in aller Ruhe die Temperatur wahr. Spüren Sie, wie sich Ihre Poren öffnen und die Hand warm wird.
3. Richten Sie dann Ihre Aufmerksamkeit auf die linke Hand. Stellen Sie sich vor, Sie hätten sie in einer Schüssel mit Eiswasser. Nehmen Sie die Temperatur wahr. Malen Sie sich aus, wie Eisklümpchen die Haut berühren. Spüren Sie, wie Ihre Hand immer kälter wird.
4. Öffnen Sie die Augen. Achten Sie darauf, wie sich Ihre Hände anfühlen und welche Farbe sie haben.

Machen Sie diese Übung so oft, bis Sie die Temperatur Ihrer Hände tatsächlich bewusst beeinflussen können.

KAPITEL DREIZEHN

DIE HOHEN PRIESTER UND HOHEN PRIESTERINNEN

Im Verlaufe des Goldenen Zeitalters kamen viele erhabene Wesen auf die Erde, um hier in einen menschlichen Körper zu schlüpfen und sich zu Eingeweihten beziehungsweise zu Hohen Priestern und Hohen Priesterinnen ausbilden zu lassen, von denen es stets zwölf gab. Während sich Atlantis immer weiterentwickelte, wurden ständig geeignete Wesen, die über das entsprechende Wissen, die Weisheit und Erfahrung verfügten, auf den Planeten eingeladen, um das Experiment vor Ort zu leiten. Dazu gehörten etwa Herkules, Pallas Athene, Hohe Priesterin im Tempel der Wahrheit, oder auch Portia, vielleicht besser bekannt als Göttin der Gerechtigkeit.

Die Stärken und Fähigkeiten dieser Weisen können wir uns heute kaum mehr vorstellen. Nehmen wir zum Beispiel Thot, einen der ersten Hohen Priester. Ihm war bekannt, dass unser Planet vor langer Zeit einmal mit einem anderen zusammengestoßen war. Anschließend verfügte die Erde über die Mineralvorkommen beider Himmelskörper. Folglich sind wir extrem reich an Metallen und Mineralen. Das flüssige Metall im Inneren der Erde erzeugt eine Strömung, die ein Magnetfeld entstehen lässt. Diese Magnetkraft nun lenkte Thot in gerade Bahnen, sodass der Planet schließlich von einem Gitternetz aus Energie umgeben war. Das erleichterte den Menschen die Reise oberhalb dieser Kraftlinien, sie nutzten sie als Luftstraßen.

DIE ZWÖLF STRAHLEN

In den Zeiten von Atlantis gab es zwölf Strahlen, die jeweils eine göttliche Qualität auf die Erde sandten. Jeder von ihnen hatte eine andere Frequenz sowie verschiedene Farben und Eigenschaften, von denen die Menschen berührt wurden. Als Atlantis seine Reinheit verlor und Machtmissbrauch um sich griff, wurden die fünf höheren Strahlen, bekannt als Meisterstrahlen, allmählich abgezogen. Sieben sind aber noch auf die Erde gerichtet. Und da sich die Frequenz der Menschheit und Gaias selbst in den letzten Jahren wieder erhöht hat, beschloss der Intergalaktische Rat 2001, die Energien des achten und neunten Strahls erneut so auf unseren Planeten zu lenken, dass alle davon profitieren können. Im Laufe der folgenden zwei Jahre kamen dann sogar noch der zehnte, elfte und zwölfte Strahl hinzu. Kumeka, unser Geistführer, ist der Meister des achten Strahls. In Atlantis selbst war er nicht zugegen. Er gehörte jedoch zu den sehr erhabenen Wesen, die das Experiment von der geistigen Welt aus beaufsichtigten. Alle anderen Chohans beziehungsweise Meister der zwölf Strahlen waren in Atlantis inkarniert.

DIE MEISTER DER STRAHLEN

STRAHL 1. El Morya ist der Meister des ersten Strahls der Kraft, des Willens und der Absicht. Nach dem Fall von Atlantis nahm er sein gesamtes Wissen und seine Weisheit mit an den Euphrat und war dort beim Aufbau der mesopotamischen Kultur behilflich. Da er auch die Entwicklung der Schrift vorantrieb, gibt es aus jener Zeit bereits Aufzeichnungen auf Tontafeln. Ferner trug er zur Herausbildung des islamischen Glaubens und seiner Kunst bei. Ursprünglich kam El Morya vom Merkur.

STRAHL 2. Lanto, identisch mit dem gleichnamigen chinesischen Philosophen, ist der Meister des zweiten Strahls der Liebe und Weisheit. Während seiner Inkarnation konnte er seine Fähigkeit zur bedingungslosen Liebe so weit ausdehnen, dass aus seinem Herzzentrum goldenes Licht strömte. Später war er für die Entwicklung eines der Zwillingsplaneten der Erde zuständig, der viel weiter ist als wir. Was für eine mächtige Gestalt!

STRAHL 3. Paul der Venezianer, Meister Paul, ist Meister des dritten Strahls der Intelligenz und Kreativität. In der Regierung von Atlantis stand er dem Kultusministerium vor.

STRAHL 4. Serapis Bey, der ursprünglich von der Venus kommt, ist der Meister des vierten Strahls der Harmonie und Ausgeglichenheit. In Atlantis war er Priester-Avatar und Hüter der Weißen Flamme. Heute ist er als der Ägypter bekannt, weil er beim Scheitern des Experiments mit Metatron und den Engeln zusammenarbeitete, um die Pyramiden zu errichten, in denen auch seine Lehrreden versteckt sein sollen.

STRAHL 5. Chohan des fünften Strahls der Wissenschaft, der Weisheit und Erkenntnis ist gegenwärtig Meister Hilarion. In Atlantis hatte er seine Wirkungsstätte im Tempel der Wahrheit. Er ist Chefunterhändler für Erdfragen beim Rat des Saturn, jenem Planeten, auf dem sich die Zentrale unseres Sonnensystems befindet.

STRAHL 6. Maria Magdalena ist Meisterin des sechsten Strahls des Idealismus und der Hingabe. In unserem neuen Zeitalter besteht ihre Aufgabe darin, den Dogmatismus in den Köpfen der Menschen aufzulösen und uns die wahre Spiritualität zurückzubringen, wie sie in Atlantis lebendig war.

STRAHL 7. Lady Nada ist die Meisterin des siebten Strahls des Rituals, der Zeremonie und Magie. In Atlantis war sie Priesterin im Tempel der Liebe. Heute gehört sie dem Komitee der Herren des Karma an.

STRAHL 8. Dies ist der Strahl der großen Transformation. Sein Meister Kumeka, der Herr des Lichts, stammt aus einem anderen Universum und möchte uns und der Erde bei den Vorbereitungen zum Aufstieg in geistig höhere Frequenzbereiche behilflich sein. Während der goldenen Jahre von Atlantis hatte er eine bedeutende Rolle inne.

STRAHL 9. Vosloo ist der Meister des neunten Strahls der Harmonie, der darauf abzielt, die Menschheit geistig und seelisch wieder ins Gleichgewicht zu bringen. Er war einer der am weitesten entwickelten Hohen Priester von Atlantis. Daher weiß er sehr genau, was damals falsch gelaufen ist, und sieht seine Aufgabe heute darin, dafür zu sorgen, dass wir dieselben Fehler nicht noch einmal machen. Darüber hinaus verfügte er über besonders enge Beziehungen zu Ägypten.

STRAHL 10. Gautama, der spätere Buddha, ist Meister des zehnten Strahls des Friedens und der Weisheit, der den Menschen behilflich ist, ihre Lebensaufgabe zu finden und dabei die Erdung nicht zu verlieren. Zugleich versorgt er uns mit Buddha-Energie. In Atlantis war er Thot.

STRAHL 11. Rakoczy, inkarniert als St. Germain, ist der Meister des elften Strahls der Klarheit, des Mystizismus und der Heilung. In Atlantis gehörte er zu den Hohen Priestern.

STRAHL 12. Kwan Yin, das asiatische Pendant zu Mutter Maria, ist Meisterin des zwölften Strahls der bedingungslosen Liebe. Aktuell ist sie Repräsentantin des sechsten Strahls im Karma-Komitee, das alle karmischen Belange auf dem Planeten beaufsichtigt und regelt. In Atlantis sowie später auch in China kannte man sie als Göttin der Gnade.

Wenn Sie die Namen dieser Erleuchteten laut aussprechen, werden Sie augenblicklich von einem Strahl hochfrequenten Lichts durchdrungen, das Ihre Seele nährt. Sobald Sie eine(n) der Meister oder Meisterinnen anrufen, spüren Sie, dass Sie spirituell sofort Auftrieb bekommen. Sie ziehen damit nämlich das Licht seines oder ihres Strahls auf sich und damit alles Gute, das er repräsentiert. Eine genaue Beschreibung zweier solcher Anrufungen finden Sie am Schluss dieses Kapitels.

DIE ENTWICKLUNG DER ZWÖLF

Von den zwölf Hohen Priestern und Hohen Priesterinnen standen sechs in Verbindung mit den Energien, aus denen später zunächst Griechenland und dann die griechischen Götter wurden. Die anderen sechs hatten enge Bezüge zum späteren Ägypten, wo sie ebenfalls nach einer gewissen Zeit als Götter verehrt wurden.

Die ersten zwölf Hohen Priester und Priesterinnen waren für dieses Amt aufgrund ihrer Fähigkeit ausgesucht worden, die Menschen in der Anfangsphase des Projekts zu unterstützen. Lassen Sie uns einen Vergleich anstellen. Grundschullehrer werden eigens für die Ausbildung der Kleinsten geschult. Genauso ist es in der Mittel- und Oberstufe sowie an der Universität. Auf allen Ebenen unterrichten Fachkräfte, die sich auf die entsprechende Alters- und Bildungsstufe spezialisiert haben. Nicht anders war es in Atlantis.

Die ersten zwölf waren sozusagen Grundschullehrer. Im Zuge der weiteren Entwicklung wurde das Personal wiederholt ausgetauscht, je nach den Energien und Lehrinhalten, die gerade benötigt wurden. Auf dem Höhepunkt wurden dann die größten kosmischen Meister hinzugebeten, die die Ämter der Hohen Priester und Hohen Priesterinnen einnehmen sollten. Sozusagen Universitätsprofessoren anstelle von Grundschullehrern. Zu diesen gehörte auch Vosloo, der heutige Meister des neunten Strahls. Als Atlantis den Höhepunkt seiner spirituellen Entwicklung erreicht hatte und der Niedergang begann, wurden wieder geeignete Hohe Priesterinnen und Priester gesucht. Mit dem Scheitern des Experiments befand sich die gesamte Welt quasi wieder auf Grundschulniveau. Daher wurden die ursprünglichen Hohen Priester und Priesterinnen zurückgebeten, damit sie ihre Stämme aus dem Kontinent, der dem Untergang geweiht war, herausführten. Schließlich verfügten sie genau über die richtigen Erfahrungen und Energien, die sie dazu befähigten, die Überlebenden in eine ungewisse Zukunft zu geleiten. Ihr Ziel bestand darin, wieder Einfachheit einkehren zu lassen. Sie brachten ihre Stämme an eigens für sie vorbereitete Orte, von denen später noch die Rede sein wird. Dort unterstützten sie sie dabei, sich in ihrem neuen Leben auf einer niedrigeren Frequenz zurechtzufinden.

Am Anfang und am Ende dieser Periode von Atlantis waren Thot, Isis, Horus, Ra, Seth und Imhotep zugegen. Sie alle hatten eine enge Verbindung zu Ägypten. Hermes, Zeus, Aphrodite, Apollo, Poseidon und Hera dagegen standen Griechenland besonders nahe. Wo sie ihre Stämme jeweils hinbrachten, und welche speziellen Kenntnisse sie dabei im Gepäck hatten, wird in einem späteren Kapitel noch ausführlich besprochen.

ÜBUNG ❖ ANRUFEN DES MEISTERS ODER DER MEISTERIN EINES STRAHLS

1. Entscheiden Sie sich intuitiv für den Meister oder die Meisterin eines bestimmten Strahls.
2. Setzen Sie sich ruhig hin, schließen Sie die Augen und rufen Sie ihn oder sie an – am besten laut. Sie können es aber auch rein mental tun. Sagen Sie zum Beispiel: »Ich rufe dich, mächtige Isis, und bitte dich, mich mit deiner Energie zu berühren.«
3. Spüren Sie die Energie, die Sie umgibt, und öffnen Sie sich für Informationen oder Empfehlungen.
4. Beenden Sie die Übung damit, dass Sie nacheinander alle Ihre Chakren berühren. Versiegeln Sie sie, indem sie über jedes Einzelne mit den Fingern ein Kreuz zeichnen. Danach erden Sie sich, indem Sie Wurzeln visualisieren, die bis tief in den Boden reichen.
5. Schreiben Sie auf, was Sie erlebt oder empfunden haben.

Wenn Sie sich alle Erfahrungen und Empfindungen notieren, werden Sie im Laufe der Zeit beobachten, dass sie sich verändern und immer intensiver werden.

ÜBUNG ❖ ANRUFUNG ALLER MEISTER

Wenn Sie alle Meister anrufen wollen, sollten Sie sich vorher vergewissern, dass Sie auch genügend Zeit haben!

1. Setzen Sie sich in Ruhe hin. Dieses Buch liegt auf Seite 114/115 (Die Meister der Strahlen) aufgeschlagen vor Ihnen, oder Sie haben sich die Namen der Erleuchteten von Atlantis vorher notiert.
2. Rufen Sie jeden Einzelnen an, laut oder nur im Geist. Benutzen Sie die Formulierung: »Hiermit rufe ich dich, mächtige(r) (hier setzen Sie den Namen ein), und bitte dich, mich mit deiner Energie zu erfüllen.«
3. Lassen Sie sich nach jeder Anrufung genügend Zeit, die jeweiligen Energien und Gefühle in sich aufzunehmen.
4. Zum Schluss gehen Sie so vor, wie es in der vorhergehenden Übung beschrieben wurde. Vergessen Sie nicht, sich hinterher wieder zu erden.
5. Schreiben Sie Ihre Erfahrungen oder Gefühle auf.

KAPITEL VIERZEHN

ATLANTISCHE ENERGIEN

DIE VIOLETTE FLAMME

In den vorhergehenden, gescheiterten Atlantis-Experimenten waren die meisten Siedler von eigenen und fremden dunklen Gedankenformen überwältigt worden, die wie Gewitterwolken waren, sich in der Aura der Menschen festsetzten und sie enorm beeinträchtigten. Schließlich beschloss der Intergalaktische Rat, den Menschen etwas an die Hand zu geben, womit sie diese grässliche Negativität umwandeln konnten. Es handelte sich um die Violette Flamme, die aus so reinem Licht bestand, dass sie all die Angst- und Wutpartikel, die fast jeder aussandte, in Nichts aufzulösen vermochte. Die Flamme setzte sich aus allen erdenklichen Violett- und Lilatönen zusammen und konnte angerufen werden, wenn sie benötigt wurde.

Angesichts der bisherigen Erfahrungen hatte der Rat die Violette Flamme für alle Fälle auch während des neuen Experiments immer in der Hinterhand. In den goldenen Zeiten verloren die Menschen nie die Balance und führten ein ausgeglichenes Leben. Weil sie es aber mit Körpern, Beziehungen und Emotionen zu tun hatten, kamen hin und wieder unweigerlich auch negative Gedanken auf.

Wenn das Böse nun aber lediglich zurückgedrängt wird, ist es immer noch vorhanden und kann sein Unwesen treiben. Das Negative muss in etwas Positives verwandelt werden: Krankheit in Gesundheit, Armut in Überfluss, Eifersucht in Selbstwertgefühl, Habgier in Großzügigkeit und Verzweiflung in Hoffnung. Die Menschen lernten, negative Energien in der Violetten Flamme aufzulösen und sie durch positive zu ersetzen. Da alle über die Gabe der Hellsichtigkeit verfügten, nahmen sie auch den geringsten Hauch blockierter Gefühle in der Aura ihrer Freunde wahr und konnten die Violette Flamme anrufen, damit etwas Produktiveres daraus wurde. Auf diese Weise konnten sich die Menschen gegenseitig gut helfen.

Wenn jemand auch nur einen Funken Eifersucht oder Verärgerung aussandte, so ließ sich das nicht verheimlichen. In solchen Fällen lösten die Familien diese Gedanken mithilfe der Violetten Flamme in Liebe und Licht auf und konnten sich damit ihre Reinheit und Unversehrtheit bewahren. Mit der Flamme konnten sie auch körperliche Schmerzen bei sich und anderen lindern und sogar eventuelle Disharmonien in einer Beziehung beheben. Da sie ja ohnehin alle die Beherrschung des Geistes praktizierten und sich jedes Gedankens und jedes Gefühls bewusst waren, die aufkamen, fiel es ihnen dank der Violetten Flamme also relativ leicht, ihre Energiefelder sauber zu halten.

Wie alle großen Energien konnte natürlich auch diese missbraucht werden. Als das in Atlantis später tatsächlich der Fall war, wurde die Violette Flamme wieder abgezogen. Daher mussten wir Menschen jahrtausendelang ohne dieses wunderbare Hilfsmittel auskommen und zusehen, wie wir unsere dunklen Gefühle in den Griff bekamen – bis vor kurzem. Bei der Harmonischen Konvergenz im August 1987 beteten so viele Lichtarbeiter für die Heilung des Planeten, dass sich St. Germain schließlich bereit erklärte, die Eine Quelle um Hilfe zu bitten. Das Ergebnis war, dass uns nach 12 000 Jahren die Violette Flamme erneut zur Verfügung gestellt wurde. Und da die Lichtarbeiter in ihren Anstrengungen, die Frequenz des Planeten zu erhöhen, nicht nachließen, wurde uns 1998 eine weitere göttliche Gnade zuteil. Der Silberne Strahl der Gnade und Harmonie wurde mit der Violetten Flamme der Umwandlung vereint. Das war ein großes Geschenk an die Menschheit.

Wenn Sie die Silber-Violette Flamme anrufen, werden negative Energien umgewandelt und durch etwas von höherer Frequenz ersetzt.

MAHATMA-ENERGIE

Hierbei handelt es sich um hochfrequente, goldweiße kosmische Energie, ein Gruppenbewusstsein, das sich aus den zwölf Strahlen, Buddha- und Christus-Energie, aus der Energie des Geistes von Frieden und Gleichgewicht sowie aus der Energie anderer erhabener kosmischer Wesen zusammensetzt. Die Mahatma-Energie entstand, um den Priestern behilflich zu sein, als Atlantis seine ursprüngliche Kraft verlor. Es war ein Geschenk der Einen Quelle, die damit das Experiment unterstützen wollte. Baten die Priester um Mahatma-Energie, sollte sie ihnen helfen, ihre Reinheit zu bewahren, was wiederum dazu führte, dass auch die Bevölkerung energetisch rein blieb. Sie wirkte wie ein Stoß hochfrequenter Energie, der den geistigen, emotionalen, seelischen und stofflichen Körper des Menschen erfasste. Wenn die Bewohner von Atlantis die goldweiße Energie anriefen, strömte sie in die verschiedenen Ebenen ihrer Aura und in die Erde ein und weichte dabei verhärtete Gedanken- und Gefühlsmuster auf. Auf diese Weise half sie bei der Lösung persönlicher Probleme und ließ sich auch anderen Menschen schicken, um sie zu heilen oder schwierige Situationen zu klären. Die Heilkraft der Mahatma-Energie war tatsächlich enorm. Sie diente der Revitalisierung der Drüsen, ließ die Menschen bis ins hohe Alter jugendlich und sexuell aktiv bleiben, behob Stoffwechselstörungen und stärkte das Immunsystem. Auf seelischer Ebene beschleunigte sie den Aufbau des Lichtkörpers und förderte den geistig-spirituellen Aufstieg.

Als später auch die Mahatma-Energie missbraucht wurde, genau wie die Violette Flamme, zog man sie ebenfalls wieder ab. Den Menschen wurde mitgeteilt, dass sie zurückgegeben würde, sobald die Erde wieder dafür reif sei. Und tatsächlich, in der Folge der Harmonischen Konvergenz im August 1987 wurde sie der Menschheit erneut zur Verfügung gestellt. Es ist die höchste Energie, zu der die Menschen gegenwärtig Zugang haben, und sie beschleunigt unseren Aufstieg um ein Tausendfaches. Sie ist für jeden da, wie aber bei allen anderen spirituellen Dingen auch, muss man darum bitten.

Da die Menschen ja das Bindeglied zwischen der Einen Quelle und der Erde sind, möchte die Mahatma-Energie heute so gut wie irgend möglich in uns verankert sein.

DAS GROSSE BECKEN MIT REINER ENERGIE

Die Hohen Priester und Priesterinnen legten ein Becken mit reiner Energie an, die unglaublich stark war und alles, was mit ihr in Berührung kam, verbesserte und reinigte. Wünschten sich die Menschen medizinische Hilfe oder Unterstützung bei der Manifestation, beim Transport oder bei der Materialisation, so durften sie sich einfach bedienen. Wenn sie um diese Energie baten, wurde alles, was sie taten, verstärkt. Sie war vergleichbar mit der Energie, die auch für die große Biokuppel verwendet wurde. Die ganze Stärke des Goldenen Zeitalters lag in seiner Reinheit. Alles existierte ausschließlich als pure Energie. In Atlantis war die Frequenz so hoch, dass die Menschen die Energie aus dem Großen Becken nutzen konnten, um daraus allein mithilfe ihrer Geisteskraft etwas Materielles entstehen zu lassen. In den Anfängen verfügten nur die Magier über das Recht und die Macht, sich dieser Energie in ihrer ganzen Fülle zu bedienen. Und sie taten es mit äußerster Rechtschaffenheit. Den Unterschied können Sie sich in etwa so vorstellen, dass die gewöhnlichen Sterblichen eine 60-Watt-Birne zum Glühen bringen konnten, die Erleuchteten dagegen eine mit tausend Watt. Alle aber gingen dabei äußerst sorgsam vor.

Die Menschen nutzten diese Energie, um damit Häuser, Straßen, Schwimmbäder, Transportfahrzeuge und alles sonst zu erschaffen, was zum Wohle aller benötigt wurde. Sie bezogen die Energie aus dem Großen Becken und gaben ihren Erzeugnissen den gewissen künstlerischen Touch. Alles, was sie erschufen, hatte in einem Maße Stil und Klasse, wie es heute kaum mehr vorstellbar ist.

Das gesamte Experiment von Atlantis begann in dem Moment zu scheitern, als ein Magier auf die Idee kam, dass er diese Energie ja auch für seine persönlichen Zwecke nutzen konnte. Bis zu diesem Zeitpunkt hatte es in Atlantis nur höchst entwickelte Engel des Lichts gegeben, deren Schwingungsfrequenz bedeutend höher war als die der Schutzengel, die sich heutzutage um uns kümmern. Genau in dem Augenblick, in dem jener Magier die reine Kraft zu seinem eigenen Vorteil missbrauchte, verschaffte sich auch der erste dunkle Engel Zutritt zu Atlantis.

Jetzt endlich beginnt sich das Becken wieder zu füllen – mit der Energie der Heiler, spirituellen Lehrer, der Lichtarbeiter und Betenden. Der Intergalaktische Rat beobachtet unsere Anstrengungen genau, und auch auf den geistigen Ebenen werden mächtige Wesen hinzugezogen, die den Prozess, den wir Menschen in Gang gesetzt haben, unterstützen.

EDELSTEINSTRAHLEN

Nicht nur damals in Atlantis, sondern auch heute bei uns lassen die mächtigen Erzengel Michael, Uriel, Raphael und Gabriel ihr Licht auf die Erde scheinen und beleuchten damit den Weg, der vor uns liegt. Sie beschränkten sich aber nicht darauf, uns ihre ganz spezielle Energie zukommen zu lassen. Unterirdisch haben sie sich materialisiert, um dem Planeten zu helfen und die Leylinien mit Energie zu versorgen.

- Aus dem dunkelblauen Licht der Strahlen von Erzengel Michael entstand der Saphir.
- Die purpur-goldenen Strahlen von Erzengel Uriel brachten den Rubin hervor.
- Der Smaragd verdankt seine Existenz dem strahlenden Grün des Lichtes, das Erzengel Raphael aussandte.
- Und der Diamant schließlich beruht auf den reinen weißen Strahlen Erzengel Gabriels.

Auch andere Erzengel erhellen und beeinflussen Kristalle. So entstand beispielsweise der Amethyst aufgrund der Energien von Zadkiel, dem mächtigen Erzengel der Verwandlung und der Gnade. Seine göttliche Partnerin beziehungsweise Zwillingsflamme ist auch als Lady Amethyst bekannt. Erzengel Chamuel, der Engel der Liebe, arbeitet mit dem Rosenquarz zusammen, der die Herzen der Menschen erweicht und sie mit Liebe erfüllt.

Im frühen Atlantis, als das Leben noch ganz einfach war, trugen die Menschen einen einzigen Kristall beziehungsweise Edelstein, dessen Aufgabe darin bestand, das Bewusstsein zu erweitern. Als das Experiment dann allmählich zu scheitern begann, verwandten die höher entwickelten Menschen immer mehr Schmuck. Die kostbaren Edelsteine erhöhten ihre Schwingung und stellten eine direkte Verbindung zu den Erzengeln her.

Bedauerlicherweise waren die Menschen zu diesem Zeitpunkt bereits derart degeneriert, dass sie sich von der Macht, die mittels der Steine auf sie überging, korrumpieren ließen. Wertvoller Schmuck wurde zum Statussymbol. Denn nur die Herrschenden und wohlhabende, einflussreiche Menschen konnten ihn sich leisten. Auch heute noch tragen die Reichen gern Edelsteine. Unbewusst ist ihnen wohl klar, dass sie sich auf diese Weise mit einer sehr großen Macht verbinden. Profitieren kann von ihr aber nur, wer weise mit ihr umzugehen versteht.

DER SAPHIR verstärkt Macht und Kraft seines Trägers und befähigt ihn darüber hinaus, sich sowohl telepathisch als auch verbal klar und eindeutig auszudrücken. Der Stein enthält uraltes Wissen, zu dem sich sein Besitzer Zugang verschaffen kann. Ausgeglichen und abgeschwächt wird die Energie dieses Edelsteins durch die Einflüsse der Zwillingsflamme von Erzengel Michael, Lady Faith, die die Weisheit des Göttlich-Weiblichen beisteuert.

DER RUBIN ist ein sehr majestätischer Stein, dessen purpurne Farbe sich aus Königsblau, Rot und Gold zusammensetzt. Dadurch wird sein Träger oder seine Trägerin in die Lage versetzt, in aller Entschiedenheit, dabei aber auch immer weise und anmutig vorzugehen. Aurora, die Zwillingsflamme Erzengel Uriels, sorgt für Frieden und Heiterkeit und fördert bei allen, die sich zu diesem Stein hingezogen fühlen, das Entstehen und Reifen kreativer Ideen.

DER SMARAGD. Über diesen Stein, der das spirituelle Bewusstsein der Menschen enorm zu erweitern vermag, hat Erzengel Raphael sein göttliches Licht des Vertrauens, der Heilung und der Weisheit ergossen. Seine Zwillingsflamme, Mutter Maria, die Königin der Engel, trägt Liebe und Mitgefühl bei, sodass der Smaragd der ideale Stein für Führungspersönlichkeiten ist, die ihrem Herzen folgen.

DER DIAMANT. Da der Diamant für Reinheit, Ewigkeit, Klarheit, Wahrheit und Ehre steht, wird er in vielen Ländern der Erde auch heute noch gern in Verlobungsringen getragen. Diese Energien nutzt Erzengel Gabriel, um Illusionen zu zerstören und die Menschen in höhere Dimensionen zu führen. Seine Zwillingsflamme, die Hoffnung, sorgt darüber hinaus für einen ganzen Regenbogen von Freude und Fröhlichkeit.

DER PLATINSTRAHL. Dieser Strahl voller Freude und Glückseligkeit versinnbildlicht das ideale Gleichgewicht des Männlichen und Weiblichen. Die Delfine sind auf diesen Strahl eingestimmt und verfügen daher über eine enge Verbindung mit den höheren Energien unserer Galaxis. Sie sind die Hüter der heiligen Weisheit von Atlantis und suchen gegenwärtig Menschen, die so rein und hoch entwickelt sind, dass es sich lohnt, ihnen dieses alte Wissen erneut zugänglich zu machen.

ÜBUNG ❖ DIE SILBER-VIOLETTE FLAMME

Diese Übung können Sie im Rahmen Ihrer Meditation durchführen, beim Spazierengehen oder bei der Gartenarbeit, keinesfalls aber beim Autofahren oder wenn Sie eine Maschine bedienen. Da hierbei eine extrem hohe geistige Energie im Spiel ist, die Sie sehr offen werden lässt, sollten Sie Erzengel Michael bitten, Ihnen seinen blauen Schutzmantel umzulegen. Stellen Sie sich vor, wie Ihr ganzer Körper davon umhüllt wird.

1. Bitten Sie innerlich um die Silber-Violette Flamme. Stellen Sie sich eine Flamme vor, die silbern und in allen Lila-, Purpur- und Violetttönen schillert. Visualisieren Sie, wie Sie von ihr umgeben werden. Malen Sie sich aus, wie Ihnen die Silber-Violette Flamme den ganzen Tag über den Weg bahnt und alle dunklen Energien beseitigt, bevor sie sich Ihnen überhaupt nähern.
2. Schicken Sie Kranken die Flamme. Nehmen Sie wahr, wie alles Negative, von dem diese Menschen umgeben sind, verschwindet.
3. Übergeben Sie der Flamme alle Ihre Ängste, ihre Verletzungen, Ihre gesamte Negativität und allen Zorn. Schauen Sie zu, wie sich alles auflöst.
4. Stellen Sie sich in der Flamme Menschen vor, denen es an Harmonie fehlt.
5. Visualisieren Sie, dass die Flamme auf Reisen geht. Oder bitten Sie die Engel, sie mögen sie durch die Welt tragen, damit sie alle kriegerischen und zerstörerischen Energien neutralisiert.

6. Falls Sie irgendwelche Verspannungen oder Schmerzen empfinden, gestatten Sie der Silber-Violetten Flamme, an der entsprechenden Körperstelle ihr Werk zu tun.
7. Schicken Sie die Flamme zu Reinigungszwecken auch durch die Telefonnetze und ins Internet.
8. Zum Abschluss verschließen Sie Ihre Chakren sowohl an der Körpervorderseite als auch hinten mit einem Kreuz oder einem anderen Schutzsymbol.

ÜBUNG ❖ DIE MAHATMA-ENERGIE

1. Schließen Sie die Augen und entspannen Sie sich.
2. Erden Sie sich, indem Sie sich vorstellen, dass Ihre Wurzeln bis tief in den Boden hineinreichen.
3. Bitten Sie um die Mahatma-Energie. Stellen Sie sich vor, dass ein goldweißer Lichtschein in Ihr Kronenchakra eintritt. Lassen Sie ihn nacheinander alle Drüsen berühren, sie besänftigen, ausgleichen und energetisieren:

   - die Zirbeldrüse, die göttliches Licht aufnimmt und abgibt und unser göttliches Gleichgewicht wahrt (Kronenchakra)
   - die Hypophyse, die Meisterdrüse des ewigen Lebens (drittes Auge)
   - die Schilddrüse, die den Stoffwechsel steuert und Antikörper bildet (Kehlchakra)
   - die Thymusdrüse, die die gesamte Immunabwehr lenkt (Herzchakra)
   - die Bauchspeicheldrüse, die Zucker und Nahrungsmittel verarbeitet (Solarplexus)
   - die Keimdrüsen, Eierstöcke oder Hoden, die die Sexual- und Fortpflanzungsorgane steuern (Sakralchakra)
   - die Nebennieren, die bei Stress Adrenalin ausschütten und Schlacken entsorgen (Basischakra).

4. Lassen Sie die Mahatma-Energie durch sich in die Erde fließen.
5. Denken Sie an ein Problem oder eine schwierige Situation und stellen Sie sich vor, wie die Mahatma-Energie hindurchströmt und die alte Schwingung aufweicht.
6. Visualisieren Sie ein Weltproblem, das von der Mahatma-Energie berührt wird, die die alte Schwingung auflöst.

ÜBUNG ❖ BAUEN SIE EINE BEZIEHUNG ZU EINEM EDELSTEIN AUF

Wenn Sie ein Schmuckstück besitzen, in dem sich einer der genannten Edelsteine befindet, wunderbar. Für diese Übung können Sie es gut verwenden. Wenn nicht, brauchen Sie sich auch keine Sorgen zu machen. Herz und Verstand werden Sie schon entsprechend einstimmen.

Entscheiden Sie sich zunächst, mit welcher Energie Sie sich verbinden möchten: mit der des Diamanten, des Rubins, des Smaragds oder der des Saphirs. Suchen Sie sich einen Platz, an dem Sie eine Weile ungestört sein können. Zünden Sie eine Kerze an, vielleicht auch ein Räucherstäbchen, und legen Sie sanfte Musik auf.

1. Setzen Sie sich bequem hin, und atmen Sie tief und ruhig durch, bis Sie ganz entspannt sind.
2. Stellen Sie sich vor, Sie betreten ein abgeschiedenes Wäldchen. Eine Wiese, umgeben von schönen Bäumen. Ganz in Ihrer Nähe rauscht ein Bach. Sie fühlen sich vollkommen sicher und geborgen.
3. Während Sie so dastehen und warten, bemerken Sie ein paar Blumen und nehmen ihren Duft wahr. Vielleicht auch Tiere, Rehe und Vögel. Lauschen Sie auf das Plätschern des Baches. Schauen Sie, wie er in der Sonne funkelt.
4. Mitten auf der Wiese zeigt sich ein großer Edelstein. Er ist viel größer als Sie und strahlt in hellem Glanz.
5. Gehen Sie auf ihn zu und berühren Sie ihn. Achten Sie darauf, wie scharf geschnitten die einzelnen Facetten sind und wie sie funkeln.
6. Sie befinden sich jetzt mitten in dem Edelstein. Spüren Sie seine Energie.
7. Und jetzt ist der mächtige Erzengel bei Ihnen. Er erhöht Ihre Schwingungszahl und überbringt Ihnen eine Botschaft.
8. Wenn der Erzengel und der Edelstein wieder verschwunden sind, bleiben Sie noch ein paar Minuten auf der Wiese. Lassen Sie alles, was Sie erlebt und erfahren haben, auf sich wirken.
9. Öffnen Sie die Augen, und schreiben Sie sich alles auf, was Sie in Erinnerung behalten möchten.

KAPITEL FÜNFZEHN

GENETISCHE HEILUNG

In Atlantis hatten die Menschen, die ja in einem fünfdimensionalen Schwingungsbereich lebten, zwölf Chakren beziehungsweise Energiezentren. Als der Niedergang begann und sich die geistige Verbundenheit mit der Einen Quelle lockerte, stellten die drei oberen Chakren ihre Tätigkeit ein, das Sternentor, der Seelenstern und das Kausalchakra. Diese drei wirkten auf ganz anderen Bewusstseinsebenen als die Chakren, die wir heute kennen. Die Menschen damals hatten ein größeres Gehirn und eine andere Kopfform als heute. Der Schädel war am Hinterkopf länger, so etwa, wie wir es von alten ägyptischen Bildern her kennen. Auch heutzutage kommen manche Babys mit einer solchen Kopfform auf die Welt. Sie künden von den Möglichkeiten jener Zeiten, als noch neunzig Prozent der ohnehin größeren Hirnkapazität genutzt wurden. Heute ist unser Hirn viel kleiner und wir schöpfen nur noch zehn Prozent aus. Es wird Zeit, dass sich das wieder ändert.

In dem Maße, in dem die Menschen egozentrischer wurden, interessierten sie sich immer weniger für ihre geistig-spirituellen Belange und zunehmend für ihre körperliche Hülle. Die Folgen dieser Selbstbezogenheit waren Schmerz, Einsamkeit und ein Gefühl des Abgetrenntseins. Und da die Menschen ihre Energien zur persönlichen Befriedigung nutzten und um ihr Prestige zu erhöhen, trübte sich auch die reine Energie. Zuvor hatten alle vor Vitalität nur so gestrahlt. Jetzt aber wurde die Lebenskraft immer matter, die Energie grau und fleckig. Zu den drei höheren Chakren werden wir so lange keine Verbindung haben, wie wir auf der stofflichen Ebene noch etwas lernen müssen. Viele spirituell lebende Menschen haben ihre Lehren jedoch bereits gezogen und ihr Karma ausgeglichen. Und je mehr heute auf diesem Weg voranschreiten, desto schneller werden ihnen die anderen folgen.

Da unsere Degeneration nach dem Niedergang von Atlantis weiter voranschritt, sind uns heute fünf der insgesamt zwölf Chakren nicht mehr zugänglich. Gegenwärtig haben wir also nur noch sieben. Da unsere DNA aber aufs Engste mit unseren Chakren verbunden ist, kann sich das bald ändern.

DNA

Die Menschen in Atlantis konnten jede Partie ihres Körpers entspannen, bis hin zu den Zellen. Auf diese Weise bewahrten sie sich ihre Kraft und hielten ihre Verbindungen mit dem Göttlichen aufrecht. Jede Zelle ist eine kleine Welt für sich. In ihrem Kern, den Chromosomen, befindet sich die DNA. Dabei handelt es sich um ein Molekül in der Form einer Doppelhelix. Das erinnert an zwei miteinander verschlungene Perlenketten. In jeder Doppelhelix gibt es Tausende von Genen, die unseren Zellen Anweisungen erteilen, wie sie die grundlegenden Körperfunktionen erfüllen sollen. (Der Befehl zum Atmen beispielsweise ergeht an das autonome Nervensystem.) In den Genen liegen auch die Informationen, die unsere körperliche Ausstattung prägen, wie Augenfarbe, Dicke des Haars oder Veranlagung für bestimmte Krankheiten. Jede Zelle enthält unseren gesamten genetischen Code. Dieser unterliegt natürlich der geistigen Entscheidung, die Sie je nach Ihrem Karma und den Lektionen, die Ihre Seele lernen möchte, vor Ihrer Geburt getroffen haben. Sie können aber nicht nur durch Ihren Lebensstil, sondern auch mit Ihren Gedanken und Emotionen erheblich auf ihn einwirken.

Wenn Gefühle von Liebe, Frieden, Freude, Dankbarkeit und Anerkennung auf Reagenzgläser mit DNA gerichtet wurden, wie es in wissenschaftlichen Experimenten der Fall war, rollten sich die Schlangen beziehungsweise Perlenschnüre ab, dehnten und entspannten sich, blieben aber miteinander verbunden. Projizierten die Forscher dagegen Zorn, Angst, Frustration oder Stress auf die DNA, zogen sich die Stränge zusammen und rollten sich auf. Dann kamen die Perlenschnüre aus dem Gleichgewicht und trennten sich, waren nur noch an wenigen Stellen miteinander verbunden, sodass manche Aminosäuren gar nicht erst entstanden. Das ist ein bisschen so, als hätten Sie schlechten Radioempfang, ihr gesamtes Immunsystem oder geistiges Leben hinge aber davon ab, dass Sie den Sender optimal reinkriegen.

Als sich also die Reinheit in Atlantis trübte und die Stränge sich zusammenzogen, schalteten sich viele der Codes in der DNA, die unsere genetische Ausstattung diktieren, automatisch ab. Genau in diesem Moment gingen auch die übersinnlichen und spirituellen Fähigkeiten der Menschen vom Netz.

Diese Codes – die Bausteine des Lebens – bestehen aus 64 möglichen Verbindungen von Sauerstoff, Wasserstoff, Kohlenstoff und Stickstoff. Heute sind bloß noch 20 freigeschaltet, die anderen 44 nur latent vorhanden. Die Zahl 44 weist auf spirituelle Reinheit hin und ist das Symbol für die Weisheit des unversehrten Atlantis. Welchen Sinn haben also die übrigen 44 Codes? Wie können wir sie wieder aktivieren? Und wie erlangen wir die vollständigen zwölf DNA-Stränge zurück, die die Menschen in Atlantis noch hatten?

Im heiligen Atlantis verfügte zwar jede menschliche Zelle über zwölf DNA-Stränge, die göttliche Klarheit war aber auch damals schon getrübt. Denn es mussten ja alle durch den Schleier des Vergessens hindurch, damit sie im stofflichen Körper verwurzelt blieben und physisch auf ihre Umwelt reagieren konnten.

Wenn wir die abgeschalteten Codes erneut aktivieren, finden wir zur Gesamtheit der zwölf DNA-Stränge zurück, und das verbindet uns mit der Einheit. Diese Codes enthalten alle unseren übersinnlichen und spirituellen Kräfte wie Telepathie, Telekinese, die Kraft der Manifestation, Hellsehen, Hellhören, Selbstheilung und vieles mehr. Wenn wir die Codes zurückgewinnen, stehen uns damit zugleich auch die genetischen Informationen aller früheren Leben zur Verfügung. Dadurch wird der Schleier gelüftet, und wir können uns an alles erinnern, was wir jemals waren und sein werden. Möglich wird das, indem wir unsere Schwingungszahl durch Liebe und tiefe Entspannung erhöhen. Dann stellt es sich ganz von allein ein.

Übrigens: Übersinnlich veranlagte Babys, die heute mit zwölf DNA-Strängen auf die Welt kommen, können davon keinen Gebrauch machen, weil die Atmosphäre viel zu dicht ist. Daher entwickeln sie Störungen wie beispielsweise Autismus. Wenn wir den Planeten reinigen und seine Schwingungszahl erhöhen, wird es auch »Hilfe« bei Autismus geben. In Wahrheit ist *nur* diese Erhöhung der Schwingungszahl erforderlich, um es

Autisten zu ermöglichen, ihr gesamtes Potenzial voll auszuschöpfen. Von Eltern werden wir oft gefragt, wie sie ihren Indigo- oder autistischen Kindern helfen können. Spirituell besteht das größte Geschenk, das Sie ihnen machen können, darin, sich selbst zu läutern und Ihre Schwingungszahl zu erhöhen. Und das tun Sie natürlich, indem Sie selbst heilen, verzeihen und sich kontinuierlich für Frieden und Liebe entscheiden.

Der Intergalaktische Rat schickt uns gegenwärtig starke kosmische Energieimpulse, die es den Menschen, die geistig schon bereit sind, ermöglicht, ihre oberen Chakren zu reaktivieren und ihr Bewusstsein zu erweitern. Endlich ist nicht mehr ausgeschlossen, dass die Menschheit die Gesamtheit ihrer zwölf Chakren zurückerlangt und auch die zwölf DNA-Stränge wieder zu arbeiten beginnen. Die Schlüssel dafür sind Liebe, Mitgefühl, Einfühlungsvermögen, Fröhlichkeit, Großzügigkeit und eine positive Lebensweise, verbunden mit einer entspannten, besinnlichen Freude am Sein.

WEISSES PULVERGOLD

Als die spirituelle Reinheit von Atlantis abnahm, waren die Magier bestrebt, ihre übersinnlichen Fähigkeiten beizubehalten. Alchemistisch stellten sie weißes Pulvergold her, das die Funktion der Zirbeldrüse ankurbelte und sich positiv auf Bewusstsein, Wahrnehmungsfähigkeit und Intuition auswirkte. Ferner nährte es den Lichtkörper. Die Pharaonen nahmen das weiße Pulvergold später ein, um ihre Energien rein und mit dem Höheren verbunden zu halten.

Heute steht uns dieses pulverisierte Metall erneut zur Verfügung. Es darf aber nur von extrem hoch entwickelten Seelen eingenommen werden, da die Menschheit als Ganze noch nicht weit genug ist beziehungsweise nicht über das erforderliche Verantwortungsbewusstsein verfügt, um mit den Folgen fertig zu werden. Das weiße Pulvergold verstärkt nämlich alle Eigenschaften, die ein Mensch hat, seine gesamte Persönlichkeit, also auch eventuelle psychopathische Tendenzen. Ein egoistischer Sturkopf würde davon noch selbstbezogener und ein flattriger Spinner könnte noch weiter abheben und den Boden unter den Füßen verlieren. Beim Dalai Lama dagegen würde das weiße Pulvergold natürlich die Spiritualität nur noch erhöhen.

GENETISCHE GESCHICHTEN

Wenn ein Mann eine Frau besamt, vereinigen sich zwei komplette genetische Geschichten, denn das Kind, das dabei entstehen kann, benötigt beide, die des Vaters und die der Mutter. Bei der Paarung wird aus zwei Hälften ein Ganzes.

Nach der Geburt oder sobald sie weiß, dass keine Befruchtung stattgefunden hat, sollte die Frau daher visualisieren, wie das Sperma ihren Körper verlässt. (Das ist natürlich ausschließlich energetisch zu verstehen.) Sonst hält sie nämlich an der Energie des Spermas fest, nimmt die genetischen Informationen des Mannes auf und macht sie sich zu Eigen. Neben Prostituierten neigen dazu insbesondere Frauen, die sich über ihren Mann identifizieren oder »zu viel lieben«. Das sei ihnen natürlich freigestellt, aber es schwächt sie. Und es kann sogar zu Krankheiten führen – inklusive Krebs. Kumeka sagt, die Gefahr einer Erkrankung könne erheblich reduziert werden, wenn Frauen meditieren würden, um aktiv alle Verbindungen mit früheren Sexualpartnern zu lösen.

Wenn Sie schwanger werden möchten, kommt für Sie eine solche Visualisierung natürlich nicht infrage. Und noch etwas: Es geht hierbei nicht darum, dass Sie sich von Ihrem Partner trennen sollen. Es geht lediglich darum, sich von der Last seines genetischen Karmas zu befreien, die Sie sich aufgeladen haben, und um Selbstreinigung.

ÜBUNG FÜR FRAUEN ❖ BEFREIEN SIE SICH VON DER ENERGIE IHRES SEXUALPARTNERS.

1. Schließen Sie die Augen und entspannen Sie sich.
2. Stellen Sie sich Ihren Sexualpartner genau vor. Wenn Ihnen das aus irgendeinem Grund nicht möglich ist, reicht es, wenn Sie an ihn denken.
3. Spüren oder imaginieren Sie die Energie des Spermas, das seine gesamte genetische Geschichte enthält, wie Froschlaich oder Gelee in Ihrem Körperinneren.
4. Stellen Sie sich vor, dass es bis auf den letzten Rest fortgespült wird.
5. Malen Sie sich aus, dass Sie unter der Dusche stehen und sich vom Kopf bis zu den Füßen waschen.

6. Visualisieren Sie, wie Ihnen als Symbol für Sauberkeit und Loslassen ein schneeweißer Engel eine weiße Robe umlegt.

ÜBUNG ❖ VERBINDEN SIE SICH MIT IHRER DNA

1. Konzentrieren Sie sich ganz auf Ihren Atem und entspannen Sie sich dabei so gut Sie können.
2. Visualisieren Sie eine Ihrer Körperzellen. Darin befinden sich zwei doppelte Perlenschnüre (zwei Doppelhelices). Sind sie locker oder verspannt?
3. Stellen Sie sich vor, dass sich die Zelle mit goldenem Licht füllt. Atmen Sie Liebe und Dankbarkeit hinein.
4. Nehmen Sie wahr, wie sich die Zelle ausdehnt und sich die Perlenschnüre dehnen, ganz wie jemand, der an einem warmen Sommertag am Strand liegt.
5. Lassen Sie weitere Doppelstränge hinzukommen, bis es schließlich zwölf sind – alle ganz entspannt und wohlig.
6. Bitten Sie die zwölf, dass sie zusammenarbeiten, um Ihnen Heilung, Frieden und Erleuchtung zu bringen.
7. Schließen Sie die Übung ab und öffnen Sie die Augen.

Vergessen Sie nicht, dass Ihre Zellen miteinander kommunizieren. Wann immer Sie also diese Übung machen, wird Ihr gesamter Körper mit Heilung, Frieden, Liebe und höherer Energie versorgt. Ihre Zellen bereiten Sie darauf vor, Ihr gesamtes göttliches Potenzial auszuschöpfen – auch Ihre spirituellen und übersinnlichen Fähigkeiten.

KAPITEL SECHZEHN

DIE CHAKREN

Die Chakren bilden unsere Essenz – es sind Räder pulsierenden Lichts, die uns Weisheit und inneres Wissen bringen. Sie berühren alle Aspekte unseres Lebens und wecken die gesamten geistigen, psychischen und körperlichen Kräfte, die in uns schlummern. Um ganz in den Genuss der Energie zu kommen, die durch die Chakren in Sie hineinfließen kann, müssen Sie die feinstoffliche Körperenergie täglich reinigen und allmählich optimieren. (Siehe dazu die Übung am Ende des Kapitels.)

DIE ZWÖLF CHAKREN

Als Atlantis noch über seine vollkommene Reinheit verfügte, funktionierten insgesamt zwölf Hauptchakren:

1. Das Sternentor befindet sich heute etwa 30 Zentimeter oberhalb des Kopfes.
2. Der Seelenstern liegt heute ungefähr 15 Zentimeter oberhalb des Kopfes.
3. Das Kausalchakra befindet sich in der heutigen Zeit etwa 8 bis 10 Zentimeter hinter der Mitte des Hinterkopfes.
4. Das Kronenchakra liegt direkt auf dem Scheitel.
5. Das dritte Auge befindet sich auf der Stirn zwischen den Brauen.
6. Das Kehlchakra liegt im Halsbereich.
7. Das Herzchakra liegt im Brustraum.
8. Das Solarplexuschakra ist auf dem Sonnengeflecht zu lokalisieren.
9. Das Nabelchakra liegt knapp unterhalb des Nabels.

10. Das Sakralchakra befindet sich im Unterbauch.
11. Das Basischakra ist am unteren Ende der Wirbelsäule.
12. Der Erdstern liegt 15 Zentimeter unter den Füßen.

Die zwölf Chakren

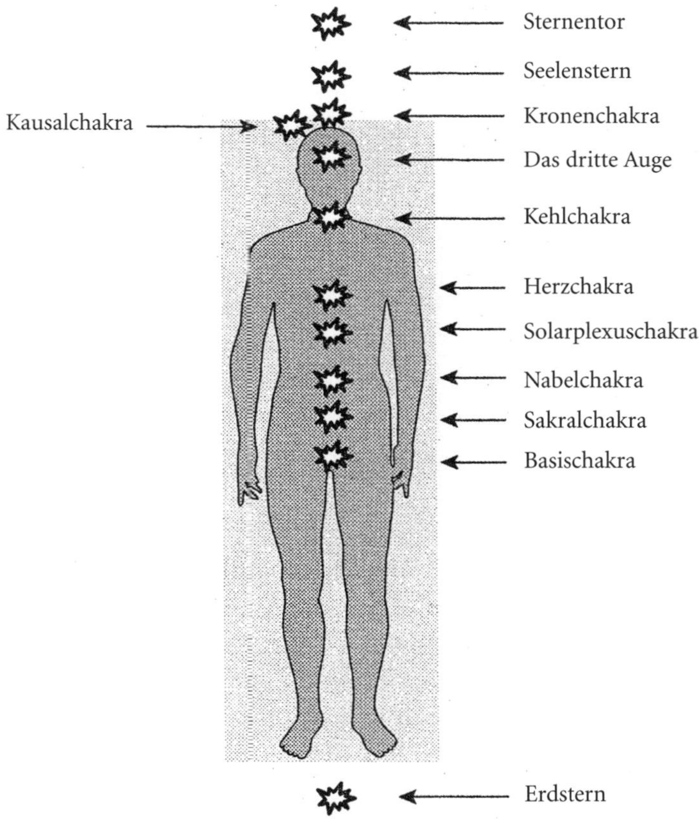

DAS STERNENTOR

In den goldenen Jahren ermöglichte das Sternentor den Menschen den Zugang zu der Einen Quelle. Als sich das Ego in den Vordergrund zu drängen begann, war dieser Zugang mit das Erste, was verloren ging. Zu der Zeit, als das Sternentor noch hundertprozentig funktionierte, waren

Schädel und Hirn des Menschen bedeutend größer als heute. Dieses Chakra befand sich seinerzeit näher am Hinterkopf, lag jedoch immer außerhalb. Heute befindet es sich etwa 30 Zentimeter über dem Schädel. Da es alles zugleich ist, kann es nie zu einem Teil allein gehören.

Durch die Aktivierung dieses Chakras können besonders spirituelle Menschen das höchste Bewusstsein erlangen. Dies ist in unseren Tagen nur sehr, sehr wenigen möglich – Menschen, die ihr Leben ganz dem Geistigen widmen und in Abgeschiedenheit an heiligen Orten leben. Da die Erde aber gegenwärtig mit großer Energie bestrahlt wird und viele Menschen ihr geistig-spirituelles Potenzial sehr schnell erkennen, wird es bald immer mehr von ihnen gelingen, die Verbindung herzustellen. Ihr Einssein mit der Einen Quelle können die Menschen in Gänze nur begreifen, wenn das Sternentor wieder aktiv wird. Und damit dies geschehen kann, müssen wir in der Lage sein, uns von allem, was mit Persönlichkeit und Ego zu tun hat, zu lösen, und unsere Seele öffnen.

Das Wissen um dieses Einssein ist uns genauso angeboren wie die Vision vom aufrechten Gang, die das Kleinkind ansporнt, solange immer wieder hinzufallen und sich aufzurappeln, bis es sein Gleichgewicht gefunden hat und auf seinen eigenen Beinchen laufen kann. Immer wieder versuchen Menschen, sich mithilfe halluzinogener Drogen Zugang zum Sternentor zu verschaffen. Das führt aber zu ernsthaften Hirnschädigungen und vereitelt demjenigen für dieses Leben jeglichen spirituellen Fortschritt. Manche Menschen versuchen auch unbewusst, die Verbindung herzustellen, ohne spirituell, emotional, geistig oder körperlich dafür bereit zu sein. Das jedoch kann zu Störungen der Nervenbahnen und schließlich sogar zu Krankheiten wie Schizophrenie oder manisch-depressiven Zuständen führen.

Für die Menschen, die ausreichend geerdet und spirituell wach genug sind, ist es jetzt aber an der Zeit, den Weg des Aufstiegs weiterzugehen. So wird sich ihr Sternentor öffnen und sie werden erneut in den Zustand der Reinheit und unglaublichen spirituellen Gnade des Goldenen Zeitalters zurückversetzt. Sie dürfen nie vergessen: Die Energie von Atlantis ist dabei zurückzukehren. Und zwar genau JETZT.

DER SEELENSTERN

Der Seelenstern ist die Verbindung zwischen dem Sternentor und dem Kausal- und Kronenchakra. Seine Aufgabe besteht darin, die reine Energie des Sternentors aufzunehmen und in die Seelenebene des spirituell eingestimmten Menschen hineinzufiltern.

Wenn beim Sterben die Seele den Körper verlässt, tritt sie in den Seelenstern ein. Hier erfährt sie von ihrem Einssein mit allem. Und erst, wenn sie das »verstanden« hat, kann sie die nächste Stufe erreichen. Der Seelenstern verfügt über die einzigartige Fähigkeit, Licht aufzunehmen. Soll dieses Chakra aktiviert werden, ist es aber erforderlich, dass auch der Erdstern arbeitet. Dies sind zwei Hälften eines Ganzen, die sich im Gleichgewicht befinden müssen.

Der Seelenstern ist das elfte Chakra und die Zahl 11 steht für einen Neubeginn. Sie versinnbildlicht das Potenzial des Menschen, sein Leben neu zu entwerfen. Heutzutage befindet sich der Seelenstern oberhalb des Kopfes, im Goldenen Zeitalter von Atlantis aber war er noch ein fester Bestandteil der Hirnstruktur.

Wenn wir begreifen können, dass sich alles ein und denselben Raum teilt – dieselbe geistige Natur hat –, dann kehrt die bedingungslose Liebe zu den Menschen zurück. Dann wird die Ausgeglichenheit unseres Yin und Yang, unserer männlichen und unserer weiblichen Seite, auf die Welt ausstrahlen und die heute sehr breite Kluft zwischen den Menschen wird sich schließen. Der Intellekt kann uns dabei nicht helfen. Daher ist es jetzt an der Zeit, auf unser Herz und unsere Seele zu hören.

Kein Wissen der Welt kann die Liebe aufwiegen.

Um den Seelenstern zu öffnen, müssen wir uns bemühen, die geistige Umweltverschmutzung im elften Chakra zu neutralisieren, denn unsere unharmonischen Gedanken und Überzeugungen und die unserer Vorfahren haben sich in uns verfestigt und müssen aufgelöst werden. Daher:

1. Erden Sie sich. Das geht gut, wenn Sie ganz in Ihrer Nähe einen schwarzen Turmalin auf den Boden legen.
2. Visualisieren Sie am Seelenstern einen Ball mit goldweißer Energie.

Machen Sie sich eines klar: Jeder ungesunde Gedanke, jede Projektion und jede negative Vorstellung, die Sie haben, führen zu neuerlichen Verunreinigungen. Daher müssen Sie diese Übung kontinuierlich durchführen. Auch Drogen, Depressionen und Reisen in niedere Astralebenen wie etwa im Traum oder bei Wahnvorstellungen verschmutzen den Bereich des Seelensterns.

Wenn Sie ihn schließlich aktiviert haben, wobei Ihnen auch ein Selenit behilflich sein kann, werden Sie eine intensive Verbindung mit dem All-Eins verspüren.

Sternentor und Seelenstern zusammen ermöglichen die Verschmelzung geistig-spiritueller und irdischer Energien. Das Sternentor lässt die reine göttliche Essenz von oben ein, während der Seelenstern die Kundalini sowie die tierischen Instinkte aus der Erde anzieht. Das, was aus der Verbindung dieser Energien entsteht, nennen wir höheres Bewusstsein: Es ist unser Gottesselbst.

DAS KAUSALCHAKRA

Dieses Chakra vermag die Kraft der Seele in den Geisteskörper eindringen zu lassen, vorausgesetzt, wir sind hinreichend in der Lage, uns von antrainierten Überzeugungen zu lösen. Das heißt, wir müssen unsere rechte Gehirnhälfte aktivieren und lernen, das Gesamtbild zu sehen und uns um höhere Einsichten zu bemühen. Damit der Seelenstern die kosmische Strahlung übertragen kann, muss sich der Geist öffnen. Bei den Menschen in Atlantis war dieses Chakra noch fest in die (seinerzeit allerdings gegenüber heute weitaus höher entwickelte) Hirnstruktur eingebettet.

Das Kausalchakra übermittelt uns Botschaften aus höheren Sphären. Aktivieren lässt es sich erst, wenn der Mensch die Herrschaft über seinen Verstand wiedererlangt hat. Dafür sind Seelenfrieden und das Schweigen des Intellekts unabdingbar. Daher kann es Jahre intensiver Meditation erfordern, bis das Kausalchakra seiner Aufgabe wieder in vollem Umfang nachkommt. Sowie diese Bedingungen aber erfüllt sind, werden sich höhere Erkenntnisse einstellen.

Wenn Sie sich bei der Meditation von einem blauen Zyanit unterstützen lassen, wird es Ihnen leichter fallen, Frieden und Stille zu finden. Dann bleiben Sie auch mitten im Chaos ganz ruhig, können sich über die ganzen Probleme und Misslichkeiten des Erdenlebens erheben und heitere Gelassenheit bewahren. Mit Ideen ist es wie mit Samenkörnern in der Erde: Sie brauchen ihre Zeit, bis sie keimen und sprießen können. Die Ideen keimen im Kausalchakra. Bis sie aber manifest werden, dauert es ein Weilchen.

Die unteren Chakren verteilen die Informationen aus dem Kausalchakra im gesamten Körper.

DAS KRONENCHAKRA

Wenn dieses Chakra, symbolisiert durch die tausendblättrige Lotusblume, aktiviert ist, nimmt es Licht aus der Seele auf. Um seine Entwicklung kümmert sich Erzengel Jophiel.

DAS DRITTE AUGE

Dieses Chakra, das sich auf der Stirn befindet, ist das Zentrum von Hellsichtigkeit, göttlicher Weisheit und höherer Geistheilung. Diese Vorgänge überwacht Erzengel Raphael.

DAS KEHLCHAKRA

Dieses Chakra wird von Erzengel Michael regiert und ermöglicht es dem Menschen, seine Wahrheit zum Ausdruck zu bringen. Wenn wir uns dem göttlichen Pfad widersetzen, kann es auf der Rückseite des Kehlchakras zu Nackenverspannungen kommen. Ist es jedoch hinreichend entwickelt, werden wir zu kraftvollen Mit-Schöpfern.

DAS HERZCHAKRA

Dieses Chakra öffnet sich, wenn wir Einfühlungsvermögen, Mitleid, Mitgefühl und bedingungslose Liebe an den Tag legen.

DAS SOLARPLEXUSCHAKRA

Dieses Chakra ist der Mittelpunkt unseres Wissens. Bei den meisten von uns konzentriert sich hier auch die Angst. Wenn seine Entwicklung weiter fortgeschritten ist, strahlt es golden vor Weisheit. Dann finden wir auch Zugang zu unseren früheren Leben und werden ruhig, heiter, gelassen und empfinden tiefen Frieden.

DAS NABELCHAKRA

Dies ist das Zentrum von Emotion, Sinnlichkeit und Umgänglichkeit.

DAS SAKRALCHAKRA

Hier sind unsere Sexualtriebe und erotischen Empfindungen zu Hause.

DAS BASISCHAKRA

Dieses Chakra hat die Aufgabe, unsere grundlegenden Überlebensbedürfnisse zu sichern, Obdach, Nahrung, Schutz.

DER ERDSTERN

Der Erdstern bildet zusammen mit den beiden Sekundärchakren auf den Fußsohlen ein Dreieck, das in den Boden weist. Es leitet die göttliche Essenz durch den biologischen Körper in die Erde und bringt unser Einssein mit ihr hervor.

Für die physische Ebene ist das Gleichgewicht von Gegensätzen maßgebend: »Wie oben, so unten.« Das bedeutet, dass die drei obersten Chakren, also das Sternentor, der Seelenstern und das Kausalchakra, ihr Licht nur dann in vollem Umfang zum Ausdruck bringen können, wenn auch der Erdstern erweckt ist. Dieses Chakra müssen wir also mit den oberen dreien zusammen aktivieren. Der Erdstern kann nur von den kosmischen Strahlen, die von den drei transpersonalen Chakren ausgehen, stimuliert und daher nicht isoliert geöffnet werden. Und das Bewusstsein der höheren Energie sehnt sich nach seiner höchsten Erfüllung: der Ernte der Lebenssamen, die in den vier Elementen wurzeln. Das Gleichgewicht des Dreiecks der drei höheren Chakren mit dem Erdstern ermöglicht es der ewigen Lebenskraft auch, die Erde zu erneuern und die Schäden zu beseitigen, die ihr die Menschen zugefügt haben.

Wenn eine hinreichend große Anzahl von Männern und Frauen über diese höhere Energie verfügt, nimmt auch die Kraft der Pyramiden wieder zu. Da sie nämlich schon lange nicht mehr unmittelbar mit den Emanationen des Sternensystems verbunden sind, wie es ursprünglich der Fall war, liegt ihre Energie gegenwärtig brach. Dieser Umstand geht auf die Verschiebung der Erdachse zurück, die nach dem Bau der Pyramiden eintrat. In dem Maße, in dem sich das Bewusstsein der Menschheit wieder erhöht, werden aber auch sie an Energie hinzugewinnen.

Ist der Erdstern bei vielen Menschen erst einmal wieder mit ganzer Kraft aktiv, kommt es erneut zur Integration von Geist und Materie. Das heißt, die Zerstörungen, die der Mensch angerichtet hat, werden rückgängig gemacht und die Erde gesundet. Aber auch wir Menschen werden wieder heil und können leben wie schon unsere Vorfahren damals in Atlantis. Das Einzige, was uns davon heute noch abhält, ist unsere Angst vor dem Unbekannten.

Die Sphinx in Ägypten soll uns daran erinnern, dass uns unsere animalische Natur zu göttlichem Bewusstsein erheben kann, sofern wir uns nur vom höheren Bewusstsein leiten lassen. Wir sind heute aufgerufen, im Einklang mit den Prinzipien von Harmonie und bedingungsloser Liebe zu leben, auf denen der Weg des Göttlichen beruht.

DIE SEKUNDÄRCHAKREN

Sekundärchakren haben wir nicht nur an den Fußsohlen, sondern auch in den Handflächen, an den Schultern, an den Ellbogen und an den Knien. Sie alle können dafür genutzt werden, geistige Energie zu sammeln. Bei Heilkundigen, die die Hand auflegen, tritt die Heilenergie aus ihren Handflächen aus. Dass sie über derartige Fähigkeiten verfügen, bemerken viele sogar erst daran, dass sie Mitgefühl mit einem Menschen empfinden und ihre Hände zugleich warm werden oder anfangen zu prickeln. Dann beginnt die Energie durchs Herzzentrum zu strömen.

Die Energie des Herzens fließt durch die Schulterchakren, die in unmittelbarer Verbindung mit den Fußsohlen stehen. Wenn der Heiler also die Schultern seines Patienten mit den Händen berührt, öffnen sich automatisch auch dessen Fußchakren, wodurch es dem Licht möglich wird, den gesamten Körper zu erreichen.

Da die Entfernung zwischen dem Erdboden und dem Basischakra doch recht groß ist, fungieren die Kniechakren quasi als Verbindungsglieder. Ähnlich ist es mit den Ellbogen auf halber Strecke zwischen Hand und Schulter. Mithilfe der Chakren unter unseren Fußsohlen verbinden wir uns mit der Erde. In Atlantis haben die Menschen täglich viele Kilometer zurückgelegt, häufig barfuß, was bedeutete, dass ihr Kontakt mit der Erde sehr eng war. Zahlreiche Mönche legen auch heute noch täglich große Strecken zu Fuß zurück, um die Erdung nicht zu verlieren und dem Geist freien Lauf zu lassen.

TÖNE UND FREQUENZEN

Jedes Tor hat seinen eigenen Ton beziehungsweise seine spezifische Frequenz auf der Tonleiter:

- Das Sternentor ist sechsdimensional; sein Ton ist das hohe Do + 3.
- Das Kausalchakra ist fünfdimensional, sein Ton das hohe Do + 2.
- Der Seelenstern ist vierdimensional, sein Ton das hohe Do + 1.
- Der Ton des Kronenchakras ist das hohe Do.
- Der Ton des dritten Auges ist das Ti.
- Der Ton des Kehlchakras ist das La.
- Der Ton des Herzchakras ist das So.
- Der Ton des Solarplexus ist das Fa.
- Der Ton des Nabelchakras ist das Mi.
- Der Ton des Sakralchakras ist das Re.
- Der Ton des Basischakras ist das Do.
- Der Stern des Erdsterns ist das tiefe Do – 1.

FARBEN

Jedem Chakra ist eine Farbe zugeordnet, die sich in dem Maße verändert, in dem sich seine Schwingungsfrequenz erhöht. Wenn Sie die Energie der zwölf Chakren zurückgewinnen möchten, würden wir Ihnen empfehlen, mit den Farben zu arbeiten.

STERNENTOR – GOLD. Die Farbe Gold versinnbildlicht Vollendung. Wir haben unsere Reise abgeschlossen und nehmen jetzt verdientermaßen unseren Platz auf dem Gipfel ein. Die geistigen Leistungen, die wir im Verlaufe vieler Lebenszeiten erbracht haben, werden anerkannt.

SEELENSTERN – MAGENTA. Die Farbe Magenta steht für ein enormes spirituelles Bewusstsein bei gleichzeitiger Erdverbundenheit. Es ist die Farbe der göttlichen Weiblichkeit: irdische Weisheit und spirituelles Wissen zugleich.

KAUSALCHAKRA – WEISS. Weiß ist die Farbe der Sauberkeit, Klarheit und Perfektion. Sie versinnbildlicht Erleuchtung, All-Wissen und All-Sehen und macht uns zugänglich für die höhere Weisheit.

KRONENCHAKRA – VIOLETT. Die hohe geistige Schwingungsfrequenz von Violett verweist auf spirituelle Hingabe.

DAS DRITTE AUGE – INDIGOBLAU. Diesem intensiven Blau wohnt die Kraft der Geistheilung und Entwicklung höherer medialer Fähigkeiten inne.

KEHLCHAKRA – TÜRKIS. Dies ist die Farbe der eigenen Wahrheit, des unumwundenen Ausdrucks dessen, was man empfindet.

HERZCHAKRA – GRÜN. Die Farbe der Natur ist ein Symbol für Gleichgewicht und Harmonie.

SOLARPLEXUS – GELB. Gelb ist die Farbe des Verstandes und fördert das klare Denken.

NABELCHAKRA – ORANGE. Orange, gemischt aus Rot und Gelb, steht nicht nur für Geselligkeit und Freundlichkeit, sondern auch für emotionale Ausgeglichenheit.

SAKRALCHAKRA – HELLROSA. Es ist dies die Farbe der Zärtlichkeit. Sie versinnbildlicht den Geist der Sexualität – im Gegensatz zu den gröberen Gefühlen der Wollust und Begierde. Hellrosa besänftigt, beruhigt, weckt Liebe und Fürsorge. Diese Farbe nimmt sexuellen Begegnungen das Ungestüme und betont die Schönheit und Freude dieses Aspektes der Liebe.

BASISCHAKRA – ROT. Rot versorgt uns mit der Energie, die wir für unser Überleben brauchen.

ERDSTERN – SCHWARZ. Diese Farbe steht für Erneuerung und Wiederbelebung. Darüber hinaus verkörpert sie unser gesamtes Potenzial. Schwarz fördert die Ruhe in uns, das Vertrauen, dass wir in dieser Stille wiedergeboren werden können. Sie ist ein Symbol für den Ort, an dem uns alle irdischen Neuanfänge erwarten.

ÜBUNG ❖ REINIGUNG UND STÄRKUNG DER CHAKREN

Schließen Sie die Augen, und konzentrieren Sie sich ganz darauf, dass Ihre Atmung allmählich langsamer wird. Visualisieren Sie nacheinander alle Ihre Chakren. Sind sie sauber oder verschmutzt? Drehen Sie sich vielleicht nicht? Reinigen Sie von unten beginnend alle, bis Sie sie als schillernd bunte Scheiben oder wunderschöne Blüten wahrnehmen können. Sobald sie sauber sind, werden sie sich mit der ihnen eigenen Geschwindigkeit zu drehen beginnen – ganz so, wie es für Sie angenehm und richtig ist. Wenn Sie am Sternentor angelangt sind, stellen Sie sich vor, wie alle Zellen Ihres Körpers von der Kraft und der Energie Ihrer zwölf Chakren berührt werden. Saugen Sie diese so lange ein, bis Sie bereit sind, die Augen wieder zu öffnen. Die regelmäßige Durchführung dieser Übung wird Sie in geistiger, körperlicher und seelischer Balance halten.

Die folgenden Übungen stammen aus Atlantis, sie wurden von den Hohen Priestern und Hohen Priesterinnen sowie einigen auserwählten Eingeweihten praktiziert. Täglich meditierten sie bei Sonnenaufgang und Sonnenuntergang, um ihre zwölf Chakren auszugleichen und zu vitalisieren. Da sie außerordentlich wirksam sind, dürfen diese Übungen nicht leichtfertig durchgeführt werden.

Die erste dient insbesondere der Aktivierung der oberen drei transpersonellen Chakren.

ÜBUNG ❖ DIE ZWÖLF-CHAKREN-ATMUNG

Sie werden jetzt in einem einzigen Zug durch alle zwölf Chakren hindurchatmen. Dabei entsteht ein zwölffarbiger Regenbogen, der kaskadenartig aus Ihrem Sternentor sprudeln wird. Während Sie nacheinander mit jedem Chakra einzeln arbeiten, visualisieren Sie den Erdstern. Stellen Sie sich vor, wie die Energie vom Erdstern ins Basischakra aufsteigt, ins Sakralchakra und immer weiter hoch.

1. Zehn Minuten vor Sonnenauf- oder -untergang stellen Sie sich barfuß hin, idealerweise im Freien, damit Ihre Füße, in deren Nähe Sie einen Hämatit oder schwarzen Turmalin legen sollten, den Erdboden tatsächlich berühren, und schauen der Sonne entgegen.
2. Schließen Sie die Augen und atmen Sie tief ein. Gleichzeitig heben Sie die Arme so, dass sie mit den Handflächen zur Sonne zeigen. Ihre Arme bleiben gerade. Nehmen Sie bewusst die Wärme der Sonne auf Ihren Handflächen und dem dritten Auge wahr.
3. Richten Sie Ihre Aufmerksamkeit jetzt auf den Erdstern 15 Zentimeter unter Ihren Füßen.
4. Atmen Sie tief ein, und visualisieren Sie, wie aus dem Erdstern ein Energieband, versinnbildlicht durch die Farbe Schwarz, in Ihre Füße dringt, hoch in die Beine und direkt ins Basischakra.
5. Während Sie immer noch einatmen, arbeiten Sie sich durch die einzelnen Chakren durch, visualisieren die Farbe jedes einzelnen und fügen sie dem Regenbogen aus Energie am Basischakra hinzu.

- Basischakra – Rot
- Sakralchakra – Hellrosa
- Nabelchakra – Orange
- Solarplexus – Gelb
- Herzchakra – Grün
- Kehlchakra – Türkis
- Drittes Auge – Indigoblau
- Kronenchakra – Violett
- Kausalchakra – Weiß
- Seelenstern – Magenta
- Sternentor – Gold.

6. Sowie der Energieregenbogen aus Ihrem Sternentor austritt, beginnen Sie auszuatmen. Sie sehen, wie der Regenbogen in Kaskaden herabfällt und Sie in einer Blase reiner schillernder Energie umfängt. Diese Energie tritt dann nahe bei Ihren Füßen wieder in die Erde ein und nimmt seine Reise daraufhin, beginnend beim Erdstern, erneut auf.
7. Fahren Sie mit dieser kreisförmigen Atmung fort, während die Energie Ihres Erdsterns auf die transpersonellen Chakren trifft. Die Augen haben Sie weiterhin geschlossen. Machen Sie so lange weiter, bis die Sonne auf- beziehungsweise untergeht.
8. Senken Sie dann die Arme wieder, öffnen Sie die Augen und lassen Sie Ihre Aura und Ihren Körper die Energie des Regenbogens aufnehmen, während Sie den Sonnenauf- beziehungsweise -untergang genießen.

Versuchen Sie den nächsten Teil der Übung auf keinen Fall, bevor Sie den ersten nicht völlig mühelos bewerkstelligen.

ÜBUNG ❖ VERBINDUNG MIT DER SONNE

Das folgende Sonnenritual führten die Hohen Priester und Hohen Priesterinnen in Atlantis täglich durch.

In den Minuten, bevor die Sonne auf- oder untergeht, können Sie sie eventuell aus den Augenwinkeln heraus betrachten. Sie dürfen aber nie direkt in die Sonne schauen, und auch wenn Ihnen der indirekte Blick in die Sonne irgendwie unangenehm ist, müssen Sie die Augen sofort für ein paar Minuten schließen.

Machen Sie sich nichts daraus, wenn Sie nicht länger als 30 Sekunden indirekt in die Sonne gucken können, das reicht völlig. Und noch einmal: Schauen Sie auch in den drei bis fünf Minuten vor dem Auf- oder Untergang nie direkt in die Sonne! Es könnte Ihren Augen ernsthaften Schaden zufügen.

1. Öffnen Sie bei der Zwölf-Chakren-Atmung die Augen und lassen Sie die Sonne in Ihr drittes Auge scheinen.
2. Dadurch stellen Sie eine enge Verbindung her. Es ist wichtig, dass Sie die Zwölf-Chakren-Atmung beibehalten, damit sich der Erdstern und das Sternentor ausbalancieren und aufeinander einstimmen können. Wenn diese beiden starken Energien aufeinander treffen, können sich Ihre Empfindungen in vielerlei Hinsicht verändern:

   - Vielleicht bekommen Sie ein Gefühl für die magnetische Verbindung der Erde mit der Sonne.
   - Sobald Sie diese Übung sicher durchführen können, werden Sie auch die Verbindung der Sonne mit den anderen Planeten in der Galaxis wahrnehmen.
   - Sie finden einen Zugang zu Ihren früheren Erfahrungen auf anderen Planeten.
   - Wenn vollkommene Stille herrscht, besteht die Möglichkeit, dass Ihr Bewusstsein den Körper verlässt und eins wird mit der Einen Quelle.

3. Wenn die Sonne dann auf- oder untergeht, behalten Sie die Zwölf-Chakren-Atmung bei und sind sich Ihres biologischen Körpers vollkommen bewusst. Legen Sie Ihre Handflächen vor der Brust zusammen, atmen Sie tief und langsam ein und verbinden Sie sich wieder mit Ihrer unmittelbaren Umgebung.
4. Nehmen Sie wahr, wie die erdende Energie des Bodens durch Ihren Hämatit oder schwarzen Turmalin aufsteigt. Spüren Sie, wie sie an der Rückseite Ihres Körpers von den Füßen ausgehend den ganzen Körper entlang hochsteigt, von den Füßen über die Beine die Wirbelsäule

hoch bis in den Kopf und dann an der Vorderseite wieder hinab bis in die Beine, die Füße und durch den Stein zurück in die Erde. Nehmen Sie wahr, wie die Energie in Ihnen kreist, bis Sie wieder vollkommen geerdet sind.

Wenn Sie spüren, dass sich die gewaltigen Energien des Erdsterns und des Sternentors verbinden und Sie das Gefühl haben, dass Sie mit Ihren spirituellen Energien gut umgehen können, ohne die Erdung zu verlieren, können Sie diese Meditation täglich durchführen. Anderenfalls beschränken Sie sich auf die Zwölf-Chakren-Atmung, die Sie regelmäßig praktizieren sollten, um Ihre Chakren zu säubern und gut auszurichten.

KAPITEL SIEBZEHN

DIE ÜBERSINNLICHEN KÜNSTE

In den goldenen Zeiten von Atlantis standen übersinnliche Fähigkeiten in hohem Ansehen. Sie wurden nie für selbstverständlich gehalten, und man achtete, schätzte und förderte auf diesem Gebiet auch Talente, die bei einem Menschen nur latent vorhanden waren. Über gewisse übersinnliche oder mediale Kompetenzen verfügten alle, aber nicht jeder hatte Zugang zur gesamten Palette dieser Fähigkeiten. So war etwa der eine eher hellsichtig, ein anderer konnte besser hellhören oder war telepathisch sehr begabt. Außergewöhnliche Leistungen auf allen diesen Gebieten erbrachten nur die eigens dafür geschulten Priester.

Wir möchten Sie in diesem Kapitel mit Übungen bekannt machen, die in Atlantis praktiziert wurden, um die übersinnlichen Fähigkeiten zu verbessern.

HELLSICHTIGKEIT

Da die Menschen zu Beginn alle im fünfdimensionalen Schwingungsbereich lebten, war ihr drittes Auge vollständig geöffnet. Dabei handelt es sich um einen spirituellen Strudel (also ein Chakra) mitten auf der Stirn zwischen den Brauen. Durch dieses geistige Auge – und nicht etwa durch eine Kristallkugel – nehmen Hellsichtige die Welten hinter dem Schleier der materiellen Selbsttäuschung wahr.

So sahen die Bewohner von Atlantis nicht nur das Reich der Elementargeister, Feen, Elfen, Gnome, Salamander, Meerjungfrauen und vieler anderer, sondern auch die Geister der Verstorbenen. Vor allem aber hatten sie Zugang zur spirituellen Welt, zu Engeln, Einhörnern und anderen. Von diesen höheren Wesen erhielten sie in lebhaften, bewegten Bildern, die vor ihrem dritten Auge auftauchten, auch Anweisungen.

Darüber hinaus kommunizierten sie untereinander, indem sie sich gegenseitig Bilder schickten – eine Art SMS von Hirn zu Hirn. Wenn jemand zum Beispiel telepathisch einem Freund von einem wunderschönen Wasserfall berichtete, den er kürzlich gesehen hatte, wurde dieser natürlich neugierig. Das Bild, das ihm daraufhin übermittelt wurde, war deutlich und klar.

Gegenwärtig, da die Schwingungsfrequenz bedeutend niedriger ist, empfangen Hellsichtige überwiegend fragmentierte Informationen. Auch wir lassen übrigens noch ständig Bilder bei anderen entstehen. Dies geschieht jedoch zumeist unbewusst.

HELLHÖRIGKEIT

Wer in Atlantis überwiegend hellhörig veranlagt war, nahm akustisch Äußerungen wahr, die ihm Anleitungen gaben. Mit solchen Menschen konnten die Engel und andere höhere Wesen direkt kommunizieren. Die Stimmen, die sie hörten, kamen aber nicht nur von körperlosen Wesen. Wenn zum Beispiel eine Mutter von ihrem Kind getrennt war, konnte sie sich auf es einstimmen und hören, was es ihr über die Entfernung hinweg sagen wollte. Oder wenn jemand einem Freund eine Wegbeschreibung zukommen lassen wollte, so war ihm dies auch über viele Kilometer hinweg möglich.

In unseren heutigen niederfrequenten Zeiten werden die »Leitungen« meistens von Störgeräuschen überlagert, sodass die Hellhörenden höchstens abgehackte Wörter und unvollständige Sätze empfangen können. Manchen Leuten geschieht es aber auch gegenwärtig noch, dass sie völlig unerwartet Stimmen hören – meistens Warnungen. Eine Bekannte von uns war einmal in einem Zeltlager in Afrika. Als sie nachts aufstehen und zur Toilette gehen wollte, hörte sie mit einem Mal eine laute, gebieterische Stimme, die sagte: »Bleib liegen.« Kein Mensch war in ihrer Nähe, aber die körperlose Stimme war so gewaltig, dass sie sich für den Rest der Nacht unter ihrer Decke verkroch und keinen Mucks mehr von sich gab. Unsere Bekannte fragt sich heute noch, ob da vielleicht eine Schlange oder eine giftige Spinne lauerte. Sie hat jedenfalls keinen Zweifel, dass ihr ein höheres Wesen – möglicherweise ihr Schutzengel – das Leben gerettet hat.

Schon häufig haben uns Leute erzählt, dass Engel mitten in der Nacht an ihrem Bett gesessen und ihnen etwas vorgesungen haben, meist in Zeiten großen Kummers oder wenn sie dringend Hilfe brauchten. Das Schöne ist, dass die Engel oft bei uns am Bett sitzen und singen, während wir fest schlafen. Hören können das nur die wenigsten, die heilenden Schwingungen der Liebe und des Friedens dringen aber dennoch zu allen vor.

Hellhörig Begabte gibt es auch heute. Diana saß beispielsweise einmal in Australien bei einer neuen Bekannten im Auto. Sie suchten in einer Stadt, die beiden völlig fremd war, einen Parkplatz. Die Fahrerin sagte: »Ich bitte meinen Geistführer, dass er uns den richtigen Weg zeigt. Ah! Er meint, wir sollten bei der Ampel links abbiegen. Nach 300 Metern kommen wir rechts an einen Kreisverkehr, da sollen wir uns links halten. Und an der nächsten Kreuzung ist dann ein großer bewachter Parkplatz. Unser Plätzchen finden wir ganz hinten in der dritten Reihe.« Und genauso war es dann auch. Über diese Art der Hellhörigkeit verfügten in Atlantis alle.

HELL- ODER FEINFÜHLIGKEIT

Darunter verstehen wir die Fähigkeit, die Schmerzen oder Befindlichkeiten eines anderen Menschen sozusagen am eigenen Leib zu erfahren. Wenn Sie einen Raum betreten und eine Gänsehaut bekommen, spüren Sie, dass hier atmosphärisch etwas nicht stimmt. Für Feinfühligkeit spricht es auch, wenn Sie etwas »im Gefühl haben« oder »es sich nicht erklären können«. Oder Sie begegnen einem Menschen und Ihr ganzer Körper verspannt sich. Dann wissen Sie, dass Sie sich vorsehen müssen. Sitz der Feinfühligkeit ist das Sakralchakra.

Heutzutage sind viele Menschen feinfühlig, ohne sich dessen überhaupt bewusst zu sein. Vielleicht bekommen Sie Kopfschmerzen, wenn das Wetter umschlägt. Oder Sie sind ganz entspannt, während Ihr Kind eine

Klassenarbeit schreibt, und haben daher nicht den leisesten Zweifel, dass es gut abschneiden wird. Eine Frau wachte einmal mitten in der Nacht auf und fühlte sich total schlecht. Als ihr Mann dann spät nach Hause kam, sagte er, es sei alles in Ordnung. Daraufhin ging es der Frau besser, eine gewisse Beklemmung aber blieb. Später fand sie dann heraus, dass ihr Mann genau in dem Moment, in dem sie aufgewacht war, mit einer anderen ins Bett gegangen war. In einem anderen Fall bekam eine Frau plötzlich unerträgliche Rückenschmerzen, auf die sie sich keinen Reim machen konnte, die sie aber irgendwie mit ihrer Mutter in Verbindung brachte. Dann klingelte das Telefon, und man teilte ihr mit, dass die alte Frau gestürzt und ins Krankenhaus gebracht worden war. Die Rückenschmerzen waren wie weggeblasen.

Unsere Organe sind wie Antennen und können Gefahren wittern. Außergewöhnlich sensitiv veranlagte Menschen können dadurch, dass sie gewisse körperliche Verspannungen an sich bemerken, ein Unglück registrieren, das sich am anderen Ende der Welt abspielt. Was genau geschehen wird, vermögen sie meistens nicht zu sagen, ihre »Antennen« machen sie jedoch auf eine drohende Gefahr aufmerksam. Wenn sie dann in den Nachrichten hören, dass tatsächlich eine Katastrophe geschehen ist, löst sich die Anspannung in der Regel sofort.

Ihr biologischer Körper ist wie ein Barometer. Wenn Sie die Signale, die er aussendet, bewusst wahrnehmen, können Sie viel lernen. Leider aber sind die Botschaften, die wir von den unterschiedlichen Seiten erhalten, oft nicht eindeutig, vor allem in der Kindheit. Dann sagt uns der Körper häufig, dass etwas nicht stimmt, während die Eltern steif und fest behaupten, alles sei völlig in Ordnung. Das sorgt für Verwirrung, und irgendwann hören wir dann auf, unserer Intuition zu vertrauen. Das größte Geschenk, das wir unserer Familie, aber auch Freunden und Kollegen also machen können, ist, immer aufrichtig und authentisch zu bleiben. Wenn wir uns der Botschaften unseres Körpers nicht bewusst sind, können unbemerkt Krankheiten entstehen, Beziehungen können kaputtgehen, ohne dass wir es rechtzeitig mitbekommen – jede Menge wichtiger Signale können uns entgehen. Sobald wir aber beginnen, bewusst auf unseren Körper und unsere Intuitionen zu reagieren, kommt auch unser übersinnliches Bewusstsein zu voller Blüte. Weil im frühen Atlantis alle Menschen bewusst und authentisch lebten, waren diese Fähigkeiten bei ihnen außerordentlich gut entwickelt.

AURASEHEN

Jedes Lebewesen ist von einer Aura beziehungsweise einem elektromagnetischen Energiefeld umgeben, in dem sich alles abbildet: seine Geschichte, seine intimsten Gedanken, seine Ängste, Hoffnungen und aktuellen Gefühle. Wenn sich ein wahrhaft sensitiver Mensch auf Ihre Aura einschwingt, stehen Sie quasi nackt vor ihm, denn er sieht alles in schönster Deutlichkeit. Heute gewinnen die meisten Menschen von anderen nur noch einen gewissen Eindruck, aber die wenigsten können sich ein Gesamtbild verschaffen.

Wenn wir uns schämen, versuchen wir etwas zu verbergen. Dann verschließen wir unser Herz aus lauter Furcht, wir könnten durchschaut und verurteilt werden. In den glorreichen Tagen der Ehrlichkeit und Akzeptanz wurden keine Urteile gefällt und niemand musste sein Herz verschließen. Wenn Ihr Herz weit geöffnet ist und Liebe ausstrahlt, geht ein wunderschönes rosa Licht von ihm aus und hüllt alles und jeden in Ihrer Umgebung ein. Im reinen Atlantis, als noch alle die schimmernden Farben der Menschen um sich herum wahrnehmen konnten, blieb nichts verborgen. Geheimnisse gab es daher nicht. Alle Menschen waren offen, ehrlich und wahrhaftig.

PSYCHOMETRIE

Jeder Gegenstand nimmt die Energie seines Besitzers an. Wenn in der Frühzeit von Atlantis jemand etwas fand, zum Beispiel ein Kinderspielzeug, wusste er sofort, wem es gehörte und wem er es zurückgeben konnte. Heutzutage werden psychometrische Verfahren angewendet, um Informationen über die Vergangenheit zu gewinnen.

FERNWAHRNEHMUNG

Unter Fernwahrnehmung verstehen wir die geistige Fähigkeit eines Menschen, Informationen über etwas zu erteilen, das sich aufgrund der Entfernung, aus zeitlichen Gründen oder weil es gut versteckt ist, den biologischen Sinnesorganen entzieht. Der Geist kann alles im Kosmos wahrnehmen, jedes Ereignis, jeden Gegenstand, jedes Lebewesen. Er versetzt uns auch in die Lage, jedes Ereignis, jeden Menschen, jedes Wesen, jeden Ort und jeden Gegenstand, die jemals existiert haben, gegenwärtig existieren oder künftig existieren werden, exakt zu erleben, zu empfinden, zu fühlen, zu berühren, zu riechen, zu hören und genauestens zu beschreiben. Theoretisch gibt es nichts, das sich der Fernwahrnehmung entziehen könnte. Sobald Sie in der Lage sind, Gestalten wie Jesus Christus oder Buddha wahrzunehmen, wird sich Ihr Leben schlagartig ändern.

Auf den ersten Blick scheint sich die Fernwahrnehmung nicht größer von Hellsichtigkeit oder anderen übersinnlichen Wahrnehmungsfähigkeiten zu unterscheiden. Es gibt jedoch zwei erhebliche Unterschiede. Erstens beinhaltet Fernwahrnehmung in der Regel alle Sinne, also nicht nur das Sehvermögen, sondern auch Geschmack, Geruch, Hör- und Tastsinn. Wenn Sie einen Menschen also derart »wahrnehmen«, spüren Sie zugleich auch, was er denkt und empfindet. Der zweite Unterschied besteht darin, dass die Fernwahrnehmung häufig von außerkörperlichen Erlebnissen begleitet wird. Man spricht in diesem Zusammenhang auch von Bilokation. Das heißt, ein Teil des Bewusstseins verbleibt an seinem gegenwärtigen Platz, während sich ein anderer an den Ort begibt, an dem das zu beobachtende Ereignis stattfindet.

Wenn Sie Ihre Fähigkeiten der Fernwahrnehmung trainieren, schulen Sie dabei sowohl Ihre subtileren Sinne als auch die Intuition. Ferner nutzt es Ihrem persönlichen und spirituellen Wachstum. Im Grunde ist es ganz einfach. Es braucht jedoch eine gewisse Zeit und Sie müssen systematisch vorgehen. Die Fernwahrnehmung ist eine so komplexe Angelegenheit, dass eine eingehende Beschäftigung damit den Rahmen unseres Buches sprengen würde. Trotzdem zeigen wir Ihnen am Ende dieses Kapitels eine einfache Übung. Für alle, die sich eingehender für dieses Thema interessieren, hält das Internet eine Fülle von Informationen bereit.

Das Spektrum der Anwendungsmöglichkeiten ist praktisch unbeschränkt. Die Priesterschaft in Atlantis nutzte ihr Fernwahrnehmungsvermögen vor allem zur:

ENTSCHEIDUNGSFINDUNG. Fernwahrnehmung ermöglichte es ihnen beispielsweise, die verschiedenen Möglichkeiten abzuwägen, wenn es darum ging, wo neue Tempel, Heilkammern oder Häuser errichtet werden sollten. Ort und Beginn der Bauarbeiten wurden mithilfe von Astrologie, Nummerologie und Geomantie bestimmt. Um aber sicherzustellen, dass keine Einflussfaktoren übersehen werden, bedienten sich die Atlanter ihrer Befähigung zur Fernwahrnehmung, indem sie sich das fertige Gebäude in der Zukunft anschauten. Auf diese Weise konnten sie auch bestimmen, welche Technologien sie als Nächstes einführen sollten.

ORTSBESTIMMUNG. Mithilfe der Fernwahrnehmung konnten Mineralvorkommen oder auch vermisste Personen aufgespürt werden. (Die Polizei bedient sich dieser Technik auch in unseren Tagen noch. So bat beispielsweise das Polizeipräsidium von Berkely in San Francisco im Jahr 1974 das Stanford Research Institute um die Mithilfe von Fernwahrnehmungsexperten bei der Auffindung der entführten Millionenerbin Patricia Hearst.)

DIAGNOSE. Fernwahrnehmung wurde auch eingesetzt, um gesundheitliche Probleme bei Menschen zu diagnostizieren oder mechanische Störungen zu identifizieren und mögliche Risiken für Gesundheit, Sicherheit sowie Gefahren für die Umwelt zu ermitteln.

VORHERSAGE. Es wurden unter anderem auch Erdbeben, Vulkanausbrüche, politische Verhältnisse und technologische Entwicklungen mittels Fernwahrnehmung vorhergesagt.

Ein Grund, weshalb die Bewohner von Atlantis in der Lage waren, sich ihre Ausgeglichenheit so lange zu bewahren, lag darin, dass das Fernwahrnehmungsvermögen es ihnen ermöglichte, potenzielle Probleme gar nicht erst entstehen zu lassen, sondern stattdessen einen erfolgversprechenderen Weg einzuschlagen. Das heißt: Es gab nichts, wovor sie hätten Angst haben müssen.

HEILUNG

Die Heilmethoden, die in Atlantis angewendet wurden, erörtern wir im 23. Kapitel ausführlich.

DIE ENTWICKLUNG DER ÜBERSINNLICHEN FÄHIGKEITEN

Wenn wir Menschen uns von der Natur entfernen, werden wir hartherzig. Mangelnder Respekt für wachsende, lebendige Dinge führt zu Achtlosigkeit gegenüber Tier und Mensch. Die Atlanter liebten die Natur und aufgrund der ständigen Interaktion mit ihr konnten ihre normalen, biologischen Sinne ein sehr hohes Niveau erreichen. Daher waren die Menschen auch in der Lage, von ihren geistigen Sinnesorganen Gebrauch zu machen. Und diese größere Bewusstheit hatte zur Folge, dass auch ihre übersinnlichen, medialen Fähigkeiten zunahmen.

Wer von uns heute in großen Gemeinden und Städten wohnt, ist der Natur nicht mehr so nah. Folglich sind auch unsere Wahrnehmungsfähigkeiten nicht so gut entwickelt. Das heißt, wir nutzen unsere sinnliche Ausstattung nur zu einem relativ geringen Teil.

Die Bewohner von Atlantis wussten, dass die Verfeinerung ihrer gewöhnlichen Sinnesorgane zu einer Erweiterung ihres Bewusstseins führte. Das verhalf ihnen zu dem, was wir heute außersinnliche Wahrnehmung nennen, einen ungewöhnlich gut entwickelten sechsten Sinn. Wenn wir diesen heute verfeinern wollen, so setzt das voraus, dass wir zunächst unsere fünf anderen Sinne schärfen: Tastsinn, Geschmackssinn, Geruchssinn, Seh- und Hörvermögen. Der erste Schritt auf dem Weg zur Aktivierung unserer geistigen, übersinnlichen Fähigkeiten liegt also in einem besseren Gebrauch der alltäglichen, biologischen. Und den können wir alle üben.

ÜBUNG ❖ WECKEN SIE IHRE SINNE

1. Suchen Sie sich ein friedliches Plätzchen unter Bäumen. Das kann in den Bergen sein oder in der Nähe eines Flusses. Und selbst in unseren modernen Städten müsste sich irgendwo ein Park finden lassen, in dem Sie die Schönheit der Natur erfahren können.
2. Suchen Sie sich einen frei stehenden Baum mit einem dicken Stamm. Setzen Sie sich mit dem Gesicht zur Sonne bequem aufrecht hin, den Rücken an den Stamm gelehnt.
3. Konzentrieren Sie sich dann jeweils ein paar Minuten auf Ihre einzelnen Sinne.

SEHVERMÖGEN. Beobachten Sie den Tanz der Sonnenstrahlen auf den Blättern und deren Farbnuancen. Nehmen Sie das Farbspiel der Blumen und Büsche wahr, die Struktur der Blätter. Im Winter können Sie Ihr Augenmerk auf Baumstämme, Äste und Zweige richten. Betrachten Sie die Wolken, die am Himmel dahinziehen. Das Gras zu Ihren Füßen. Beobachten Sie die Bewegungen von Tieren, Vögeln oder Insekten, die sich vielleicht in Ihrer Nähe aufhalten. Konzentrieren Sie sich einfach aufs Gucken und Schauen.

GEHÖR. Werden Sie jetzt »ganz Ohr«. Lauschen Sie auf die Geräusche der Natur. Hören Sie das Flüstern des Windes in den Bäumen, das Vogelgezwitscher, das Rascheln von Kleinlebewesen, das Summen von Insekten.

TASTSINN. Konzentrieren Sie sich ganz auf Berührungen. Spüren Sie die Wärme der Sonne auf Ihrem Gesicht, das zärtliche Streicheln des Windes in Ihren Haaren oder den Kuss der Regentropfen auf Ihren Lippen. Ziehen Sie die Schuhe aus und lassen Sie Ihre Füße in das weiche Gras sinken. Spüren Sie Ihr Einssein mit der Natur.

GERUCHSSINN. Nehmen Sie den Geruch des Grases und der Erde, den lieblichen Duft der Blumen wahr. Konzentrieren Sie sich ganz auf Ihren Geruchssinn und atmen Sie das Aroma der Natur ein.

GESCHMACKSSINN. Geruchs- und Geschmackssinn sind eng aneinander gekoppelt. Öffnen Sie die Lippen, und versuchen Sie zu schmecken, was Sie riechen. Vielleicht läuft Ihnen sogar das Wasser im Mund zusammen, weil alles so schön frisch ist.

Wenn Sie auf diese Weise jedes Ihrer Sinnesorgane auf Hochtouren bringen, stellen Sie damit einen Kontakt mit der Natur her, wie Sie ihn wahrscheinlich noch nie zuvor erlebt haben. Selbst wenn Sie jede Woche nur eine halbe Stunde derart in Ruhe verbringen, werden Sie innerhalb kurzer Zeit bemerken, dass sich Ihre Sinne öffnen, dass sich Ihre Intuition und Kreativität steigern und dass Sie auch andere Dinge viel bewusster wahrnehmen. Und eines Tages werden Sie dann, während Sie die Übung machen, die Töne hinter denen der Erde wahrnehmen, die verborgenen Klänge der Natur. Die Bewohner von Atlantis jedenfalls vermochten es.

ÜBUNG ❖ PSYCHOMETRIE

Besorgen Sie sich einen Gegenstand – vorzugsweise aus Metall oder Holz –, den jemand häufig mit sich herumträgt. Das könnte zum Beispiel eine Uhr sein, irgendein Schmuckstück oder auch ein Schlüsselbund. Wir gehen immer gern sicher, dass die Person, deren Objekt gedeutet wird, auch seine Geschichte kennt, denn bei der Psychometrie öffnet man sich für die Energien des betreffenden Gegenstandes.
Halten Sie ihn in den Händen, schließen Sie die Augen, atmen Sie dreimal tief durch und entspannen Sie sich. Halten Sie die Augen geschlossen und bewegen Sie den Gegenstand in Ihren Händen. Shaaron dreht die Dinge immer gern so lange hin und her, bis sie sie von allen Seiten berührt hat. Ihnen ist es aber vielleicht lieber, wenn Sie ihren Gegenstand ganz ruhig in der Hand halten. Da es sich hierbei um eine sehr individuelle Angelegenheit handelt, können Sie es ganz so halten, wie es für Sie persönlich am besten ist.
Teilen Sie dem Besitzer des Gegenstandes dann alle Bilder, Worte oder Empfindungen mit, die bei Ihnen entstehen. Shaaron hat zum Beispiel einmal mit der Uhr einer Frau gearbeitet. Sie sah dabei eine weihnachtliche Szene mit einem fröhlich flackernden Kamin, zwei kleinen Mädchen, einem Pfarrer und einem Hund. Als sie der Frau alles, was sie

sah, ganz genau beschrieb, bestätigte diese, dass es sich tatsächlich um sie selbst, ihre Zwillingsschwester, ihren Vater und den Hund bei einer Weihnachtsfeier vor einigen Jahren handelte.

Je öfter Sie üben, desto mehr werden sich Ihre Fähigkeiten auf diesem Gebiet verbessern.

ÜBUNG ❖ AURALESEN

Am leichtesten lässt sich die Aura von Bäumen lesen, vor allem an einem schönen Sommertag. Entspannen Sie sich und betrachten Sie den Baum mit halb geschlossenen Augen.

Möglicherweise erkennen Sie um ihn herum einen weißen Lichtstreifen. Es kann sogar sein, dass in diesem Licht silberne Funken flirren.

Auch Hügel und Berge strahlen eine intensive Lebenskraft aus, die häufig sichtbar ist. Wenn Sie aber bei den ersten paar Malen nichts sehen, dürfen Sie nicht die Geduld verlieren. Entspannen Sie sich einfach und versuchen Sie nichts zu erzwingen.

Sie können auch üben, die Aura Ihrer Freunde zu lesen. Das macht viel Spaß und Sie entwickeln dabei auch gleich Ihre medialen Fähigkeiten. Sie können es mit einer Person allein machen, in der Gruppe ist es aber noch besser. Und gehen Sie nicht unbedingt davon aus, dass Sie etwas *sehen.* Auras lassen sich mit allen Sinnen wahrnehmen.

1. Achten Sie darauf, dass es hell genug ist.
2. Bitten Sie eine Person, sich mit dem Rücken an eine einfarbige, möglichst unstrukturierte Wand zu setzen.
3. Schauen Sie die Person an, und sprechen Sie das Erste aus, das Ihnen in den Sinn kommt. Vielleicht nehmen Sie einen Farbblitz wahr, bekommen ein Déjà-vu-Erlebnis oder empfinden ein Gefühl von Zufriedenheit. Vielleicht begegnen Sie auch dem Geistführer der betreffenden Person, oder es kommt Ihnen so vor, als wüssten Sie etwas. Das Einzige, was Ihnen im Weg stehen kann, ist die Angst vor dem Scheitern. Und die kommt ausschließlich aus Ihrem Ego.

ÜBUNG ❖ FERNWAHRNEHMUNG

Für eine einfache Fernwahrnehmungsübung benötigen Sie vier Personen: jemanden, der die Aufsicht führt, zwei Beobachter und den Wahrnehmenden selbst. So viel Kontrolle ist nötig, weil es viel leichter ist, Informationen telepathisch zu übermitteln als per Fernwahrnehmung.

Die Aufsichtsperson entscheidet sich für bestimmte Bilder, die als »Zielobjekte« dienen, die der Wahrnehmende beschreiben muss. Diese Bilder sollten sich deutlich voneinander unterscheiden und ziemlich speziell sein. Mehrere Geschäfte beispielsweise sind aufgrund ihrer Ähnlichkeit nicht so geeignet. Ideal wäre etwa der Buckingham Palace oder ein anderes unverwechselbares Gebäude. Nur die Aufsichtsperson kennt die Bilder. Diese werden dann einzeln in undurchsichtige Umschläge gesteckt (und die eventuell noch in einen weiteren Umschlag). Jeder Umschlag erhält seine eigene Nummer.

Zu einer bestimmten Zeit wählt einer der Beobachter nach dem Zufallsprinzip einen der Umschläge aus und bringt ihn an einen Ort, an dem der Wahrnehmende keinen Zugang dazu hat. Das kann das Nebenzimmer sein, eine andere Stadt oder sogar ein anderes Land. Zu einem vorher festgelegten Zeitpunkt öffnet er den Umschlag und betrachtet eine gewisse Zeit lang, die ebenfalls vorher festgelegt wurde, das Bild.

Der Wahrnehmende braucht etwas zu schreiben oder vielleicht sogar ein Aufnahmegerät, er sollte sich an einem Ort aufhalten, an dem er von außen so wenig abgelenkt wird wie irgend möglich. Erfahrungsgemäß ist es gut, wenn es nicht zu hell ist. Und es kann auch nicht schaden, wenn er sich Zeit nimmt, sich zu entspannen und den Kopf frei zu machen, damit er offen und aufnahmefähig wird. Der zweite Beobachter befindet sich im selben Raum wie der Wahrnehmende.

Zum vorherbestimmten Zeitpunkt konzentriert sich der Wahrnehmende auf sein Zielobjekt. Dann kann er entweder etwas sagen, etwas notieren oder seine Eindrücke aufmalen. Wenn er Schwierigkeiten hat, darf ihm der Beobachter helfen, indem er Fragen stellt. Da er ja selbst nicht weiß, um welches Bild es sich handelt, können sie sehr spezifisch sein – und doch ganz allgemein. Etwa: Welche Farben siehst du? Was kannst du hören?

Angenommen, der erste Beobachter betrachtet ein Bild des Blackpool Tower. Wenn der Wahrnehmende nun beispielsweise schon gesagt hat:

»Ich sehe ein Gebilde aus Metall«, könnte der Beobachter etwa fragen: »Befindet sich dieses Gebilde im Freien? Ist es stabil? Was empfindest du, wenn du dir dieses Gebilde anschaust?«

Wenn die vereinbarte Zeit vorüber ist, steckt der erste Beobachter das Bild in den Umschlag zurück und vermerkt darauf Datum und Uhrzeit. Dann geht er zum Wahrnehmenden und übergibt den Umschlag der Aufsichtsperson. Dann kommen alle vier zusammen, um dem Wahrnehmenden ein Feedback zu geben. Dieser Schritt ist sehr wichtig, weil der Wahrnehmende dadurch eine Bestätigung erhält.

Hier noch eine Bemerkung darüber, was Sie von dem Wahrnehmenden erwarten können. Bleiben wir beim Blackpool Tower. Der Wahrnehmende wird höchstens von ganz elementaren Bruchstücken sprechen oder sie aufzeichnen – vergessen Sie nicht, er ist gerade erst dabei, diese Fähigkeit auszubilden. Die Zeichnung zum Beispiel, die er abliefert, könnte aussehen wie die unten abgebildete. Er spricht vielleicht von einem »großen Metallgebilde«, von »Verstrebungen« oder einem »Turm«. Wenn er gefragt wird, welches Gefühl er hat, wenn er es sich ansieht, erwähnt er vielleicht so etwas wie »Spaß«, »Spannung« oder auch »Angst« (falls er unter Höhenangst leidet). Wenn er gefragt wird, was er riecht, hört oder sieht, kann er so etwas sagen wie »Lichter«, »Musik«, »geröstete Zwiebeln«, »Zuckerwatte«, »etwas Süßes« oder »das Meer«. Dass er den Blackpool Tower identifiziert, ist zu diesem Zeitpunkt äußerst unwahrscheinlich. Wenn diese Fähigkeit aber erst einmal voll ausgebildet ist und er regelmäßig und fleißig übt, wird er das Bild, das gemeint war, eines Tages eindeutig erkennen.

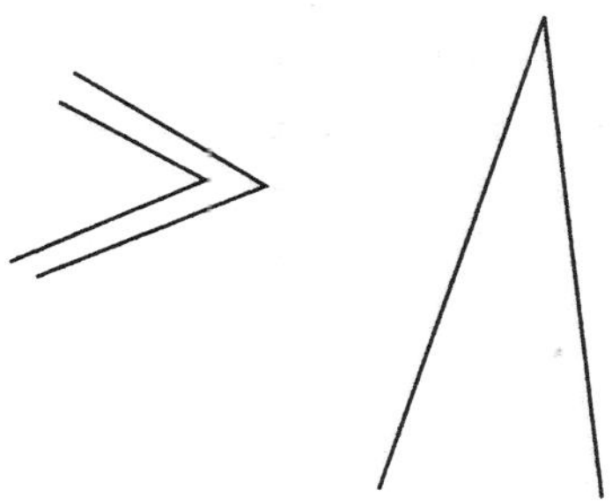

Mögliche erste Eindrücke

KAPITEL ACHTZEHN

DIE MACHT DES GEISTES

Bereits ganz kleine Kinder wurden in Atlantis schon über die Macht des Geistes unterrichtet. Gedanken sind wie Soldaten. Einzeln können sie weder größeren Schaden anrichten noch Nennenswertes bewirken. Zusammen aber sind sie wie eine Armee unter dem Oberbefehl des Verstandes. Einen Befehl, den Sie an disziplinierte, hervorragend ausgebildete Soldaten richten, kann außerordentlich viel bewirken. Nicht anders verhält es sich mit Ihren Gedanken. Sind diese richtig ausgerichtet und auf das gewünschte Resultat konzentriert, wird Ihr Verstand zu einem äußerst wirkungsvollen Instrument Ihrer Kreativität. Das ist aber nur möglich, wenn die Befehle eindeutig sind und die Soldaten alle an einem Strang ziehen. Wenn Sie es natürlich mit einem wilden Sauhaufen zu tun haben, tanzen sie Ihnen bald auf dem Kopf herum. Nicht anders, wenn Ihre Gedanken völlig durcheinander sind. Auch die übernehmen dann bald das Kommando. Widersprüchliches Denken führt zu inneren Konflikten, die sich auch äußerlich niederschlagen. Die Atlanter hielten einen ruhigen, friedlichen Geisteszustand für gesund und sprunghaftes, wirres Denken für krankhaft. Da sich die Engel und erleuchteten Meister nur einem heiteren, wohl geordneten Verstand mitteilen können, pflegte man, wann immer sich die Gelegenheit ergab, ruhig und meditativ in der Natur zu sitzen oder entsprechende Musik zu hören.

CHANNELN

Wann immer Sie Ihren Verstand zur Ruhe bringen und Ihre Schwingungsfrequenz erhöhen, um Informationen von höheren geistigen Wesen zu empfangen, channeln Sie. In Atlantis erhielten ausschließlich die Hohen Priester und Hohen Priesterinnen Informationen und Anleitungen vom Intergalaktischen Rat. Trotzdem wurden auch alle anderen Priester und Priesterinnen bereits als Novizen in dieser Disziplin geschult. Bei der normalen Bevölkerung wurde diese Fähigkeit nicht weiter ausgebildet. Gegenwärtig erinnern sich viele Lichtarbeiter, bei denen es sich um reinkarnierte Priester handelt, an die Fähigkeiten, die sie früher einmal besaßen, auch an diese Methode der Informationsübertragung. Sie sind jetzt aufgerufen, ihren Verstand zum Schweigen zu bringen und sich aufs Neue mit den Mächten des Lichts und der Liebe zu verbinden.

Sie channeln vielleicht, ohne dass Sie sich dessen bewusst sind. Bei vielen kommt es wie eine plötzliche Eingebung oder als eine Art Kreativitätsschub. Die Kommunikation mit seinen geistigen Führern kann eigentlich jeder lernen. Wenn Sie aber Kontakt zu Engeln und Meistern aufnehmen möchten, müssen Sie Ihre Schwingungsfrequenz erhöhen. Machen Sie sich klar, dass die höheren Wesen nur mit Liebe, Inspiration und Mitgefühl zu Ihnen sprechen werden. Daher kommt es entscheidend darauf an, welche Absichten Sie verfolgen. Darüber hinaus müssen Sie die Dominanz Ihrer linken Gehirnhälfte durch die Kreativität, Intuition und Offenheit der rechten ausgleichen.

Wenn Sie mit Ihrem Engel, Ihren Führern oder Meistern schon sehr vertraut sind, spüren Sie zunächst vielleicht nicht viel, weil Sie deren Schwingungen bereits gewöhnt sind. Es kann aber auch durchaus sein, dass Sie Wärme oder eine gewisse Ausdehnung empfinden, Farben oder Lichter sehen, etwas riechen oder Musik hören. Manche Leute empfangen beim Channeln Bilder. Andere erhalten telepathisch Botschaften oder erleben einen Bewusstseinsstrom, den sie kaum von ihren eigenen Gedanken zu unterscheiden vermögen. Tatsächlich gechannelte Informationen sind allerdings von außerordentlicher Klarheit, Reinheit und Spontaneität und gehen mit der intuitiven Sicherheit einher, dass es sich um Mitteilungen höheren Ursprungs handelt. Sobald eine derartige Verbindung mit den höheren Kräften zustande kommt, geht mehr Licht von Ihnen aus als sonst.

PROPHEZEIUNGEN

Da sich die Atlanter der Tatsache bewusst waren, dass die Gedanken, Worte und Taten aus dem »Jetzt« unweigerlich die Zukunft gestalten, wurde die Kunst der Prophezeiung nur selten angewandt. Als die Reinheit später aber immer mehr befleckt wurde, förderten die Priester die Wahrsagerei als Möglichkeit, ängstliche Seelen, die Trost in der Zukunft suchten, für sich zu gewinnen. Heute können wir die Methoden der Zukunftsvorhersage positiv nutzen, um uns Klarheit zu verschaffen, Bestätigung zu erhalten und bestmögliche Entscheidungen zu treffen.

TAROT

Heutzutage benutzt man das Tarot oft als Kristallisationspunkt für die Voraussage der Zukunft. Und so kann es auch sehr wirksam sein. In Atlantis entstanden war es aber ausschließlich ein Werkzeug der spirituellen Führung.

Die meisten Familien besaßen ein Tarotdeck; da die Energie damals nicht so schwer war wie heute, konnten die Karten benutzt werden, um Einsichten und eine bessere Perspektive zu gewinnen. Dabei wurde eine alle betreffende Frage gestellt. Dann zog jedes Familienmitglied eine Karte, die ihm zu einem besseren Verständnis seiner Rolle in beziehungsweise seines Beitrags zu einem bestimmten Projekt verhalf. Davon ausgehend definierten dann alle ein gemeinsames Ziel und erstellten eine Schatzkarte. (Davon wird später noch die Rede sein.)

TELEPATHIE

Unter Telepathie versteht man Gedankenübertragung. In der Frühzeit von Atlantis kommunizierten die Menschen bewusst auf telepathischem Weg, sodass sie kaum miteinander sprechen mussten. Bei den meisten ging das nur über kurze Distanzen hinweg. Manche jedoch brachten es in dieser

Kunstfertigkeit so weit, dass sie auch auf Entfernungen von mehreren Kilometern kommunizieren konnten.

Mütter nahmen telepathisch Kontakt zu ihren Kindern auf, um zu erfahren, wo sie sich gerade aufhielten. Wenn eine Frau mit ihrem Mann sprechen wollte, der sich auf dem Feld befand, brauchte sie sich nur auf seine Frequenz einzustimmen und schon stand die Verbindung.

In den Bildungs- und Erziehungstempeln vermittelten die Priester ihren Lehrstoff ebenfalls auf telepathischem Weg. So wurde der kritische Zensor des Intellekts umgangen und die kosmischen Informationen konnten die tieferen Ebenen des Verstandes direkt erreichen. Diese Methode würde uns heute wahrscheinlich suspekt vorkommen, weil man auf diese Weise jemanden gegen seinen Willen beeinflussen kann. Da in den Zeiten der Reinheit jedoch alles dem höchsten Besten diente, gab es nie Grund zu Besorgnis.

INTERGALAKTISCHE TELEPATHIE

Wenn die Hohen Priester und Priesterinnen Informationen des Intergalaktischen Rates durchgaben, war das so, als würden sie sich auf den Empfang eines Funksignals einstellen. Die Anweisungen, die sie erhielten, waren laut und deutlich zu verstehen. Alta und Magier verfügten darüber hinaus auch über telepathische Verbindungen zu den Herrschern anderer Planeten, mithilfe derer sie neue Erkenntnisse und Informationen austauschten und voneinander lernen konnten.

Als Atlantis jedoch begann, der Korruption zu verfallen und ins Chaos zu stürzen, mussten ständig Probleme erörtert werden. Diese Unterredungen mit dem Intergalaktischen Rat fanden dann telepathisch statt. Da sich die Schwingungsfrequenz auf dem Planeten allerdings stetig verringerte, wurde bei dieser Art der Kommunikation immer mehr Energie verbraucht und sie wurde sehr ermüdend. Unmittelbar vor dem Niedergang mussten sogar Versammlungen der zwölf großen Herrscher einberufen werden – bei denen sich die Energie regenerierte –, um die exakte telepathische Verständigung mit dem Rat überhaupt zu ermöglichen.

DIE KUNST DES HANDLESENS

Der Körper ist ein Hologramm. Jeder Körperteil von Ihnen – Augen, Ohren, Füße, Hände – enthält Informationen über Sie als Ganzes und über Ihre Seelenmission.

Bei den Händen ist es nun so, dass der Entwurf Ihres Lebens und Ihr Daseinszweck in die Innenseite Ihrer nichtdominanten Hand eingeprägt sind. In der dominanten Hand dagegen spiegelt sich wider, was Sie tatsächlich getan haben und was Sie daher aller Wahrscheinlichkeit nach in der Zukunft tun werden. Sie erteilt also darüber Auskunft, wie weit Sie es in der Verfolgung Ihres Teils des göttlichen Plans bereits gebracht haben. Eine gut ausgebildete spirituelle Handleserin kann Sie auf den Weg Ihrer göttlichen Bestimmung bringen. Im reinen Atlantis wurde Chiromantie, wie diese Kunstfertigkeit auch genannt wird, im Grunde gar nicht gebraucht, es gab genügend andere Möglichkeiten, die entsprechenden Informationen zu erhalten.

Nach der Verfälschung des reinen Atlantis versuchten die Schwarzmagier die Herrschaft an sich zu reißen. Sie verfolgten ihre eigenen Ziele, die darauf beruhten, das Volk zu manipulieren und an die Macht zu kommen. Dafür mussten sie in Erfahrung bringen, ob die Menschen den ihnen vorherbestimmten Plänen folgten oder ob sie bereit waren, sich den egoistischen Ambitionen einzelner Magier anzuschließen.

Um das herauszufinden, bedienten sie sich unter anderem der Handlesekunst.

ASTROLOGIE UND NUMMEROLOGIE

Diese Themen waren in Atlantis von so großer Bedeutung, dass wir ihnen jeweils ein eigenes Kapitel widmen.

ÜBUNG ❖ ERWEITERUNG DER HIRNKAPAZITÄTEN 1

Heutzutage nutzen wir die Kapazitäten unseres Hirns nur zu einem kleinen Teil. Die folgende Übung dient ihrer Erweiterung. Geben Sie nicht vorschnell auf. Wenn Sie es ernst meinen, müssen Sie am Ball bleiben. Und aufgeschlossen sollten Sie sein, denn manches ist ganz schön verblüffend.

1. Besorgen Sie sich einen Tektit und ein Stück leuchtend roten Stoff – vorzugsweise Seide, aber Baumwolle geht auch.
2. Begeben Sie sich mit Ihrem Kristall und Ihrem Tuch an ein ruhiges Plätzchen – wenn irgend möglich im Freien.
3. Setzen Sie sich auf den Boden und legen Sie den Stein auf das Tuch vor sich.
4. Meditieren Sie oder konzentrieren Sie sich intensiv auf den Kristall.
5. Da die Erweiterung Ihres Geistes aus vier Richtungen erfolgen wird, ist es recht hilfreich, wenn Sie in jede dieser Richtungen einen Kristall legen, und zwar so:

   - Norden: Schneequarz
   - Süden: roter Jaspis
   - Osten: gelber Jaspis
   - Westen: Gagat (schwarzer Bernstein).

Die Erweiterungen sind mitunter als Licht wahrnehmbar, als Worte oder Bilder. Manchmal werden viele Informationen preisgegeben. Seien Sie aber nicht enttäuscht, wenn Sie nicht sofort etwas spüren. Es kann seine Zeit dauern. Manchmal braucht es mehrere Anläufe, bevor sich der Schleier lüftet. Je häufiger Sie diese Übung durchführen, desto eher wird Ihr Geist für die göttliche Kommunikation offen sein.

ÜBUNG ❖ ERWEITERUNG DER HIRNKAPAZITÄTEN 2 – »WERDEN«

Diese Übung, die auch unter der Bezeichnung »Werden« bekannt ist, wurde schon von den ersten Siedlern in Atlantis durchgeführt und ist bei nordamerikanischen Indianern heute noch gebräuchlich. Ihr Sinn besteht darin, etwas anderes zu »werden« und dadurch seine Verbindung mit der übrigen Schöpfung zu vertiefen. Die Übung verhilft Ihnen zu Harmonie und innerem Frieden.

Am besten eignet sich dafür ein facettierter Kristall, da er es einem erleichtert, sich die verschiedenen Aspekte des Dinges, das man werden möchte, vorzustellen.

Zuerst suchen Sie sich ein ruhiges Plätzchen, an dem Sie nicht gestört werden. Dann entscheiden Sie sich, womit Sie arbeiten möchten, vielleicht mit einem Baum, einer Pflanze, einer Blüte, einem Stein oder vielleicht sogar mit einem Kristall. Der darf aber nicht zu groß sein, denn Sie werden ihn in der Hand halten. Eine Blüte dürfen Sie pflücken, wenn Sie vorher um Erlaubnis gebeten haben. Reißen Sie aber keine Wurzeln aus. Falls Sie sich für einen Baum entschieden haben, setzen Sie sich so hin, dass Sie beide Hände an seinen Stamm legen können. Was auch immer Sie nehmen, vergessen Sie nicht, vorher um Erlaubnis zu bitten.

In unserem Beispiel arbeiten wir mit einem Stein.

1. Setzen Sie sich auf den Boden und halten Sie den Stein in den hohlen Händen. Pressen Sie ihn nicht, lassen Sie ihn einfach so liegen.
2. Richten Sie Ihre Aufmerksamkeit auf den Stein.
3. Stellen Sie sich vor, und wissen Sie, dass Sie dieser Stein werden.
4. Spüren Sie seine Kühle, seine Härte, seine innere und äußere Struktur, seine Beständigkeit und seine Lebenskraft.
5. Überlegen Sie, dass es manche Steine schon immer gibt.
6. Denken Sie darüber nach, inwiefern Steine dem Menschen dienlich sind und was wir alles mit ihnen anfangen können.
7. Denken Sie daran, welche Rolle Steine für das Universum spielen und was wir alles von ihnen lernen können.
8. Seien Sie für ein andersartiges Bewusstsein offen. So ein Stein ist zum Beispiel statisch, fest, geduldig, langsam und zeitlos.

9. Bleiben Sie so lange sitzen, wie es Ihnen bequem ist. Da Sie teilweise das Bewusstsein des Steins angenommen haben, sollten Sie sich erden, bevor Sie aufstehen, indem Sie dreimal tief durchatmen. Ist Ihnen danach immer noch ein bisschen schwummrig, stampfen Sie ein paar Mal mit den Füßen auf.

ÜBUNG ❖ BILDEN SIE IHRE MEDIALEN FÄHIGKEITEN AUS

Um ein optimales Ergebnis zu erzielen, sollten Sie vorab die Übung »Wecken Sie Ihre Sinne« aus dem 17. Kapitel durchführen.

Basteln Sie sich aus dicker weißer Pappe sechs Karten. Dann nehmen Sie einen breiten blauen Filzstift und malen auf jede eines der unten abgebildeten Symbole. Achten Sie darauf, dass sie nicht durchscheinen.

Außerdem benötigen Sie einen Notizblock, damit Sie sich einen Überblick über Ihre Fortschritte verschaffen können. Auf die linke Seite schreiben Sie von oben nach unten die Zahlen 1 bis 21.

Machen Sie bei jeder Sitzung dieselbe Anzahl von Versuchen. Wir würden vorschlagen: einundzwanzig.

Und hier sind die Symbole:

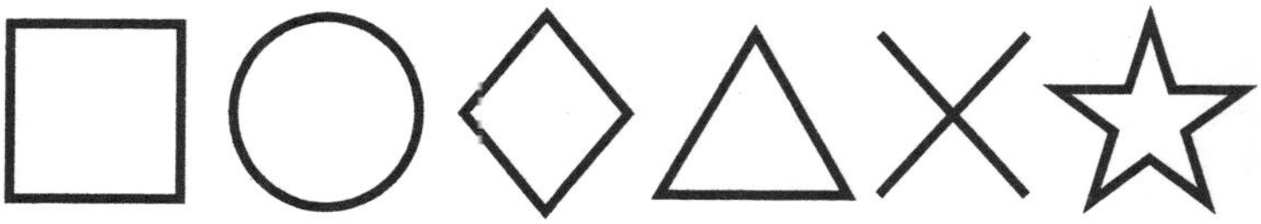

1. Ordnen Sie die Karten so, dass Sie die Symbole nicht sehen können, und mischen Sie sie dann.
2. Legen Sie die Karten mit dem Symbol nach unten auf einen Tisch.
3. Ziehen Sie eine Karte und legen Sie sie vor sich hin. Das Symbol schauen Sie sich nicht an.
4. Richten Sie Ihre Aufmerksamkeit jetzt auf diese Karte.
5. Entscheiden Sie sich für das erste Symbol, das Ihnen in den Sinn kommt. Sie können es sehen, hören oder auch spüren, je nachdem ob Sie von Natur aus eher hellsichtig, hellhörend oder feinfühlig veranlagt sind.

6. Wenn Sie sicher sind, dass Sie wissen, welches Symbol die Karte hat – wie gesagt, der erste Eindruck zählt –, drehen Sie sie um.
7. Machen Sie immer, wenn Sie richtig gelegen haben, ein Kreuzchen auf der Liste in Ihrem Notizbuch.
8. Nehmen Sie die Karten dann wieder zusammen und wiederholen Sie die Schritte 1 bis 7 – insgesamt 21-mal.
9. Zählen Sie am Ende der Sitzung alle Kreuze zusammen.

Machen Sie sich keine Sorgen, wenn Sie am Anfang noch keine besonders gute Bilanz vorzuweisen haben. Das wird schon noch, Sie stehen ja erst ganz am Anfang. Es spielt auch keine Rolle, wenn Sie bei Ihren ersten Versuchen von Mal zu Mal ein schlechteres Ergebnis erzielen. Das liegt daran, dass sich der Verstand häufig gegen jeden Versuch der Veränderung wehrt. Innerhalb kurzer Zeit wird er Ihnen aber folgen.

Wenn Sie die sechs Symbole sicher erspüren können, finden Sie weitere auf unseren Webseiten www.dianacooper.com und www.shaaronhutton.co.uk. Mit diesen komplizierteren Symbolen verfahren Sie dann genau wie eben beschrieben.

ÜBUNG ❖ CHANNELN

Legen Sie sich Papier und Stift bereit, wenn Sie sich die Botschaften, die Sie empfangen, aufschreiben wollen. Wann immer Sie sich nicht mehr geborgen, warm und geliebt fühlen, sollten Sie die Augen öffnen und den Zustand der Trance verlassen.

1. Entscheiden Sie, welche Frage Sie stellen wollen. Vielleicht möchten Sie erfahren, was Sie aus einer bestimmten Situation lernen können, oder möchten Erkenntnisse über eine persönliche Lebensphase oder die Weltlage gewinnen?
2. Erden Sie sich, indem Sie visualisieren, dass Ihre Füße fest auf dem Boden stehen und Sie tief in der Erde verwurzelt sind.
3. Atmen Sie ein paar Minuten lang tief ein und aus, entspannen Sie Körper und Geist.
4. Visualisieren Sie goldenes Licht, das in Ihr Kronenchakra eindringt und von dort aus durch Ihren ganzen Körper strömt.

5. Sehen Sie, wie ein Mantel aus goldenem Licht entsteht, der Sie ganz umhüllt und Ihnen Schutz gibt.
6. Füllen Sie Ihren Geist mit weißgoldener Farbe an.
7. Sobald Sie bereit sind, können Sie Ihre Frage stellen. Sie verspüren jetzt vermutlich schon eine Verbindung mit einem höheren Wesen.
8. Wenn Sie mögen, dürfen Sie fragen, wer mit Ihnen arbeiten wird.
9. Entspannen Sie sich, sobald Sie von einem Bewusstseinsstrom erfasst werden.
10. Bedanken Sie sich bei dem Wesen, das Ihnen die Informationen hat zukommen lassen, und schließen Sie die Übung ab.
11. Gegebenenfalls können Sie sich jetzt Notizen machen.

KAPITEL NEUNZEHN

NUTZBARMACHUNG UND VERÄNDERUNG VON ENERGIE

Alles ist Energie, nur die Dichte unterscheidet sich. Energie kann so kompakt sein, dass sie sich zu einem Gegenstand materialisiert, aber auch so leicht wie Luft und daher für uns unsichtbar. Wir haben aber verschiedene Möglichkeiten, Dichte und Form von Energie so zu verändern, dass wir sie anfassen können.

Wie wir wissen, wirken sich alle Gedanken und Gefühle, die wir aussenden, energetisch aus. In der dritten Dimension kann das aber ein ziemlich langwieriger Prozess sein.

GEBETE

Ein Gebet ist eine Bitte. Wenn Sie eindeutig und konzentriert um etwas bitten und sich dann von den Ergebnissen lösen, wird Ihr Gebet erhört – vorausgesetzt, es dient dem höchsten Wohl. Dieses geistige Gesetz beruht auf Vertrauen und lautet: »Bete, glaube und es ist dir schon gewährt.« Auf Gebete, die von Herzen kommen und in denen sich Mitgefühl und Liebe ausdrücken, reagiert die universelle Energie.

VERWIRKLICHUNG

Mit der Verwirklichung verhält es sich ganz ähnlich, nur dass Sie hierbei einen Traum visualisieren, sich auf ihn konzentrieren und sich so verhalten, als sei er bereits wahr geworden. Auch hierbei müssen Sie sich von den Wünschen Ihres Egos lösen und darauf vertrauen, dass das Reich der Engel Ihren Traum erfüllt, sofern er dem höchsten Guten dient.

IMAGINATION

Ihres bildlichen Vorstellungsvermögens bedienten sich die Atlanter in der Frühzeit meistens, wenn sie etwas aus der unsichtbaren Welt in ihre physische Realität hineinholen wollten. Mithilfe dieser sehr wirkungsvollen Methode ließen sich auch ohne die Anrufung der Engel Gegenstände aus dem Reich des Unfassbaren heranziehen. Da alle viel Übung darin hatten, ihren Geist bewusst zu lenken, brachten sie außerordentlich starke Gedankenstrukturen hervor. Zudem wurden sie von Kindesbeinen an dazu angehalten, sich auf den Zweck zu konzentrieren und nicht auf die Mittel. Daher richteten sie ihre gesamte Geisteskraft auf das Ergebnis, das sie anstrebten. Imagination beinhaltet, sich etwas bildlich vorzustellen oder es zu fühlen, sie spielt auch beim Verwirklichen eine Rolle. Imagination ist allerdings noch intensiver. Dabei visualisiert man auch das kleinste Detail so eindringlich, dass man es empfinden, spüren, hören und schmecken kann. Was aber das Wichtigste ist: Sie müssen mit allergrößter Intensität das Gefühl erleben, das sich einstellt, wenn das Ausgemalte Realität wird.

MATERIALISATION

Materialisation bezeichnet den Prozess der Umwandlung reiner, scheinbar immaterieller Energie in einen materiellen Gegenstand. Extrem gut geschulte Priester und die Magier von Atlantis beherrschten diesen

Umgang mit Energie. Dabei bedienten sie sich der Hilfe von Tönen, Kristallen und natürlich ihrer Geisteskraft. Sie erzielten atemraubende Erfolge.

Auch heute noch gibt es Yogis, die aus Energie heilende Asche (die heilige Vibhuti), Ringe oder anderen Schmuck erzeugen können. Viele Leute tragen zum Beispiel Ringe, die der indische Guru Sai Baba scheinbar aus der Luft manifestiert hat. Kumeka zufolge geht es bei der Materialisation einfach darum, daran zu glauben, dass jede reine Energie verdichtet werden kann.

Schon in den Anfängen des Goldenen Atlantis begannen die Hohen Priester, Priesterinnen und Magier ein Becken mit hochfrequenter Energie anzulegen. Es dauerte mehrere Generationen, bis es sich gefüllt hatte. Als es dann so weit war, hatten nur die Priester vollständigen Zugriff darauf, zudem Schamanen und Menschen, die mit besonderen Aufgaben betraut waren. Bis zu einem gewissen Maß durften sich aber alle daraus bedienen. Mithilfe der Energie aus dem Becken konnte man seine telepathischen Fähigkeiten verbessern, man konnte sie für Manifestationen und Materialisationen, zu Heilzwecken (etwa um Gliedmaßen nachwachsen zu lassen) nutzen, für Seelenrückführungen oder wann immer sonst ein besonderer Energieschub benötigt wurde.

In der allerersten Zeit waren Materialisationen nicht erforderlich, weil die Menschen alles, was die Gemeinschaft benötigte, mit ihrer eigenen Hände Arbeit erzeugten. Je mehr Generationen sich aber inkarnierten und je weiter die Bevölkerung wuchs, desto mehr und größere Häuser und Tempel wurden benötigt. Demzufolge auch immer mehr Energie. Aufgrund besonderer Fähigkeiten in der Beherrschung des Geistes und auf dem Gebiet der Materialisation wurde aus dem Kreis der Priesterschaft eine Gruppe bestimmt, die eine zusätzliche Ausbildung erhielt, ihre Kompetenzen regelmäßig unter Beweis und sich selbst ganz in den Dienst der Gemeinschaft stellte. Mit der Energie aus dem Großen Becken errichteten sie Wohnhäuser und andere Gebäude wie etwa Tempel, sie legten Straßen, Schwimmbäder und Brunnen an. Zu einem späteren Zeitpunkt entstanden auch Transportmittel, die wir heute vielleicht als Luftkissenbusse bezeichnen würden, sowie Raumschiffe aus Materialien, die wir nicht mehr kennen, und noch vieles andere.

Gegenwärtig wird das Große Becken von den Meistern und auf der Erde lebenden Heilern und Lichtarbeitern, die unbewusst an der Erschaffung der gemeinschaftlichen Energiequelle mitwirken, neu angelegt.

Man darf aber nie vergessen, dass die frühen Atlanter zugleich unglaublich begabte Ingenieure, Architekten, Designer und Bauherren waren, die der Befriedigung, die sie aus dem Einsatz ihrer weltlichen Talente bezogen, den Vorzug gaben. Zur Bereitstellung ihrer Baumaterialien bedienten sie sich jedoch trotzdem der Telekinese, also der Fähigkeit, Gegenstände durch reine Willenskraft zu bewegen. Besonders gern verwendeten sie Orichalkos, ein rosa-goldfarbenes Metall, natürliche Materialien wie Steine aller Art sowie Stoffe, die auf unserem Planeten heute nicht mehr vorhanden sind.

Telekinese ermöglichte es ihnen zudem, extrem große Steine an die richtigen Stellen zu transportieren. Auch hierbei ging es darum, die Dichte von Gegenständen zu verändern und ihr Gewicht mithilfe von Willenskraft vorübergehend zu reduzieren. Das funktionierte, weil man wusste, dass es funktionierte. Wissen ist Vertrauen. Es besteht aus Liebe und dem Gefühl des Einssein und ist eine der stärksten Energien des gesamten Universums.

Wenn man seinerzeit beispielsweise ein Transportmittel wie ein Flugzeug entstehen lassen wollte, musste es zunächst erdacht werden. Um dann die Energie aus ihrem reinen, leichten Zustand in einen dichten, fassbaren umzuwandeln, musste jedes einzelne Detail dieses Prozesses mit äußerster Klarheit imaginiert werden. Wir können heute nur staunen, wie viel Gedankenkraft da mit im Spiel war, müssen uns aber klar machen, dass die intellektuellen Leistungen selbst der einfachsten Leute damals unendlich viel größer waren als bei uns heute.

Alles, was in diesem Buch erörtert wird, liegt im Rahmen unserer gegenwärtigen Möglichkeiten, sofern wir nur über die erforderlichen Materialien verfügen. Die extraterrestrischen Metalle und Kristalle sind uns freilich schon lange nicht mehr zugänglich. Darüber hinaus sind wir aufgrund unserer beschränkten Geisteskraft nicht in der Lage, so etwas Komplexes wie etwa ein Auto zu materialisieren, denn wir verfügen weder über das Wissen oder die Disziplin noch über die Klarheit, die dafür erforderlich wären. Etwas so Einfaches wie einen Teller müssten wir jedoch eigentlich materialisieren können. Und es sollte uns auch gelingen, Wasser durch Imagination zum Kochen zu bringen.

TELEKINESE UND APPORTATION

Bei Telekinese handelt es sich um die Fähigkeit, einen Gegenstand zu dematerialisieren, um ihn an einer anderen Stelle wieder feste Form annehmen zu lassen. In Atlantis war das die übliche Weise, die Materie zu bewegen und Güter zu transportieren.

Kristalle dagegen verfügen über die Fähigkeit zur Apportation, das heißt sie können *sich selbst* dematerialisieren, einen anderen Ort ansteuern und sich dort erneut materialisieren. Das hat Diana einmal miterlebt, als sie bei sich zu Hause einen Kristall-Workshop leitete. Am Ende des Kurses bot ihr der Organisator an, sich einen Stein auszusuchen. Diana entschied sich für einen schönen klaren Bergkristall, also einen Stein mit männlicher Energie. Der Organisator meinte zwar, für sie wäre eigentlich ein Rauchquarz besser geeignet, also ein weiblicher Kristall, aber sie blieb bei ihrer ursprünglichen Wahl. Also packte er den anderen Stein wieder ein und nahm ihn mit nach Hause.

Ein paar Tage später ging Diana in ihr Gartenhäuschen. Dort lag mitten auf dem Fußboden der Rauchquarz. Sofort rief sie den Organisator an, um ihn zu fragen, ob er den Stein vielleicht bei ihr vergessen hätte. Das verneinte er, fügte aber hinzu, der Quarz sei allem Anschein nach absichtlich zu ihr zurückgekehrt, also müsse sie ihn auch behalten.

Jahre später bestätigte Kumeka die Apportation des Steins. Es handelte sich nämlich bei dem Bergkristall und dem besagten Rauchquarz um zwei Steine, die eng zusammenarbeiteten. Sie waren Partner, es war ihnen so bestimmt. Sie kamen immer nur zu Menschen, die sie beide brauchten. Diana hätte sich jeden Stein aussuchen können. Dadurch aber, dass ihre Wahl ausgerechnet auf diesen einen gefallen war, hatte sie sich unbewusst gleich für beide entschieden. Die Entscheidung der Steine, ein Paar zu sein, und die Tatsache, dass Diana einen behielt, reichte völlig aus, um die Energie zu erzeugen, die dafür nötig war, dass der andere zu seinem Partner zurückfand. Die Liebe hält das Universum zusammen. Diana besitzt beide Steine auch heute noch und bewahrt sie immer zusammen auf.

TELEPORTATION

Unter Teleportation versteht man die Fähigkeit, Zeit und Raum zu durchschreiten und sich woanders wieder zu materialisieren. Währenddessen reduziert sich die Zellstruktur des Körpers auf einen Strom atomarer Energie, reines Licht, das die Leylinien entlangströmt. Am anderen Ende rematerialisiert sich der Mensch dann wieder. Bei diesem Prozess wird die Schwerkraft überwunden.

LEVITATION

Die echte Levitation, wie sie in Atlantis praktiziert wurde, setzte voraus, dass man seine Energiefelder so beherrschen konnte, dass der ganze Körper schwebte. Beim heutigen »yogischen Fliegen« dagegen wird nur die Kundalinienergie gesteigert, was es ermöglicht, kurzzeitig vom Boden abzuheben.

Eine einfache Form der Levitation können Sie einmal ausprobieren. Dabei sitzt einer auf einem Stuhl, umgeben von vier anderen, die alle einen Finger unter ihn legen. Sie haben richtig gelesen: einen einzigen Finger. Wenn Sie nun versuchen würden, die betreffende Person tatsächlich anzuheben, wäre das vollkommen unmöglich – es sei denn, Superman würde sich unter Ihnen befinden. Wenn Sie sich davon überzeugt haben, dass Sie Ihren Freund nicht anheben können, nehmen Sie Ihre Finger weg. Alle vier treten einen Schritt zurück und zentrieren sich neu. Dann legen alle abwechselnd die rechte Hand, eine nach der anderen, auf seinen Kopf. Danach ist die linke Hand dran. Stellen Sie sich vor, wie sich Ihr Freund von seinem Stuhl erhebt, und üben Sie dabei ganz leichten Druck auf seinen Kopf aus. Nehmen Sie die Hände dann wieder weg, legen Sie denselben Finger unter die Person wie vorher, und heben Sie sie an.

Diana hat schon häufig an solchen Levitationen teilgenommen und dabei immer wieder beobachtet, wie sich Riesen von Männern zur eigenen Überraschung einen halben Meter in die Luft erhoben. Es klappt nicht immer. Aber wenn es funktioniert, ist eines interessant: Man weiß es vorher. Kumeka meint, es hänge alles vollkommen davon ab, ob man daran glaubt oder nicht. Wenn Sie überzeugt sind, dass es klappt, klappt es auch. Natürlich gibt es auch Leute, denen gar nicht bewusst ist, dass sie daran glauben. Denen ermöglicht es ihre Energie, sich zu erheben. Andere, die bewusst oder unbewusst skeptisch sind, bleiben wie angewurzelt sitzen. Wenn Sie jedoch alle unerschütterlich daran glauben, wird die Person, die auf dem Stuhl sitzt, anfangen zu schweben.

LUZIDES TRÄUMEN UND TRAUMKAMMERN

Bei den meisten Träumen handelt sich um Botschaften Ihres Un- oder Unterbewussten, die mit nicht verarbeiteten Gefühlen zu tun haben. Es gibt jedoch auch Träume, die sich aus dem Überbewussten speisen und in denen es um höhere Beziehungen auf den geistigen Ebenen sowie um spirituelle Belehrungen geht.

Unter luzidem Träumen beziehungsweise Klarträumen versteht man die Fähigkeit, seine Träume bewusst zu beeinflussen. Das bedeutet, dass man Situationen, Gegenstände, Menschen und ganze Welten erschaffen und verändern kann. Wir stehen diesbezüglich noch ganz am Anfang unserer Forschungen, für die Atlanter aber war luzides Träumen ein ganz normaler Bestandteil ihres Alltags- oder – besser – Allnachtslebens. Sie bedienten sich der Seelenenergie ihrer Träume genau so, wie wir heute etwas visualisieren, um unser Leben positiv zu beeinflussen. Sie übernahmen die Kontrolle über ihre Bilder und veränderten sie nach Belieben. Da sich diese Arbeit auf der geistigen Ebene ganz konkret in der Realität auswirkt, darf man dabei nur mit äußerster Rechtschaffenheit vorgehen.

Wenn es um Ziele ging, die die gesamte Gemeinschaft berührten, führte ein Eingeweihter eine Gruppe ausgewählter Menschen in einer Traumkammer in einen gemeinsamen luziden Traum.

In seinem Buch *Offene Bewusstheit* schrieb der tibetische Buddhist Tarthang Tulku: »Träume sind ein Wissens- und Erfahrungsreservoir. Es wird dabei aber häufig übersehen, dass sie auch eine Möglichkeit bieten, die Wirklichkeit auszuloten. Im Traum ruht der Körper, aber wir können sehen und hören, uns bewegen und sogar etwas lernen. Wenn wir uns das zunutze machen, ist es fast so, als würde sich unser Leben verdoppeln: Statt hundert Jahre leben wir zweihundert.«

Klarträumen kann man lernen. Luzide Träume können helfen, Probleme zu lösen, sie können aber auch Heilungsprozesse und das persönliche Wachstum unterstützen. In der Welt des luziden Traums ist das Leben grenzenlos und das scheinbar Unmögliche möglich.

SCHATZKARTEN UND TRAUMBÜCHER

Eine andere Methode der Atlanter, ihr Leben positiv zu beeinflussen, war die Schatzkarte, eine vergnügliche und kreative Art, sich auf die Verwirklichung von Zielen zu konzentrieren. Solche Schatzkarten wurden von Einzelnen, Familien oder ganzen Gruppen erstellt. Es galten dieselben Prinzipien wie auch sonst bei der Festlegung von Zielen: definieren, konzentrieren, loslassen. Wenn sich die Familie auf ein Ziel geeinigt hatte, setzten sich alle zusammen und erstellten eine optisch ansprechende Schatzkarte, die im Wohnbereich an die Wand gehängt wurde. Die bildliche Darstellung ihres Ziels machte allen viel Spaß. Wenn man zum Beispiel ein größeres Haus brauchte, wurde es in allen Einzelheiten gezeichnet, mit einem genauen Grundriss, mit Bildern, die jedes Familienmitglied in seinem neuen Reich zeigten; auch die Haustiere hatten ihr Plätzchen auf der Schatzkarte, genau wie getrocknete und gepresste Blumen aus dem Garten – aber natürlich nur, wenn sie damit einverstanden waren. Sie enthielt auch Szenen, in denen Besuch da war, zum Beispiel die große Einweihungsparty. Hinzu kamen Affirmationen, die sich auf den gemeinsamen Traum bezogen, vor allem die folgende: »Dies oder etwas Besseres verwirklicht sich jetzt zum Nutzen des höchsten Guten.«

Wenn alle mit der Schatzkarte zufrieden waren, hängten sie sie an einer Stelle auf, an der sie sie häufig sahen. Dadurch wurde das Ziel ins Universum entlassen, damit es Wirklichkeit werden konnte. Immer wenn sie in der folgenden Zeit ihre Schatzkarte betrachteten und sich an den Spaß erinnerten, den sie hatten, als sie sie erstellten, wurde die Verwirklichung des gemeinsamen Traums mit positiver Energie unterstützt.

Wenn wir heute eine Schatzkarte erstellen wollen, können wir dafür vieles benutzen, was schon fertig ist, Fotos zum Beispiel. Der Spaß wird dadurch nicht geringer. Es ist allein schon eine große Freude, die Bilder auszusuchen. Man kann auch Fotos aus Zeitschriften nehmen und die Köpfe der abgebildeten Personen durch die eigenen Konterfeis ersetzen. Besonders schön geht das bei Brautpaaren.

Die Atlanter waren alle sehr aufgeschlossen, unterstützten sich gegenseitig und hatten keine Geheimnisse voreinander. In unserer heutigen Gesellschaft würde es uns wahrscheinlich nicht so leicht fallen, unsere privaten Träume an der Wohnzimmerwand offen zu präsentieren. Was aber nicht heißen muss, dass wir nicht trotzdem von der Energie profitieren können, die durch so eine Schatzkarte freigesetzt wird. Was halten Sie etwa davon, sich ein Traumbuch anzulegen, das nur Sie persönlich anschauen. Definieren Sie Ihre Vision und fangen Sie an. Sie können es natürlich auch mit Freunden, Kollegen oder mit der Familie zusammen in Angriff nehmen. Damit unterstützen Sie dann nicht nur die Verwirklichung Ihrer Vision, sondern verbessern zugleich auch noch Ihre zwischenmenschlichen Beziehungen.

ÜBUNG ❖ IHRE ZIEL-COLLAGE

Eine andere Form der Schatzkarte ist die Zusammenstellung all dessen, was Sie in einem bestimmten Zeitraum erreichen möchten. Wenn Sie heute zum Beispiel fünfzig sind, haben Sie vielleicht eine Liste von fünfundsechzig Dingen, die Sie vor Ihrem Fünfundsechzigsten geschafft haben wollen.

Dann besorgen Sie sich einen Wechselrahmen und ordnen jedem dieser Punkte ein Bild oder ein Symbol zu. Daraus machen Sie dann eine Collage, kleben alles auf ein Blatt Papier und rahmen es. Wenn Sie einen Punkt auf Ihrer Liste geschafft haben, können Sie das entsprechende Bild oder Symbol mit einem goldenen Sternchen versehen. Auf Dinge, die relativ einfach zu realisieren sind, klebt Shaaron immer einen kleinen silberfarbenen Stern, beispielsweise: Kevin Spacey im Theater sehen. Größere Silbersterne bekommen Unternehmungen, die schon etwas anspruchsvoller sind, etwa: zwei Monate allein auf den Äußeren Hebriden verbringen. Und goldene Sterne bekommen die richtig großen Herausforderungen: ein Buch schreiben und einen Verlag dafür finden beispielsweise.

Gut daran ist, dass Sie immer an die Dinge erinnert werden, die Sie tun wollen, dass Sie sehen, wie Ihre Wünsche in Erfüllung gehen, und dass Sie sich selbst mit einem Sternchen belohnen können.

VORBEREITUNG ZUM LUZIDEN TRÄUMEN

Wenn Sie versuchen möchten, luzide zu träumen, müssen Sie sich pro Nacht mindestens an einen Traum erinnern können. Wenn man sich einmal der Bedeutung von Träumen bewusst geworden ist, fällt einem das gleich viel leichter. Einige grundlegende Dinge sollten Sie jedoch beachten:

Sorgen Sie dafür, dass Sie genug Schlaf bekommen. Denn je länger Ihre Nachtruhe ist, desto länger sind auch Ihre Traumphasen. Die kürzesten Träume, sie dauern etwa zehn Minuten, haben wir in der Regel in den späten Abendstunden. Danach werden unsere Träume immer länger und können am frühen Morgen bis zu einer Stunde dauern. Viele Leute können sich beim Aufwachen nicht an ihre Träume erinnern und behaupten daher, sie würden gar nicht träumen. Aber jeder träumt, und zwar in den so genannten REM-Phasen. An die Träume, die wir beim Aufwachen haben, erinnern wir uns. Die späten REM-Phasen sind in aller Regel viereinhalb, sechs und siebeneinhalb Stunden nach dem Einschlafen. Entsprechend können Sie sich einen Wecker stellen, der zu einer dieser Zeiten klingelt.

- Das Element der Träume und Gefühle ist das Wasser. Trinken Sie vor dem Zubettgehen ein Glas davon. Es sorgt dafür, dass Sie aufwachen, hilft aber auch, wenn Sie sich an Ihre Träume erinnern wollen.
- Vermeiden Sie schwere Mahlzeiten vor dem Zubettgehen. Nehmen Sie etwas Leichtes zu sich, und das möglichst früh am Abend. Früher pflegte man sogar zu fasten, wenn man einen bedeutenden Traum hervorrufen wollte.
- Nach einer körperlichen Erschöpfung schlafen Sie möglicherweise so fest, dass Ihnen Ihre Träume nicht zu Bewusstsein kommen.
- Legen Sie sich ein Notizbuch und einen Stift auf den Nachttisch, damit Sie sich Ihre Träume sofort aufschreiben können. Das hat den zusätzlichen Vorteil, dass Sie Ihrem Unbewussten damit signalisieren, dass Sie beabsichtigen, sich an die Botschaften, die es Ihnen schickt, zu erinnern. Behalten Sie Ihre Schlafposition bei, wenn Sie aufwachen. Lassen Sie keine Gedanken an den Alltag zu, damit der Kopf frei bleibt und der Traum wieder hochkommen kann. Sollte das nicht klappen, können Sie sich auf die Gefühle konzentrieren, die Sie unmittelbar während des Aufwachens hatten. Das hilft auch, die Traumbilder wiederaufleben zu lassen.

- Führen Sie ein Traumtagebuch. Das wird es Ihnen ermöglichen, Ihre Traumbotschaften immer besser zu verstehen. Wenn Sie nachlesen, was Sie über einen kürzeren oder längeren Zeitraum geträumt haben, werden Sie bald bestimmte Muster darin entdecken können. Ein Traumtagebuch hat noch einen weiteren Vorteil: Wenn Sie sich intensiver mit Ihren Träumen beschäftigen und sie lesenderweise wiederholen, wird es Ihnen immer leichter fallen, sich an einzelne Sequenzen des nächtlichen Geschehens zu erinnern. Wenn Sie ernsthaft beabsichtigen, luzide zu träumen, wäre es empfehlenswert, wenn Sie sich genauer informieren würden, wie man ein Traumtagebuch führt.

Es kann manchmal ziemlich lange dauern, bis man in der Lage ist, sich an seine Träume zu erinnern. Es wird Ihnen jedoch umso leichter fallen, je gezielter Sie es versuchen.

ÜBUNG ❖ LUZIDES TRÄUMEN

Bekräftigen Sie an mehreren aufeinander folgenden Tagen Ihre Absicht, in einer bestimmten Nacht einen luziden Traum zu haben und sich auch an ihn zu erinnern. Gleichzeitig erklären Sie klar und unmissverständlich, dass Sie dann genau wissen werden, dass es sich um einen Traum handelt.

Stellen Sie sich zweimal am Tag so lebhaft wie möglich vor, dass Sie sich in einem Traumzustand befinden. Visualisieren Sie auch das Ziel, das Sie sich für Ihren luziden Traum vornehmen. Sie können etwa festlegen, dass Sie sich an einem wunderschönen Sandstrand befinden und einen phantastischen Sonnenuntergang beobachten. Seien Sie am Anfang in Bezug auf das, was Sie träumen wollen, so präzise wie möglich. Nehmen Sie sich aber nichts allzu Kompliziertes vor.

Bevor Sie in einen luziden Traum eintreten können, brauchen Sie ein so genanntes Traum-Zeichen. Das ist irgendetwas, anhand dessen Sie feststellen können, dass Sie klarträumen. Es sollte etwas ganz Einfaches sein, sagen wir der Vollmond oder irgendein Symbol. Wofür Sie sich auch entscheiden, beziehen Sie es in der Visualisierungsphase mit ein.

1. Gehen Sie zu Ihrer normalen Schlafenszeit ins Bett. Den Wecker stellen Sie aber zwei Stunden früher als sonst. Sowie er klingelt, stehen Sie auf und beschäftigen sich eine halbe Stunde lang. Gehen Sie dann ins Schlafzimmer zurück. In den nächsten 30 Minuten überlegen Sie, was Sie im Traum tun wollen, wem Sie begegnen oder wo Sie sich aufhalten möchten.
2. Gehen Sie dann wieder ins Bett und entspannen Sie sich allmählich von Kopf bis Fuß mit der progressiven Muskelentspannung. Dabei konzentrieren Sie sich zunächst auf die Verlangsamung und Vertiefung Ihrer Atmung. Sie atmen durch die Nase ein, die Luft fließt ganz tief in Ihren Bauch, und Sie atmen durch den Mund wieder aus. Das machen Sie dreimal hintereinander.
3. Beginnend mit den Füßen spannen Sie jetzt nacheinander alle Muskelgruppen an, um sie dann wieder zu entspannen. Sie spannen den Muskel an, halten diese Stellung zehn Sekunden lang. Dann lassen Sie los. Spüren Sie die Entspannung. Dann wieder anspannen, Position halten, loslassen. So machen Sie es mit allen Muskelgruppen: Beine, Po, Rücken, Bauch, Schultern, Hals, Kinn, Stirn, Oberarme, Unterarme, Handgelenke. Wenn Sie mit allen Muskelgruppen durch sind, atmen Sie tief ein. Beim Ausatmen stoßen Sie einen kräftigen Seufzer aus. Dabei lässt man bedeutend mehr Spannung los als sonst beim Ausatmen.
4. Stellen Sie sich dann noch einmal den Wecker für zwei Stunden später. Sie können auch am Abend schon jemanden bitten, Sie dann zu wecken. Falls Sie sich für einen »persönlichen Weckdienst« entschieden haben, sollte er allerdings wissen, dass er Sie nicht direkt ansprechen darf und das Zimmer sofort wieder verlassen muss, um Sie nicht abzulenken.
5. Entspannen Sie sich dann einfach und schlafen Sie ein. In den folgenden zwei Stunden werden Sie mindestens eine REM-Phase haben, vielleicht auch zwei.

Wenn Sie glauben, dass Sie sich in einem luziden Traum befinden, schauen Sie sich um und suchen Sie zur Bestätigung mit dem Blick nach Ihrem Traum-Zeichen. Träumen Sie dann genau das, was Sie sich vorgenommen haben.

KAPITEL ZWANZIG

DAS DRITTE AUGE ÖFFNEN

Das dritte Auge ist das spirituelle Chakra auf der Stirn zwischen den Brauen. Als Sitz des geistigen Sehvermögens war es schon immer von größter Bedeutung: Mit dem dritten Auge vermögen wir das Reich des Geistes zu erkunden. Wenn dieses Chakra vollkommen geöffnet ist und all seine Bestandteile optimal funktionieren, wirkt es wie eine Kristallkugel: Es verschafft uns Einblick in andere Welten und Dimensionen. Hellsichtigkeit bedeutet, Bilder aus den geistigen Welten empfangen und in die Zukunft sehen zu können. Schon ganz früh sprach man von »Sehern«, wenn von den Weisen die Rede war, die den Menschen ins Herz schauen und in die Zukunft sehen konnten.

In unserem dritten Auge ist die Gesamtheit der Weisheiten gespeichert, die wir in früheren Leben und anderen Welten gesammelt haben. Und wenn wir von diesem Punkt aus reines Licht aussenden, können wir den Geist und sogar den leiblichen Körper anderer Menschen heilen.

Bei der Entwicklung des dritten Auges werden wir von Erzengel Raphael unterstützt. Als Schutzheiliger der Blinden ist er jedem Menschen gern behilflich, sein geistiges, aber auch sein physisches Sehvermögen zu verbessern. Vor dem dritten Auge liegen die sieben Schleier der Illusion und der Tanz der sieben Schleier versinnbildlicht das Ablassen von diesen Selbsttäuschungen. Wer sie aufgelöst hat, findet zu vollkommener geistiger Klarheit.

Von Geburt an verfügen wir alle über gewisse übersinnliche Fähigkeiten. Ob wir diese Begabungen dann aber verleugnen oder sie weiterentwickeln, hängt meist davon ab, wie andere Menschen in unserem frühen

Umfeld darauf reagieren. Manch einer kommt hellsichtig zur Welt und bleibt es ein Leben lang. Bei anderen öffnet sich das dritte Auge erst zu einem späteren Zeitpunkt. Die meisten Seher stimmen sich aber nach und nach darauf ein. Auch bei der Intuition handelt es sich um eine Funktion des dritten Auges. Der eine sieht vielleicht Bilder, beim anderen stellt sich ein bestimmtes Wissen blitzartig ein. Viele Leute nehmen auch Farben wahr, wenn sich ihr drittes Auge öffnet, oder die Ausstrahlung von Bäumen oder Menschen. Ihr drittes Auge kann also auch bestens funktionieren, ohne dass Sie jemals lebhafte Bilder, Feen, Engel oder irgendwelche Geister sehen. Das ist von Mensch zu Mensch ganz unterschiedlich.

DIE PFLEGE DES DRITTEN AUGES

Unser Körper mit seinen Chakren ist ein Ergebnis dessen, was wir zu uns nehmen. Bestimmte Dinge belasten unser drittes Auge, besonders wenn sie im Übermaß konsumiert werden, zum Beispiel Fleisch, Fett, Konserven, mit Pestiziden verseuchtes Obst und Gemüse, Zucker, Nikotin und Alkohol. Dagegen halten naturbelassene, frische, organische Nahrungsmittel die Vitalität des gesamten Körpers aufrecht und gewährleisten daher natürlich auch das optimale Arbeiten des empfindlichen dritten Auges.

Ständige Sorgen, Ängste und viel Grübeln verdüstern dieses Chakra, während eine friedvolle, harmonische Lebensweise enorm dazu beiträgt, dass es relaxt und funktionstüchtig bleibt. Schöne Musik wirkt entspannend und besänftigend auf das dritte Auge, genau wie jede sanfte Sportart, Meditation und genussvoller Müßiggang. Ein Amethyst ist sehr beruhigend und versetzt Sie in einen friedvollen, aufnahmebereiten Zustand. Der Azurit kann Ihnen bei der Auseinandersetzung mit Ängsten helfen, die Sie an der Vergangenheit festhalten lassen, und sie auflösen. Diesen Stein sollten Sie aber nur verwenden, wenn Sie wirklich bereit sind, sich ernsthaft mit den entsprechenden Aspekten Ihrer Psyche zu beschäftigen. Ein Sugilith kann Sie dabei unterstützen, die Lektionen zu verstehen, die Ihnen Ihre Ängste in diesem Leben erteilen möchten. Mit einem Chrysokoll-Chalcedon zusammen angewendet kann er Ihnen auch helfen, Furcht aus früheren und künftigen Leben zu entschlüsseln.

Den Atlantern war äußerst viel daran gelegen, ihr drittes Auge stets rein und sauber zu halten. Um über die Illusionen der Zeit und des Raums hinweg in das Reich des Geistes blicken zu können, legten sie sich zur Stimulierung des dritten Auges gern einen Amethyst und einen Chrysokoll-Chalcedon auf dieses Brauenchakra.

Alta, Magier und Eingeweihte führten täglich eine Übung zur Reinigung des dritten Auges durch, die auch wir heute praktizieren können.

ÜBUNG ❖ DIE ÄNGSTE DER VERGANGENHEIT LOSLASSEN

Dieser Teil der Übung war in Atlantis nicht erforderlich. Da wir aber nicht mehr so rein sind wie die Menschen damals, hat Kumeka uns gebeten, die folgende Vorübung voranzustellen, damit Sie aus dem zweiten und dritten Teil größtmöglichen Nutzen ziehen können.

Führen Sie diese Übung bitte nicht allein durch, sie könnte Sie ziemlich beunruhigen. Suchen Sie sich jemanden, der bei Ihnen ist und mit dem Sie nachher gegebenenfalls sprechen können.

TEIL I

VORBEREITUNGSÜBUNG ❖ SCHRITT 1

Wenn Sie bereit sind, sich Ihren größten Ängsten zu stellen, legen Sie sich irgendwo hin, am besten draußen, wo Sie nicht gestört werden und wo Sie Wasser fließen hören können. (Das Meer wäre allerdings nicht geeignet, es ist zu laut und zu mächtig.) Ideal wäre ein Bach- oder Flussufer beziehungsweise ein Wasserfall. Zur Not geht aber auch ein Gartenschlauch, den Sie so einstellen, dass Sie hören können, wie das Wasser vor sich hinplätschert. Wenn es Ihnen nicht möglich ist, diese Übung in der Natur durchzuführen, stellen Sie sich vor, Sie säßen an einem Wasserlauf. Dann wäre es allerdings schön, wenn Sie im Hintergrund einen Zimmerspringbrunnen hätten oder eine CD mit Wassergeräuschen abspielen könnten.

1. Legen Sie sich hin oder lehnen Sie sich zurück und legen Sie sich einen Azurit auf Ihr Brauenchakra. Schließen Sie die Augen, und konzentrieren Sie sich auf Ihre Atmung, bis Sie ganz entspannt sind.
2. Stellen Sie sich vor, wie das Blau des Kristalls allmählich tief in Ihr drittes Auge eindringt und schließlich das Zentrum erreicht.
3. Beobachten Sie, wie es dort ein Weilchen innehält und dann langsam zu rotieren beginnt. Schauen Sie, wie sich die Farbe dabei im ganzen dritten Auge ausbreitet. Erhöhen Sie das Tempo der Drehbewegungen so weit, wie es Ihnen noch angenehm ist. Sobald es Ihnen unangenehm wird, visualisieren Sie, wie die Geschwindigkeit abnimmt, bis Sie sich wieder ganz wohl fühlen.
4. Lassen Sie das Blau so lange rotieren, bis es von selbst aufhört. Wie lange es sich dreht, ist von Mensch zu Mensch unterschiedlich. Machen Sie sich klar, dass der Stein gerade dabei ist, Informationen über die Ängste zu sammeln, die Sie an Ihre Vergangenheit fesseln.
5. Wenn die Farbe zum Stillstand gekommen ist, danken Sie ihr und lassen Sie das Blau in den Stein zurückkehren.
6. Finden Sie sich dann allmählich wieder in Ihrem Körper ein. Wenn Sie so weit sind, können Sie den Stein von Ihrer Stirn nehmen.
7. Behalten Sie ihn aber ganz in Ihrer Nähe, und seien Sie gewahr, dass er in dem Moment, in dem Sie dazu bereit sind, Ihrem Bewusstsein Informationen über Ihre Ängste vermitteln und Ihnen helfen wird, sie aufzulösen. Diese Informationen können Sie im Traum erreichen oder Ihnen mitten in Ihren Alltagsgeschäften in den Sinn kommen. Notieren Sie sich alle Gedanken, die auftauchen. Denken Sie, wenn möglich, darüber nach und lassen Sie los.

VORBEREITUNGSÜBUNG ❖ SCHRITT 2 A

Nehmen Sie sich jeden Abend vor dem Zubettgehen etwas Zeit und legen Sie sich mit einem Sugilith auf dem Brauenchakra hin. Halten Sie ein Glas frisches Wasser griffbereit.

1. Konzentrieren Sie sich auf Ihre Atmung, bis Sie ganz entspannt sind.

2. Sehen Sie die Angst vor sich, und bitten Sie den Sugilith, Ihnen zu helfen, die Lektionen zu verstehen, die sie Ihnen erteilen möchte. Lassen Sie alle Gedanken und Bilder zu.
3. Sollten keine auftauchen, bitten Sie den Sugilith, Ihnen die Informationen zu verschaffen. Schauen Sie, wie Ihnen ein Umschlag gereicht wird. Seien Sie gewahr, dass Ihnen die Informationen, die er enthält, zur Verfügung stehen, sobald Sie dazu bereit sind.
4. Nehmen Sie jetzt wieder Kontakt zur Außenwelt auf. Recken und strecken Sie sich. Sie können jetzt auch einen Schluck von Ihrem frischen Wasser trinken. Lassen Sie sich ein bisschen Zeit, bevor Sie aufstehen. Wenn Ihnen dann noch etwas schwummrig ist, stampfen Sie ein paar Mal mit den Füßen auf, das erdet. Wenn Sie künftig diese Übung durchführen, legen Sie sich vielleicht einen schwarzen Turmalin an die Füße, damit Sie die Erdung gar nicht erst verlieren.

VORBEREITUNGSÜBUNG ❖ SCHRITT 2 B

Wenn Sie die Lektionen, die Ihre Angst Sie lehren möchte, verstanden haben und bereit sind, sie loszulassen, können Sie sich wieder mit dem Azurit auf dem Brauenchakra hinlegen. Halten Sie ein Glas frisches Wasser griffbereit.

1. Konzentrieren Sie sich auf Ihre Atmung, bis Sie ganz entspannt sind.
2. Sie sehen die Angst, die Sie jetzt loszulassen bereit sind. Visualisieren Sie, wie die Farbe des Azurits die Angst umgibt und einhüllt. Seien Sie gewahr, dass die Angst keine Macht mehr über Sie hat.
3. Sie sehen, wie das Blau in den Azurit zurückkehrt.
4. Wiederholen Sie diese Übung so oft, bis Sie alle Ängste, mit denen Sie in dieser Sitzung arbeiten möchten, losgelassen haben.
5. Wenn Sie fertig sind, kehren Sie wieder ganz in Ihr Wachbewusstsein zurück. Räkeln Sie sich ein wenig und trinken Sie einen Schluck Wasser. Lassen Sie sich etwas Zeit, bevor Sie aufstehen. Genau wie bei der vorhergehenden Übung können Sie auch jetzt wieder einige Male mit den Füßen auf den Boden stampfen, wenn Sie sich noch nicht wieder ganz geerdet fühlen, und sich beim nächsten Mal einen schwarzen Turmalin an die Füße legen.

Wenn Sie diese Übung auch mit Ängsten aus früheren Leben durchführen möchten, verwenden Sie zunächst wie eben einen Azurit und dann Sugilith und Chrysokoll-Chalcedon zusammen, um die Lektionen entschlüsseln und begreifen zu können.

TEIL II

Vorausgesetzt, Sie haben Ihre Ängste erfolgreich losgelassen, können Sie sich jetzt dem zweiten Teil der Übung zuwenden. Er schärft Ihre geistigen Sinne und verbessert vor allem Ihre Fähigkeit, das exakt wiederzugeben, was Sie beim Channeln, bei Deutungen oder Beratungen wahrnehmen. Je hochwertiger Ihr Chrysokoll-Chalcedon, desto besser kann die Übung wirken. Sie benötigen zwei der Steine.

1. Legen Sie sich hin.
2. Legen Sie einen Chrysokoll-Chalcedon auf Ihr Brauenchakra, den anderen auf das Kehlchakra.
3. Schließen Sie die Augen, und konzentrieren Sie sich auf Ihre Atmung, bis Sie ganz entspannt sind.
4. Sie richten Ihre Aufmerksamkeit auf Ihr Brauenchakra und spüren, wie die Energie des Chrysokoll-Chalcedons in Ihr drittes Auge eindringt. Da es sich um einen sehr kraftvollen Stein handelt, kann es sein, dass Sie spüren, wie sich Ihre Wirbelsäule zusammenzieht, oder dass Sie einen tiefen Atemzug nehmen müssen, wenn seine Energie in Ihr drittes Auge strömt. Daran merken Sie, dass die Energie wirkt.
5. Spüren Sie, wie die Energie pulsierend Ihr drittes Auge erforscht, es ausdehnt und entspannt. Lassen Sie den Chrysokoll-Chalcedon einfach seine Arbeit tun, er reinigt und erweitert Ihr drittes Auge.
6. Sobald Sie bereit sind, werden Sie des Chrysokoll-Chalcedons auf Ihrem Kehlchakra gewahr und spüren, wie seine Kraft pulsierend in Ihren Hals eindringt.
7. Spüren Sie, wie sie ihn erforscht und bis in Ihr Kehlchakra und die Stimmbänder ausstrahlt. Bleiben Sie eine Weile bei dieser Energie.

8. Nehmen Sie nach ein paar Minuten wahr, dass die beiden Steine umeinander kreisen. Das dritte Auge sendet seine Energie in die Kehle, diese zurück an das dritte Auge. Seien Sie sich bewusst, dass Sie alles, was Sie künftig über Ihr drittes Auge wahrnehmen, exakt weitergeben können. Wann immer Sie als Channel wirken wollen, brauchen Sie einfach nur die Augen zu schließen und Kontakt mit dieser Energie aufzunehmen.
9. Wenn Sie so weit sind, nehmen Sie Ihre Umgebung wieder wahr und kommen ganz allmählich zurück.
10. Setzen Sie sich langsam auf, trinken Sie Ihr Glas Wasser und gestatten Sie sich noch ein bisschen Ruhe, bevor Sie aufstehen.

Wie schon bei den vorhergehenden Übungsteilen können Sie auch bei diesem einen schwarzen Turmalin an Ihre Füße legen, um sich zu erden.

Sie sollten diese Übung mindestens einmal pro Woche durchführen, um Ihre Fähigkeiten als Medium nicht wieder einschlafen zu lassen.

TEIL III

Der für das dritte Auge wichtigste Stein ist der Amethyst, der die Wahrnehmung der inneren Weisheit ermöglicht. Durch die regelmäßige Durchführung dieser Übung werden die Signale, die Sie empfangen, verstärkt. Darüber hinaus sorgt der Amethyst dafür, dass Ihr Geist ruhig und gelassen bleibt, er verschafft Ihnen inneren Frieden. Es kommt häufig vor, dass man bei der Arbeit mit Amethysten einschläft. Machen Sie sich darüber aber keine Gedanken, der Stein ist am Werk, egal ob Sie sich dessen nun bewusst sind oder nicht.

1. Legen Sie sich hin. Der Amethyst kommt auf Ihr Brauenchakra. Schließen Sie die Augen, und konzentrieren Sie sich auf Ihre Atmung, bis Sie ganz entspannt sind.
2. Sie richten Ihre Aufmerksamkeit auf Ihr Brauenchakra, und spüren Sie, wie die Energie des Amethysts in Ihr drittes Auge eindringt. Vielleicht bekommen Sie auch das Gefühl, dass sie sich in Ihrem ganzen

Körper ausbreitet, oder Sie empfinden ein gewisses Fließen. Das ist im Allgemeinen ein sehr schönes Gefühl, das Sie genießen sollten. Es tritt aber nicht bei jedem ein. Beunruhigen Sie sich also nicht, wenn es ausbleibt.

3. Konzentrieren Sie sich dann wieder ganz auf Ihr drittes Auge und die Energie des Amethysts. Das ist sehr angenehm und von Kopf bis Fuß entspannend. Sie können auch spüren, dass die Heilenergien des Steins Ihren Geist erreichen und ihn zur Ruhe bringen.
4. Seien Sie gewahr, dass sich Ihre Verbindung mit dem klaren purpurfarbenen Strahl des Amethysts immer mehr verstärkt und vertieft.
5. Sie können diese Übung so oft machen, wie Sie mögen, denn Sie intensivieren damit nicht nur Ihre Verbindung mit dem Purpurstrahl, sondern auch die Heilung Ihres Geistes. Der purpurfarbene Strahl ist eine majestätische, höchst spirituelle Energie, die Sie mit dem Göttlichen verbindet. Ein schöner Nebeneffekt besteht darin, dass Sie sich dadurch ruhiger fühlen und mit sich und der Welt mehr im Einklang sind.
6. Wenn Sie so weit sind, nehmen Sie Ihre Umgebung wieder wahr und kommen ganz allmählich zurück.
7. Setzen Sie sich langsam auf, trinken Sie Ihr Wasser und gönnen Sie sich noch etwas Ruhe, bevor Sie aufstehen.

Und nicht vergessen: Ein schwarzer Turmalin hilft Ihnen auch bei dieser Übung, die Erdung nicht zu verlieren.

KAPITEL EINUNDZWANZIG

ASTROLOGIE

Die gewöhnlichen Menschen mussten in Atlantis weder die Zukunft verstehen noch die kosmischen Einflüsse, die die Bewegungen am Himmel auf ihr Leben hatten. Sie lebten in der ewigen Gegenwart, wissend, dass sich die Priesterschaft ihrer annahm. Von all dem mussten jedoch die Magier etwas verstehen, denn sie waren es, die beispielsweise konsultiert wurden, wenn es um den günstigsten Zeitpunkt für den Beginn eines Bauprojekts ging. Den ermittelten sie mithilfe der Astrologie in Kombination mit Zahlenmystik beziehungsweise Nummerologie.

Zwischen diesen beiden Verfahren gibt es in der Tat enge Verbindungen. In der Astrologie steht etwa das Erste Haus, um ein Beispiel zu nennen, für Willens- und Persönlichkeitsbildung. Und in der Nummerologie repräsentiert die Zahl 1 Dynamik, Individualität und Zielstrebigkeit. Ferner verweist die 1 sowohl in der Astrologie als auch in der Nummerologie auf Anfang, Ursprung und Geburt.

Den Magiern oblag es auch, über kommende Mond- und Sonnenfinsternisse zu informieren, denn die Gemeinden mussten ja wissen, wann die Kraft der Gestirne nachlassen würde, damit sie rechtzeitig jeglichen Flugverkehr einstellen konnten.

Die Astrologie, wie wir sie heute kennen, stammt ursprünglich aus Mesopotamien und Ägypten. Beim Auszug aus Atlantis hatte einer der zwölf Stämme das entsprechende Wissen dorthin mitgenommen. Es entwickelten sich unterschiedliche astrologische Schulen, die jedoch im Wesentlichen von denselben Grundlagen ausgehen und zu ähnlichen Ergebnissen kommen.

Das Karma, das wir bei der Inkarnation mitbringen, weist auf die Lektionen hin, die wir lernen müssen. Diese zeigen sich im Geburtshoroskop.

Man sollte meinen, dass das Horoskop von Seelen, die ohne Karma auf die Welt kommen, unbelastet sein müsste. Das ist aber nicht so. Die Kristall- und Indigokinder vom Orion haben bei ihrer Geburt kein Karma, trotzdem gibt es in ihren Horoskopen Hinweise auf bestimmte Lektionen. Kumeka sagt aber, diese bezögen sich nicht auf die Kinder selbst, sondern auf das Wachstum und die Lernprozesse ihrer Eltern und Angehörigen.

Die Atlanter wussten, dass die chemische Interaktion eines Lebewesens mit dem Kosmos in dem Moment beginnt, in dem es einen biologischen Körper annimmt. Ferner war ihnen bekannt, dass Geburtsort und -zeitpunkt dem Individuum einzigartige Charakterzüge, Talente und Aufgaben zuweisen. Der Prozess der Bevölkerung von Atlantis erstreckte sich über den Zeitraum eines ganzen Jahres, um die Ausgeglichenheit der Energien und Elemente sowie eine möglichst große Bandbreite von Persönlichkeitstypen und Begabungen zu gewährleisten. Da jeder Mensch sein Sonnenzeichen kannte, wusste er auch genau, welchen Lebensaspekt er anzugehen hatte. Denn der Sonnenstand bei der Geburt weist auf die Aufgabe hin, die in diesem Leben bearbeitet werden muss.

DIE SONNENZEICHEN

Die Astrologie ist ein sehr umfassendes und komplexes System. Wir beschränken uns daher auf die wichtigsten Informationen über die zwölf Sternzeichen und die Aufgaben, die mit ihnen verknüpft sind.

WIDDER

Die Aufgabe der Menschen, die in diesem Zeichen geboren werden, besteht darin, Projekte zu initiieren und neue Ideen zu entwickeln. Sie sind die Anführer und Pioniere unter den Menschen. Die herausragenden Merkmale dieses Zeichens sind Initiative und Leidenschaft. Widder lieben es, Schwierigkeiten zu begegnen und sie aus dem Weg zu räumen. Im Kampf des Lebens schlagen sie sich wacker und so mancher von ihnen spielt darin eine tragende Rolle. Die Hauptantriebskraft der Widder ist die Hoffnung auf die Zukunft. Dieser Optimismus kann sich allerdings auch in Form von Ungeduld und/oder Rebellion ausdrücken. Seine größten Erfolge feiert ein Widder in der Regel auf dem Gebiet des aktiven Handelns und als Unternehmer.

STIER

Der Lebenszweck der Menschen, die in diesem Zeichen geboren werden, besteht darin, etwas hervorzubringen und aufzubauen. Charakterlich sind sie in aller Regel verlässlich und treu. Ordnung und methodische Planung liegen ihnen. Eventuellen Schwierigkeiten begegnen sie mit ruhiger Beharrlichkeit. Eine Pechsträhne kann ihnen nichts anhaben und sie lassen sich weder geistig, körperlich noch emotional oder spirituell in irgendeine Richtung drängen, die ihnen nicht behagt. Ihren Erfolg suchen sie in konstruktiver Aufbauarbeit. Sie wollen etwas erreichen, was von Dauer ist, sei es nun für die Familie oder für die Menschheit allgemein. Ihre Hauptantriebskraft ist der Wunsch nach Frieden und Stabilität. Sie streben nach einem sicheren Ruheplätzchen.

ZWILLINGE

Der Lebenszweck der Menschen, die in diesem Zeichen geboren werden, besteht darin, das Dasein für sich und andere interessanter und schöner zu gestalten. Sie verfügen in aller Regel über ein hohes Maß an intellektueller Energie. Die aber muss sich ausdrücken können, und das am liebsten so abwechslungsreich wie möglich. Sie interessieren sich häufig für wissenschaftliche Experimente, für Kunst und Literatur, streben ständig vorwärts und suchen neue geistige Herausforderungen. Erfolg haben sie häufig auf intellektuellem oder künstlerischem Gebiet – manchmal auch auf beiden. Viele Zwillingsgeborene haben zwei Berufungen, die einzeln oder auch kombiniert auftreten können. Ihre Hauptantriebskraft ist ihre übersprudelnde Energie, die sich zahlreiche unterschiedliche Ventile sucht.

KREBS

Der Lebenszweck der Menschen, die in diesem Zeichen geboren werden, besteht darin, die Menschen durch ihre Ideale zu energetisieren und zu inspirieren. Sie sind in der Lage, ihren Mitmenschen die ganze Freude, den

Kummer, das Mitgefühl oder auch Entsetzen, die sie intensiv empfinden, zu vermitteln. Sie sind sehr häuslich und die Familie spielt in ihrem Leben eine große Rolle. Krebsgeborene sind ideale Lehrer. Erfolg haben diese Menschen besonders beim Unterrichten oder Predigen beziehungsweise auf allen Gebieten, auf denen sie an die Vorstellungskraft und das Mitgefühl anderer appellieren können. Ihr Stil ist anschaulich, lebendig und häufig außerordentlich dramatisch. Ihre Hauptantriebskraft ist die Kraft, die mit dem Wachstum, der Weiterentwicklung und dem Wohl des Menschen zusammenhängt. Patriotismus wäre ein Beispiel dafür.

LÖWE

Der Lebenszweck der Menschen, die in diesem Zeichen geboren werden, besteht darin, anderen Mut und Entschlusskraft einzuflößen und sie anzuspornen, ihr Bestes zu geben. Obwohl sie es genießen, im Mittelpunkt zu stehen, vertrauen sie fest auf die Menschheit und wissen die Fähigkeit anderer zu verstehen und zu schätzen. Ihr Stil ist unverschnörkelt und geradeaus und ihre Energie ideal, um großen Unternehmen, Institutionen oder Aktivitäten vorzustehen. Löwen sind oft in Bereichen erfolgreich, in denen sie brillieren können. In gewisser Weise wollen sie die Energien ihrer Mitmenschen aufhellen, beleben, beflügeln und harmonisieren. Die Hauptantriebskraft dieses Zeichens liegt in dem unerschütterlichen Glauben an das Gute.

JUNGFRAU

Der Lebenszweck der Menschen, die unter diesem Zeichen geboren werden, besteht darin, Klarheit zu lehren, die auf einem guten Urteilsvermögen und der Berücksichtigung aller Details beruht. Sie sind in der Regel besonnen, sparsam und praktisch, arbeiten viel, haben sehr klare Visionen und besitzen einen kritischen Verstand. Viele Jungfrauen widmen ihr Leben dem Dienst am Nächsten. Da sie in allem perfekt sein wollen, kümmern sie sich im Allgemeinen auch sehr um ihre Gesundheit. Diese Menschen brauchen eine Möglichkeit, ihre Urteilskraft anzuwenden. Sie lieben es, auch scheinbar völlig unwichtigen Einzelheiten ihr ganzes Augenmerk schenken zu können. Ihre Aufgabe ist es, an einem Klärungsprozess teilzunehmen, der das gesunde Wachstum des Einzelnen oder des Staates begründet, dies möglicherweise auch in einem großen Unternehmen der öffentlichen Hand. Die Hauptantriebskraft dieses Zeichens ist der Wunsch nach Ganzheit, vollkommener Reinheit oder Gesundheit: ein Impuls, der sie veranlasst, ständig nach Perfektion zu streben.

WAAGE

Der Lebenszweck der Menschen, die in diesem Zeichen geboren sind, besteht darin, Ausgeglichenheit und Partnerschaft zu lehren. Waagen sind von Natur aus taktvoll, freundlich, fröhlich und höflich, aber auch unvoreingenommen, mitfühlend, vermittelnd und zärtlich. Eigentlich sind sie eher Generalisten. Wenn sie sich jedoch trotzdem spezialisieren, dann meistens auf dem Gebiet der Musik und der schönen Künste oder in einem anderen Feld, das dazu beiträgt, das Leben zu verschönern und abzurunden. Die Hauptantriebskraft der Waagen liegt in ihrem Streben nach Schönheit und Ausgeglichenheit.

SKORPION

Der Lebenszweck der Menschen, die in diesem Zeichen geboren werden, besteht darin, ihre Mitmenschen zu lehren, sich selbst zu meistern. Sie sind oft ziemlich ruhig, verfügen aber über entschiedene Stärke, große Willenskraft und Entschlussfreudigkeit. Sie sind gründlich, leidenschaftlich und unerschrocken, dominant, analytisch, autoritativ und haben etwas Heroisches an sich. Viele Skorpione sind übersinnlich begabt, aber nicht allen ist dies auch bewusst. Am erfolgreichsten sind sie in der Regel, wenn es auf ihr Konzentrationsvermögen und ihre persönliche Anziehungskraft ankommt. Sie brauchen eine Arbeit, die sie vitalisiert, regeneriert oder bei der sie auf irgendeine Weise dominieren können. Die Hauptantriebskraft der Skorpione besteht in ihrer überschüssigen Energie, die ein Ventil braucht, vorzugsweise in der Erschaffung neuer Strukturen oder in der Zerstörung des Veralteten und Überholten.

SCHÜTZE

Der Lebenszweck der Menschen, die in diesem Zeichen geboren werden, besteht darin, andere zu inspirieren, dem nachzugehen, was ihnen am meisten am Herzen liegt. Sie lieben Reisen, Forschung, intellektuelle Kontakte und beschäftigen sich gern mit fremden Philosophien, Gesetzen und Religionen. Weil sie geistig so aktiv sind, brauchen sie eine Aufgabe, die ihre rationalen und logischen Fähigkeiten voll zum Ausdruck kommen lässt. Sie finden großen Gefallen daran, den Dingen auf den Grund zu gehen, und interessieren sich ernsthaft für das Wohlergehen und das geistige Fortkommen ihrer Mitmenschen. Die Hauptantriebskraft dieses Zeichens ist ihre Suche nach Weisheit und die Entschlossenheit, ihr mit allen Mitteln der Vernunft auf den Grund zu gehen.

STEINBOCK

Der Lebenszweck der Menschen, die in diesem Zeichen geboren werden, besteht darin, anderen ein Gefühl für Geschichte, Tradition und Autorität zu vermitteln. Sie sind geborene Diplomaten oder Vermittler, die gern einem festen Verhaltenskodex folgen und ihre Grenzen kennen möchten. Sie sind traditionell, konventionell und zielorientiert. Erfolg finden sie auf Gebieten, in denen ihnen Spielraum für die Erfüllung ihrer persönlichen oder höheren Ambitionen bleibt; dies insbesondere, wenn sie immer wieder die Möglichkeit der Beförderung haben und andere das auch zur Kenntnis nehmen. Die Hauptantriebskraft dieses Zeichens ist der absolute Wunsch, an die Spitze zu kommen. Was sie erreichen, spielt dabei keine Rolle. Interessant ist für sie nur, dass sie es erreichen. Und dafür wollen sie verehrt und bewundert werden.

WASSERMANN

Der Lebenszweck der Menschen, die in diesem Zeichen geboren werden, besteht darin, andere zu ermutigen, ihre Visionen zu entfalten und ihre Grenzen immer weiter zu stecken. Wassermänner sind die großen Wahrheitssucher unter den Menschen, und ihre Visionen können außerordentlich umfassend sein. Sie sind in der Regel unbefangen, aufgeschlossen und kennen keinerlei Vorurteil oder Aberglauben. Sie sind geduldig, sachlich und unermüdlich. Ihre Wahrheitsliebe bringt die Wassermänner in der Regel immer dann zu großem Erfolg, wenn sie gewisse Phänomene beobachten oder dokumentieren können. Sie suchen sich gern einen Beruf, der ihren Blick auf die Welt verändert. Die Hauptantriebskraft dieses Sternzeichens ist die Sehnsucht nach Erleuchtung und eine große Leidenschaft für Erkenntnisse, besonders über die geheimen Wahrheiten des Lebens.

FISCHE

Der Lebenszweck der Menschen, die in diesem Zeichen geboren werden, besteht darin, andere zu lehren, wie man unter allen Umständen seinen Überzeugungen treu bleibt. Der typische Fischegeborene ist feinfühlig, hat wenig oder gar keine weltlichen Ambitionen und schert sich nicht um Rang oder Macht. Fische brauchen das Gefühl, dass ihr inneres Selbst die Freiheit hat, nach seiner eigenen Fasson fühlen, träumen, wachsen und sich weiterentwickeln zu dürfen. Das macht sie unempfänglich für die Beschränkungen und Grenzen unseres Erdenlebens. Diese Menschen haben Erfolg, wenn sie Opfer bringen und verzichten können. Dabei werden sie unterstützt von ihrem intuitiven Wissen um die geistige Welt und die relative Bedeutungslosigkeit äußerer Erscheinungen und irdischer Show. Die Hauptantriebskraft dieses Zeichens ist die Liebe von der Art, die sich in einem intensiven Streben nach der vollkommenen Vereinigung mit dem Höheren Selbst ausdrückt, beziehungsweise mit Christus, der uns allen innewohnt.

Die Atlanter waren sich der allgemeinen Eigenschaften und Charakteristika der verschiedenen Sonnenzeichen bewusst, zogen aber selbstverständlich auch die Tatsache in Rechnung, dass jeder Mensch darüber hinaus von der Stellung beeinflusst wird, die die anderen Planeten bei seiner Geburt und während der gesamten Inkarnation innehaben.

ÜBUNG ❖ WARUM WURDE ICH GEBOREN?

Überlegen Sie anhand der Informationen, die Sie in diesem Kapitel erhalten haben, warum sich Ihre Seele wohl gerade Ihr Sternzeichen ausgesucht hat. Auf welche Weise bringen Sie die entsprechenden Energien zum Ausdruck? Wie erfüllen Sie Ihren Lebenszweck?

ÜBUNG ❖ SONNENZEICHEN ERRATEN

Versuchen Sie herauszufinden, unter welchem Sternzeichen bestimmte Leute geboren wurden. Wie bringen sie dessen Eigenschaften zum Ausdruck? Das können Sie allein für sich machen oder auch zusammen mit den Menschen, deren Zeichen Sie herausfinden wollen.

KAPITEL ZWEIUNDZWANZIG

NUMMEROLOGIE

In Atlantis hatten alle eine gewisse Einsicht in die Bedeutung von Zahlen, in vollem Umfang aber begriffen natürlich vor allem die Magier den großen kosmischen Einfluss, den Zahlen auf unser Leben und Schicksal ausüben. Genau wie die Astrologie wurde im Goldenen Zeitalter, in dem alle wie selbstverständlich auf ihren spirituellen Weg eingestimmt waren, auch dieses wirksame Instrument nicht für Weissagungen benötigt. Die Magier setzten es aber in Verbindung mit der Astrologie ein, um etwa den günstigsten Zeitpunkt für die Errichtung eines Tempels zu ermitteln. Später, in den düsteren Tagen, wurde die Nummerologie dann dafür missbraucht, die Massen auszuforschen und zu kontrollieren. Heutzutage nimmt die Wissenschaft von den Zahlen ganz allmählich wieder ihren angestammten Platz als Mittel ein, um zu höherem geistigen Verständnis zu gelangen.

Jede Zahl hat ihre universale Resonanz und ist eine Form von Energie, die allerdings zu der Zeit, als sie auf die Erde herabstieg, bereits erheblich abgeschwächt war. Trotzdem hat jede Zahl immer noch Auswirkungen auf unseren Lebensweg und den Lebenszweck unserer Seele. Die Zahl eines jeden neuen Jahres wirkt sich genauso auf Sie aus wie die Zahlen der Buchstaben, aus denen sich Ihr Name zusammensetzt. Viele Menschen fühlen sich von bestimmten Haus- und sogar Autonummern magisch angezogen. Und manche Daten sind allein aufgrund des kosmischen Einflusses ihrer Ziffern besonders günstig.

Genau wie die Astrologie ist auch die Nummerologie ein riesiges und komplexes System. Daher beschränken wir uns in diesem Buch auf wenige Beispiele für die Energien, die in den Zahlen enthalten sind.

Mit Ausnahme einiger zweistelliger Zahlen, die eine ganz besondere Bedeutung haben, beschäftigt sich die Nummerologie mit den einstelligen

Zahlen von eins bis neun. Wie aus der folgenden Übersicht hervorgeht, ist jedem Buchstaben des Alphabets eine Zahl zugeordnet.

1	2	3	4	5	6	7	8	9
A	B	C	D	E	F	G	H	I
J	K	L	M	N	O	P	Q	R
S	T	U	V	W	X	Y	Z	

DIE NAMENSZAHL – DER AUSDRUCK IHRES LEBENS

Die Atlanter waren sich der Tatsache bewusst, dass die Schwingung unserer Namen eine tiefe Bedeutung für unser Leben hat und dass sie mit den Talenten und Begabungen, die die Seele zum Ausdruck bringen möchte, in Resonanz steht. Aus diesem Grund sucht sich die Seele, die auf die Erde kommen möchte, ihren Namen aus und übermittelt ihn telepathisch an die zukünftigen Eltern. In den glücklichen Zeiten war das noch eine bewusste Wahl, heute treffen wir diese Entscheidung unbewusst. Jedes Mal, wenn Ihr Name gedacht oder ausgesprochen wird, klingen die Eigenschaften seiner Zahl in Ihrem Leben mit.

In Atlantis wurden Namen immer liebevoll ausgesprochen oder gesungen, damit sich jeder Mensch mit dem Ausdruck seines Wesens wohl und getragen fühlen konnte. Wann immer Sie den Namen eines Menschen streng oder zornig aussprechen, wird er eine leise Ahnung von den Schwierigkeiten bekommen, die es ihm bereiten könnte, wenn er versucht, sein Potenzial voll auszuleben. Dies gilt insbesondere für Kinder.

WIE SIE IHRE NAMENSZAHL BESTIMMEN

Um begreifen zu können, was Sie in Ihrem Leben zum Ausdruck bringen möchten, nehmen Sie Ihren vollen Geburtsnamen, zum Beispiel Janet Mary Smith. Addieren Sie die Ziffern, die jedem der Buchstaben zugeordnet sind. Diese Zahl ist die nummerologische Resonanz Ihres Namens.

Beispiel:

J A N E T	M A R Y	S M I T H
1 + 1 + 5 + 5 + 2	4 + 1 + 9 + 7	1 + 4 + 9 + 2 + 8
14	21	24
1 + 4 = 5	2 + 1 = 3	2 + 4 = 6 = **5 + 3 + 6 = 14**

Da die Nummerologie nur mit Ziffern arbeitet, also mit einstelligen Zahlen, müssen Sie zwei- oder dreistellige reduzieren, indem Sie die Quersumme bilden. Janet Mary Smith hat die Zahl 14. Das macht 1 + 4 = 5. Die Zahl von Janet Mary Smith ist demnach die 5. Jedes Mal, wenn jemand an ihren Namen denkt oder ihn ausspricht, schwingen also die Energien der Zahl 5 in ihrem Bewusstsein mit.

Hier noch drei andere Beispiele:

37: 3 + 7 = 10. Die Quersumme ist 1.
62: 6 + 2 = 8
125: 1 + 2 + 5 = 8

IHRE UNTERSCHRIFT

Von großer Bedeutung sind auch die Buchstaben, die Sie in Ihrer Unterschrift verwenden. Berücksichtigen Sie also auch hierbei die Nummerologie. Denn jedes Mal, wenn Sie Ihre Unterschrift leisten, beschwören Sie unbewusst die Energie dieser Buchstaben herauf.

DIE ENERGIEN DER ZAHLEN 1 BIS 9

Die Eigenschaften der Zahl Ihres Namens spiegeln Ihre Persönlichkeit und Ihren Lebensweg wider:

1 ist unabhängig, unkonventionell und individualistisch. Die Zahl repräsentiert den Anfang, den Ursprung, den Erneuerer, den Urheber, den Initiator und die Einzigartigkeit. Es ist eine männliche Zahl und ein Symbol für Mut und Führungsbereitschaft. Ehrgeizig und zielorientiert verfolgt die 1 eine ganz bestimmte Richtung und kennt keinerlei Selbstzweifel. Markenzeichen dieser Zahl sind ein hohes Maß an Energie, Dynamik und der unermüdliche Drang, der eigenen Bestimmung nachzukommen.

2 repräsentiert den Friedensstifter. Die Schwingungen der Zahl beinhalten Kooperation, Diplomatie und Taktgefühl. Es ist die sanfteste, aber auch widerstandsfähigste aller Zahlen. Als graue Eminenz spielt sie die Rolle des Unterstützers und häufig auch Beraters. Sie ist sehr feminin und feinsinnig, liebevoll, verletzlich und bescheiden und liebt jede Form von Musik und Harmonie. Diese Zahl mag keine Konfrontationen und kommt mit Kritik nicht gut zurecht.

3 ist die Sonnenscheinzahl. Ihre Haupteigenschaften sind Ausdrucks- und Kommunikationsfähigkeit. Sie genießt das Leben, nimmt es nicht übertrieben ernst und ist verspielter als alle anderen Zahlen. In ihr schwingt ein großes Maß an Unbekümmertheit mit, sowohl Optimismus als auch Begeisterung. Die 3 ist kreativ, inspirierend, motivierend und ihre Energie so überschwänglich und nach außen gerichtet – wenn auch häufig etwas konfus –, dass sie alle mitreißt.

4 ist von allen Zahlen die praktischste. Sie hat einen genauen Blick für Details, ist ordentlich, systematisch, methodisch und äußerst präzise, darüber hinaus zuverlässig und pünktlich. Eine 4 hält, was sie verspricht. Sie ist ehrlich, vertrauenswürdig und geradeheraus. Sie ist aber auch etwas unflexibel und mag keine Veränderungen. Sie braucht Berechenbarkeit und liebt Gewohnheiten und Rituale. Sie ist der Fels in der Brandung, jemand, auf den man im Unternehmen hundertprozentig bauen kann.

5 ist die Zahl der Reisenden. Abenteuerlustig und couragiert ist die 5 die dynamischste unter den Zahlen. Sie ist überzeugend, ein geborener Promoter und idealer Vertreter. Flexibel und anpassungsfähig liebt sie Experimente und Forschungen. Sie ist aufgeweckt, schlagfertig und reaktionsschnell. Sie hat immer gern mehrere Bälle in der Luft, lässt sich aufgrund ihrer Vorliebe für sinnliche Vergnügen und sofortige Befriedigung aber auch leicht ablenken.

6 ist die liebevollste unter den Zahlen. Sie ist nicht nur engagiert, zugewandt, mitfühlend, beschützend und aufbauend, sondern auch verantwortungsbewusst, opferbereit und anspruchslos. Eine 6 ist häuslich, mütterlich, familienorientiert und altruistisch. Sie ist Lehrerin, Heilerin und nimmt sich der Schwächeren an. Sie ist kreativ, künstlerisch und handwerklich veranlagt. Es ist die Zahl der Väter- und Mütterlichkeit.

7 ist die vergeistigtste Zahl, die Zahl der Wahrheitssucher, aber auch die des Eremiten. Ein Kopfmensch, analytisch, konzentriert, nachdenklich und meditativ. Sie ist der Intellektuelle und abstrakte Denker; jemand, der nach Wissen und Weisheit strebt. Häufig introvertiert und auf sich selbst bezogen ist so ein Mensch dennoch stets einsichtig und verständig. Die 7 repräsentiert die nach innen gerichtete Reise, Geist, Alleinsein und stille Zufriedenheit.

8 ist die Zahl der Visionäre und von allen die ergebnisorientierteste. Sie steht für die Ausgewogenheit von Geist und Materie. Sie ist stark, ehrgeizig und begreift Geld als Mittel zum Zweck. Die 8 ist eine Führungspersönlichkeit, ein Unternehmer mit großen Träumen und weit reichenden Plänen. Sie ist der geborene Manager. Bei aller persönlichen Stärke und Beharrlichkeit, wenn es darum geht, etwas durchzuziehen, ist ein solcher Mensch doch verständnisvoll, versöhnlich und tolerant. Achten sind geborene Spieler.

9 ist die menschenfreundlichste aller Zahlen. Sie steht für Mühe und Opferbereitschaft, die keine Belohnung erwarten. Die 9 gibt und teilt gern, ist liebevoll und fürsorglich. Sie ist Staatsmann, Politiker, Jurist, Schriftsteller, Philosoph, vor allem aber Idealist. Sie denkt global, verfügt über Genialität und bringt Menschen und Dinge zusammen. Sie ist kreativ und künstlerisch veranlagt: ein Architekt, Landschaftsarchitekt oder Designer. Sie ist edel, reserviert, aristokratisch und auf ihre Weise oft auch Heiler.

MEISTERZAHLEN

Mehr Potenzial als alle anderen haben die Zahlen 11, 22, 33 und 44. Da sie hochkomplex und schwer handhabbar sind, braucht es Zeit, Reife und große Anstrengung, sie in die Persönlichkeit zu integrieren.

11 ist die intuitivste Zahl. Sie repräsentiert Einsicht ohne rationales Denken, Sensitivität, Erleuchtung und enge Verbindung mit dem Unbewussten. Sie ist auch die Zahl des Träumers, der oft scheu, unpraktisch und nervös erscheint. Die 11 wandelt auf dem schmalen Grat zwischen Erhabenheit und Selbstzerstörung. Ihre Entwicklung, Stabilität und persönliche Stärke hängt davon ab, ob sie ihr intuitives Wissen beziehungsweise die geistigen Wahrheiten akzeptiert oder nicht. Mit Logik kann die 11 keinen Frieden finden, sondern nur mit Vertrauen – es ist die Zahl der übersinnlich Veranlagten.

Da die Quersumme von 11 die 2 (1 + 1 = 2) ist, verfügt sie zugleich auch über deren Eigenschaften: Charisma, Führungsqualitäten und Inspiration. Es handelt sich um eine angeborene Dualität, die Dynamik und innere Konflikte erzeugt. Die pure Anwesenheit einer Elf reicht oft schon als Katalysator.

22 ist die allerstärkste Zahl und wird häufig auch als Meisterbauherr bezeichnet. Der 22 wohnt das größte Erfolgspotenzial inne. Sie ist in der Lage, auch anspruchsvolle Träume zu verwirklichen. Sie verfügt über viele der inspirierenden und intuitiven Einsichten der 11, kombiniert aber mit der praktischen Veranlagung und der Methodik der 4 (2 + 2 = 4). Sie ist unbeschränkt und dennoch diszipliniert, lässt Träume konkrete Form annehmen und setzt Visionen um. Wenn die 22 keinen Gebrauch von ihrer praktischen Veranlagung macht, verschleudert sie ihr Potenzial. Sowohl die 11 als auch die 22 müssen ihre persönlichen Ambitionen in den Hintergrund treten lassen und sich für die Verwirklichung größerer Ziele einsetzen, die der ganzen Menschheit dienen.

33 befindet sich in Resonanz mit dem Christusbewusstsein. Die Quersumme ist die 6, die nach Zusammengehörigkeit und Liebe strebt.

44 ist eine heilige Zahl, eine Meisterschwingung und in Resonanz mit der Reinheit von Atlantis. Die 8 steht für die Ausgeglichenheit von materieller und geistiger Welt und ist zugleich die Zahl der Visionäre.

Die 44 repräsentiert auch die vier Körper, den biologischen, emotionalen, intellektuellen und geistigen, sowie die vier Ebenen des Bewusstseins: Bewusstsein, Unterbewusstsein, Unbewusstes und Überbewusstsein. Der Verstand regiert die materielle Welt des Bewusstseins, während das Unterbewusste die intellektuellen Überzeugungen enthält. Das Unbewusste ist der Sitz der Gefühle und des emotionales Wissens. Und das Überbewusstsein schließlich ist die geistige Ebene des All-Eins.

DIE ZAHL DES LEBENSWEGS

Jeder Lebensweg hat seine eigenen Aufgaben und Lektionen.

Die **1** muss Unabhängigkeit, Selbstvertrauen und Führungsqualitäten lernen und erfahren.
Eine **2** muss diplomatischer werden; lernen und erfahren, wie es ist, anderen zu dienen und zu helfen.
Eine **3** muss Freude und Weisheit erleben und lernen, sie auch zu kommunizieren.
Die **4** muss lernen, stabiler, verlässlicher, praktischer zu werden, sich besser zu organisieren und das anderen gegenüber auch zum Ausdruck bringen.
Die **5** muss lernen, in ihren Ansichten flexibler zu werden und von Freiheiten konstruktiven Gebrauch zu machen.
Die **6** muss lernen, wie man weise Liebe schenkt, empfängt und Harmonie herstellt.
Eine **7** muss sich um ein tieferes Verständnis des Lebens bemühen und lernen, ihr Wissen umsichtig zu verbreiten.
Die **8** muss lernen, Geistiges und Materielles in Einklang zu bringen.
Die **9** muss lernen, selbstlos und mitfühlend zu werden und alles loszulassen, was ihrem persönlichen Wachstum nicht länger zuträglich ist.
Eine **11** muss lernen, ihr intuitives Wissen zu akzeptieren und sich an der geistigen Wahrheit zu orientieren.

Eine **22** muss auf die Verwirklichung überpersönlicher Ziele hinarbeiten und lernen, der Welt ganz praktisch dienlich zu werden.
Die **33** muss sich in der Kunst der Geduld und des richtigen Zeitpunkts üben.
Die **44** muss akzeptieren und praktisch umzusetzen lernen, dass Reinheit ihren Aufstieg beschleunigt.

ÜBUNG ❖ WIE SIE IHREN LEBENSWEG FINDEN

Anhand Ihres Geburtsdatums, der nummerologisch wichtigsten Zahl, können Sie mit der folgenden Übung die Zahl Ihres Lebensweges ermitteln.
Zählen Sie die Ziffern des Tages, Monats und Jahres Ihrer Geburt zusammen. Bilden Sie die Quersumme. Als Beispiel nehmen wir einen Menschen, der am 26. Januar 1953 auf die Welt kam:

Tag	2 + 6 =	**8**
Monat	0 + 1 =	**1**
Jahr	1 + 9 + 5 + 3 = **18,** also 1 + 8 =	**9**
		18 = 1 + 8 = 9

Dieser Lebensweg hat die Zahl **9**.

Von allen Geburtsdaten bilden wir die Quersumme, es sei denn, es handelt sich um eine der Meisterzahlen 11, 22, 33 oder 44. Manche Leute versuchen die Mathematik zu manipulieren, um auf eine Meisterzahl zu kommen. Dabei dürfen Sie aber nicht vergessen, dass sie für einen extrem schwierigen Lebensweg stehen.

DIE HERZENSWUNSCHZAHL

Diese Zahl bringt Ihre intimsten Wünsche und somit auch die Motive, die Ihrem Handeln zugrunde liegen, zum Ausdruck. Um sie zu ermitteln, zählen Sie nur die Ziffern zusammen, die den Vokalen (Selbstlauten) Ihres Namens zugeordnet sind. Bilden Sie gegebenenfalls die Quersumme.

Vergessen Sie nicht, dass Sie von den Meisterzahlen keine Quersumme bilden brauchen, wie aus dem folgenden Beispiel hervorgeht. Wenn eine Silbe keinen Vokal hat, sondern nur ein Y, so wird dieses als Selbstlaut behandelt – zum Beispiel Lynn oder Carolyn. Desgleichen, wenn ein Vokal vorangeht und sich beide wie ein Laut anhören, wie in Hayden. Auch das W wird wie ein Vokal behandelt, wenn ihm ein Vokal vorausgeht und beide zusammengesprochen werden, zum Beispiel in einem Namen wie Bradshaw.

ÜBUNG ❖ ERMITTELN SIE IHRE HERZENSWUNSCHZAHL

Beispiel mit Y als Vokal:

PETER		HENRY		JONES	
5 + 5		5 + 7		6 + 5	
= 1 + 0 = **1**	+	1 + 2 = **3**	+	**11**	= 15 = 1 + 5 = **6**

In diesem Beispiel ist die Herzenswunschzahl die **6**.

Beispiel mit W als Vokal:

ANN		SHAW		
1		1 + 5		
1	+	**6**	=	**7**

Die Herzenswunschzahl in diesem Beispiel ist die **7**.

IHRE BALANCEZAHL

Diese Zahl verrät Ihnen, wie Sie im Allgemeinen auf das Leben und die Veränderungen, die es mit sich bringt, reagieren.

ÜBUNG ❖ ERMITTELN SIE IHRE BALANCEZAHL

Zählen Sie die Ziffern zusammen, die Ihren Initialen zugeordnet sind, und bilden Sie gegebenenfalls die Quersumme. In diesem Fall bilden Sie auch von den Meisterzahlen die Quersumme, denn sie spiegeln ja ein Talent beziehungsweise eine besondere Fähigkeit wider, während die Balancezahl einen Hinweis auf allgemeine Einstellungen beziehungsweise Herangehensweisen gibt.

Beispiel: PETER HENRY JONES

P		H		J				
7	+	8	+	1	=	**16**	= 1 + 6 =	**7**

Als Balancezahl würde sich in unserem Beispiel die **7** ergeben.

DIE WIRKUNG DER ZAHLEN MIT KRISTALLEN VERSTÄRKEN

Jede Zahl hat ihre eigene Frequenz, die sich verstärkt, wenn man mit den Schwingungen entsprechender Kristalle arbeitet. Dies kann Ihnen dabei behilflich sein, die Lektionen, die Sie in diesem Leben lernen müssen, richtig zu verstehen und umzusetzen. Hier ein paar Beispiele:

1 Aquamarin, Pektolith (Larimar), Türkis
2 Saphir, Rauchquarz, Wassermelonen-Turmalin
3 Amethyst, Chrysopras, Lapislazuli
4 Ametrin, Disthen (Kyanit), Bergkristall
5 Blue Lace-Achat, Karneol, Prehnit
6 Citrin, Labradorit, Topas
7 Fluorit, Kunzit, Rosenquarz
8 Zölestin, Opal, Selenit
9 Chalcedon, Pietersit, Goldtopas
11 Jade
22 Galenit
33 Schwarze Koralle
44 Ozeanachat

KAPITEL DREIUNDZWANZIG

DAS HEILWESEN

Vollkommene Gesundheit war in Atlantis der Normalzustand. Ganz am Anfang mussten die Heilpriester lediglich dafür Sorge tragen, dass der Mensch geistig, emotional und spirituell ausgeglichen blieb, damit der biologische Körper seine Vitalität und Ausgeglichenheit behielt.

Die Geistheilung, die in Atlantis praktiziert wurde, unterschied sich nicht erheblich von der, die wir heute kennen. Jedenfalls galten dieselben Prinzipien. Die Menschen waren allerdings so gute Kanäle für die Energie, dass der heilende Effekt schneller eintrat und länger anhielt. Genau wie heute auch verfügten alle über gewisse Fähigkeiten als Heiler, und je entwickelter und ausgebildeter die Leute waren, desto besser funktionierte die Energieübertragung und die Heilerfolge waren entsprechend größer. Die wichtigsten Faktoren waren Wille und Liebe – und sie sind es auch jetzt noch.

Wenn sich das Herzzentrum öffnet, empfindet man ein leichtes Kribbeln oder Prickeln in den Händen. Das ist bei vielen Leuten heute das erste Anzeichen dafür, dass über heilerische Fähigkeiten verfügen. Im frühen Atlantis war jedes Herz weit geöffnet. Alle Menschen wurden ständig von geistig-spiritueller Energie durchflossen und konnten sich daher natürlich auch gegenseitig an der göttlichen Heilkraft teilhaben lassen.

Einer der Verträge, die eine Seele abschließt, wenn sie die Erde besucht, beinhaltet, dass sie, falls sie in diesem Leben »Schulden« gemacht hat, noch einmal zurückkehren und sie begleichen muss. So will es das Gesetz des Karma. In den glücklichen Tagen ganz am Anfang des Goldenen Zeitalters war alles stets im Gleichgewicht, sodass beim Tod nie etwas offen blieb und die Seele frei war weiterzuziehen. Da es im Laufe von Generationen aber immer schwieriger wurde, vollkommen die Balance zu halten, kam es immer häufiger dazu, dass das Seelenkonto eines Menschen bei seinem Tod ein Minus aufwies, das sich bei der nächsten Inkarnation dann als emotionale oder geistige Blockade zeigte und sich im Laufe der Zeit zwangsläufig zu einem körperlichen Problem auswuchs. Das war dann natürlich schon schwieriger zu beheben. Folglich wurden fortgeschrittenere Heilmethoden erforderlich.

KRÄUTER

Die Atlanter kannten sich sehr gut in der Kräuterheilkunde aus und wussten um alle Eigenschaften der Heilpflanzen. Da der Aufbau der gesamten Natur den Mustern der Heiligen Geometrie folgt, hat auch jedes Heilkraut – genau wie jeder Körperteil – eine spezifische geometrische Struktur. Eine Krankheit entsteht, wenn sich ein Bereich des geistigen, emotionalen oder biologischen Körpers nicht mehr in Übereinstimmung mit seinem göttlichen Entwurf befindet. In diesem Fall wussten die Atlanter, welches Kraut genau dieselbe geometrische Struktur und entsprechende Schwingungen aufwies. Innerlich eingenommen suchte es sich dann das betroffene Organ und richtete es neu aus, heilte und regenerierte es.

Die Heilpriester legten bei der Aufbereitung und Anwendung von Heilpflanzen äußerste Geschicklichkeit an den Tag. Die Pflanzen wurden nach dem Stand des Mondes immer zur besten Tages- oder Nachtzeit gepflückt, wenn ihre Lebenskraft auf dem Höhepunkt war. Vor allem die Frauen nutzten ihre tiefe Weisheit unter anderem auf dem Gebiet der Kräuterheilkunde und genossen dafür höchste Achtung. Als Hexen gebrandmarkt wurden sie erst nach dem Niedergang von Atlantis.

KRISTALLE

Kristalle funktionieren ganz ähnlich wie Heilpflanzen: Auch die Schwingungen der Steine sind stets bemüht, die Natur, zu der selbstverständlich auch der Mensch gehört, mit ihrer höheren Energie zu harmonisieren. Natürlich haben die verschiedenen Steine auch unterschiedliche Eigenschaften. Die

Atlanter wussten das genau und konnten entsprechend immer die richtigen aussuchen, um die Menschen zu heilen oder zu stabilisieren. Sie konnten die Energie erhöhen, indem sie die Steine mit gebrochenem Licht aufluden, das von den Facetten anderer Kristalle reflektiert wurde. Die Anzahl der Facetten bestimmte, wie viel Kraft durchkam.

Wenn sich zum Beispiel jemand den Arm brach, riss es dabei die Moleküle der Nerven und des Gewebes auseinander. Dann wurde ein Laserkristall mit genau der richtigen Schwingung auf die Verletzung gerichtet. Der Schmerz hörte sofort auf, und die Wunde konnte heilen, ohne eine Narbe zu hinterlassen, weil sich die betroffenen Moleküle wieder zur korrekten geometrischen Struktur zusammenfanden.

Zu Heilzwecken wurde die zellulare Schwingungsrate in besonderen Kristallkammern erhöht oder verringert. Unbewusst hegen wir heute die kollektive Überzeugung, dass Gliedmaßen nicht nachwachsen können. Den Atlantern waren solche Beschränkungen im Denken fremd, daher legten sie Patienten in eine solche Kristallkammer, die dieselbe Schwingungsfrequenz hatte wie sein Gewebe, und sein Arm oder sein Bein konnten tatsächlich wieder nachwachsen. Diese Kristallkammern stellten die richtige Schwingungsrate wieder her und regten das Zellwachstum an. Der Patient selbst unterstützte diesen Prozess, indem er sich geistig ganz intensiv vorstellte, sein Arm sei bereits wieder da. Noch ein Beispiel: Der Mensch altert ja nur, weil sich seine Schwingungen verlangsamen. Deshalb wurde die zellulare Schwingungsrate in den Kristallkammern erhöht, sodass eine Verjüngung eintreten konnte. Das funktionierte gut, besonders in Verbindung mit der Mahatma-Energie (vgl. 14. Kapitel).

Kristalle wurden auch verwendet, um von den heilenden Resonanzen anderer Planeten zu profitieren. Die Plejader versorgen uns übrigens auch heute noch damit. Zur Zeit von Atlantis wurde diese Heilenergie dann auf kleinere Kristalle heruntergeladen, um die Menschen im Gleichgewicht und bei guter Gesundheit zu halten.

Farben und Töne haben unterschiedliche Schwingungsfrequenzen. Höhere Frequenzen ergeben Farben, niedrigere Töne. Diese Schwingungen wurden mithilfe von Kristallen weitergegeben, die die Energie konzentrierten und Heilung auf Zellebene ermöglichten. Ein gebrochener Knochen wurde beispielsweise mit einem konzentrierten Ton behandelt und konnte dadurch wieder zusammenwachsen und heilen.

Hatte jemand Heimweh nach seinem Ursprungsplaneten – man könnte in diesem Fall von einer leichten Depression sprechen –, so besuchte er eine Klangkammer oder auch bestimmte Konzerte und hörte sich herrliche Musik an. Das verbesserte seine Stimmung sofort.

Musikalisch begabte Menschen richteten Töne auf die Chakren, um sie zu reinigen und wieder ins Gleichgewicht zu bringen. Andere legten sich in Becken mit Wasser, das mit Pflanzenfarben gefärbt war, um die Energie der Farbe aufzunehmen. Das können wir auch heute tun. Suchen Sie sich einfach eine geeignete Pflanzenfarbe, fügen Sie sie Ihrem Badewasser hinzu und nehmen Sie ein schönes warmes Bad von einer halben Stunde. Den Effekt können Sie noch erhöhen, indem Sie entspannende Musik spielen und in einem Duftlämpchen ein passendes Aromaöl verdampfen lassen. Hier folgen die Farben mit ihren Wirkungen.

- ROT energetisiert.
- ORANGE stimmt freundlich und gesellig und wirkt sexuell ausgleichend. Darüber hinaus verbessert es die Kreativität.
- GELB beruhigt den Geist, fördert das Denkvermögen und gibt Ihnen ein Gefühl von Stärke.
- GRÜN wirkt ausgleichend und zentrierend.
- ROSA harmonisiert das Herz, besonders nach seelischen Verletzungen, und schenkt Ihnen das Gefühl bedingungsloser Liebe. Außerdem wird der Sinn für Richtig oder Falsch gestärkt.
- TÜRKIS verbessert die Kommunikation.
- TIEFBLAU beruhigt, inspiriert, verbessert die Intuition und erhöht Ihre Aufgeschlossenheit für Visionen.
- VIOLETT taucht Sie in das reine Licht des All-Einen.

AROMATHERAPIE

In den atlantischen Zeiten wurde Aromatherapie vor allem eingesetzt, um den Geist zu heilen. Da sie auch das emotionale und geistige Gleichgewicht wiederherstellen konnte, wurde daher auf vielerlei Weise angewendet. Im Grunde kannten die Atlanter Massagen, Inhalationen, Salben, Kompressen und Duftbäder genau wie wir. Krankheiten sind immer das Ergebnis geistiger oder emotionaler Unausgeglichenheit. Wir möchten Ihnen daher einige Aromamischungen vorstellen, mit denen Sie die Harmonie wiederherstellen können. Verwenden Sie nur reine ätherische Öle und seien Sie in der Anwendung sehr vorsichtig. Wenden Sie die vorgeschlagenen Mischungen ausschließlich in der Duftlampe an und auf keine andere Art. Geben Sie die angegebenen Mengen der Öle in das Wasserschälchen. In der folgenden Stunde nehmen Sie dann immer mal wieder einen langen, tiefen Atemzug.

- Wenn Sie sehr analytisch und distanziert sind, und es Ihnen an Wärme fehlt, empfehlen wir 3 Tropfen Geraniumöl, 2 Tropfen Sandelholz und 1 Tropfen Patchouli.
- Gegen Aufregung und Nervosität wirkt eine Mischung aus 3 Tropfen Lavendel, 2 Tropfen Neroli und 1 Tropfen Bergamotteöl.
- Die Entschlusskraft wird durch 4 Tropfen Zeder und 2 Tropfen Ingwer erhöht.
- Geistig energetisieren können Sie sich mit 3 Tropfen Koriander, 2 Tropfen Patchouli und 1 Tropfen Bergamotte.
- Heben Sie Ihre Stimmung mit 3 Tropfen Jasmin, 1 Tropfen Ylang-Ylang und 1 Tropfen Orange.
- Wenn Sie unter Vergesslichkeit leiden, erhöhen 3 Tropfen Kiefer, 1 Tropfen Zitrone und 1 Tropfen Rosmarin Ihre Gedächtniskraft.
- Frustrierte, leicht reizbare Menschen können von 2 Tropfen Orange, 2 Tropfen Bergamotte und 2 Tropfen Kamille profitieren.
- Wenn Sie negativ, angespannt und frustriert sind, können Sie Ihren Zustand mit 3 Tropfen Bergamotte, 2 Tropfen Orange und 1 Tropfen Neroli verbessern.
- Überlasteten, humorlosen Menschen helfen 3 Tropfen Zitrone und 2 Tropfen Jasmin.
- Geduld und Toleranz fördern 3 Tropfen Bergamotte, 2 Tropfen Lavendel und 1 Tropfen Pfefferminze.
- Positive Gefühle treten an die Stelle von Negativität und Pessimismus, wenn Sie sich regelmäßig 2 Tropfen Ysop, 2 Tropfen Muskatellersalbei und 2 Tropfen Orange gönnen.
- Mangelhaftes Selbstwertgefühl kann durch die regelmäßige Anwendung von 2 Tropfen Rose und 2 Tropfen Jasmin verbessert werden.

- Zur Stimmungsaufhellung: 2 Tropfen Thymian, 2 Tropfen Kiefer und 2 Tropfen Zeder.
- Wenn Sie übertrieben besorgt sind und aus dem Denken nicht herauskommen, werden sich 4 Tropfen Sandelholz und 2 Tropfen Vetiver beruhigend auf Ihren Geist auswirken.
- Widerstand gegenüber Veränderungen lässt sich mit 3 Tropfen Zypresse, 2 Tropfen Wacholder und 1 Tropfen Benzoin abschwächen.
- Inneren Frieden und größere Konzentrationsfähigkeit gewinnen Sie mit 3 Tropfen Weihrauch und 2 Tropfen Geraniumöl.
- Bei Angstattacken wirken 2 Tropfen Geranium, 2 Tropfen Vetiver und 1 Tropfen Rose.
- Bei Anspannung und Erschöpfung helfen 3 Tropfen Muskatellersalbei, 2 Tropfen Zypresse und 1 Tropfen Lavendel.

ÜBUNG ❖ ENTSPANNUNG MIT ÄTHERISCHEN ÖLEN

1. Suchen Sie sich die passende Mischung aus.
2. Setzen Sie sich in die Nähe Ihrer Duftlampe, schließen Sie die Augen und atmen Sie tief durch.
3. Nehmen Sie wahr, wie das Aroma der Öle die Rezeptoren in Ihrer Nase berührt, und seien Sie sich bewusst, dass es Ihnen gut tut.
4. Bleiben Sie sitzen, und nehmen Sie, wann immer es Ihnen richtig erscheint, einen weiteren tiefen Atemzug.

Die Wirkung ist optimal, wenn Sie dies regelmäßig, am besten täglich, eine halbe Stunde lang praktizieren.

ÜBUNG ❖ HEILEN

Hier ein paar einfache Schritte, die Sie befolgen sollten, wenn Sie anfangen wollen zu heilen. Entscheidend ist, dass die Heilung durch den Geist erfolgt und nicht durch Ihre persönliche Energie – zu Letzterem kann es kommen, wenn Ihr Ego involviert ist. Das ist immer dann der Fall, wenn Sie mit aller Kraft wollen, dass die Person, mit der Sie arbeiten, gesund wird.

Die Engel könnten es aber vorziehen, deren geistigen, spirituellen oder emotionalen Körper zu heilen und nicht den biologischen. Sie müssen sich vom Ergebnis lösen und den göttlichen Willen akzeptieren. Sie sind nur der Kanal, das Medium. Vergewissern Sie sich, dass Sie auch tatsächlich das volle Einverständnis der anderen Person haben, ihr Heilung zukommen zu lassen. Bevor Sie ihr Kronenchakra berühren, sollten Sie sicher sein, dass das für sie in Ordnung ist.

1. Bitten Sie die Person, mit der Sie arbeiten, sich so auf einen Stuhl zu setzen, dass Sie sowohl von vorn an sie herankommen als auch von hinten.
2. Legen Sie ihr die Hände auf die Schultern und sprechen Sie ein kurzes Gebet, in dem Sie sich in den Dienst des Göttlichen stellen. Die Schultern stehen in Verbindung mit den Chakren an den Füßen, die sich öffnen und dafür sorgen, dass die Person, die Sie heilen, ihre Erdung nicht verliert.
3. Visualisieren Sie, dass Sie beide von einer Schutzblase umhüllt sind.
4. Wenn Sie spüren, dass die heilende Energie zu fließen beginnt, legen Sie Ihre Hände an die Stelle, von der Sie das Gefühl haben, dass sie es nötig hat. Das können Sie direkt auf dem Körper tun oder auch in einer Entfernung von drei bis fünf Zentimetern in der Aura. Wenn Sie nicht genau wissen, wo Sie Ihre Hände hinlegen sollen, fahren Sie mit den Händen über die einzelnen Chakren. Dabei fangen Sie oben an, erst am Rücken und dann an der Körpervorderseite.
5. Nehmen Sie die Füße Ihres »Patienten« einen Moment lang in die Hände. Das tut gut und bewirkt, dass die göttliche Energie den ganzen Körper erreichen kann.
6. Wenn Sie fertig sind, ist es schön, wenn Sie von oben nach unten über seine Aura streichen.
7. Stellen Sie sich zum Abschluss wieder hinter ihn und bedanken Sie sich bei den helfenden Wesen und Kräften für jeden Heilungserfolg, der durch Sie bewirkt wurde.
8. Lösen Sie sich dann wieder von der Person und dem Ergebnis, indem Sie Ihre Hände ausschütteln, um sich von den fremden Energien zu befreien.

ÜBUNG ❖ CHAKRA-TÖNEN

Üben Sie auch dies mit einer zweiten Person (und wir würden empfehlen, dass Sie vorher keinen Knoblauch essen). Unter Toning verstehen wir jegliche Art der Erzeugung eines Tons, das kann ein Ah sein oder ein Oh oder auch jeder andere Vokal, der sich leicht und natürlich einstellt. Das Allerwichtigste dabei ist, dass Sie sich den Engeln öffnen und sie bitten, mit dem Ton zu arbeiten, der von Ihnen erzeugt wird. Das Einzige, was Ihnen im Wege stehen kann, ist Ihr Ego, mit anderen Worten der Irrglaube, dass es Ihre Persönlichkeit ist, die da am Werk ist. Wenn Sie aber die feste Absicht haben, sich ausschließlich als Kanal für den großen Geist zur Verfügung zu stellen, dann wird genau der richtige Ton, der der anderen Person Heilung oder die richtige Ausrichtung zukommen lassen wird, aus Ihnen herauskommen. Das bedeutet, dass Sie die heilenden Engel bitten, den Ton, den Sie hervorbringen, zum höchsten Besten der Person, mit der Sie arbeiten, zu nutzen. Ihre Aufgabe besteht darin, den Willen aufzubringen und zuzulassen, dass ein harmonischer Ton entstehen kann. Dafür müssen Sie weder singen können noch besonders musikalisch sein.

1. Sprechen Sie mit der Person, mit der Sie arbeiten wollen. Fragen Sie sie, ob sie sich eine allgemeine Harmonisierung wünscht oder ob irgendein bestimmtes Chakra mehr Energie braucht. Wenn sie dann zum Beispiel sagt, dass sie einen rauen Hals hat, wissen Sie, dass ihr Kehlchakra nicht ganz in Ordnung ist; berichtet sie von Verdauungsstörungen, müssten Sie sich dagegen eher ihres Sakralchakras oder des Solarplexus annehmen.
2. Ihr »Klient« kann stehen bleiben, sich hinsetzen oder hinlegen. Wenn er sitzen möchte, sollte er so auf einem Stuhl Platz nehmen, dass Sie sowohl von vorn als auch von hinten an seine Chakren herankommen. Im Liegen beginnen Sie an der Vorderseite und müssen ihn dann später bitten, sich umzudrehen, damit Sie auch am Rücken in die Chakren hineintönen können.
3. Nehmen Sie ein paar tiefe Atemzüge, um sich zu zentrieren und den Hals zu entspannen.
4. Vergessen Sie nicht, die feste Absicht zu fassen, diesen Menschen zu seinem höchsten Besten auszubalancieren oder zu heilen, und die Engel zu bitten, sich Ihrer Stimme zu bedienen.

5. Atmen Sie ein und tönen Sie in das Kronenchakra Ihres Partners hinein. Dabei sollte Ihr Mund 8 bis 20 Zentimeter von seinem Körper entfernt sein.
6. Danach wenden Sie sich seinem dritten Auge zu und anschließend dem Hals. Das können Sie entweder von vorn oder auch von hinten machen.
7. Wenn Sie vorne angefangen haben, machen Sie jetzt von oben nach unten hinten weiter.
8. Tauschen Sie sich abschließend über die Erfahrungen aus, die Sie gemacht haben.

ÜBUNG ❖ CHAKRA-TÖNEN IN DER GRUPPE

Sie gehen im Grunde genauso vor wie eben beschrieben. Wählen Sie eine Person aus, deren Chakren Sie ausbalancieren, heilen oder mit Energie versorgen wollen, und bitten Sie sie, sich an eine Wand zu lehnen oder sich in die Mitte des Kreises, den die Gruppe bildet, zu setzen beziehungsweise zu legen.

1. Der Betreffende sagt der Gruppe, welchem Chakra sie besondere Aufmerksamkeit widmen soll.
2. Lassen Sie ihm einen Moment Zeit, bis er sich entspannt hat und aufnahmebereit ist.
3. Die Gruppe zentriert sich, indem alle tief durchatmen und den Hals entspannen.
4. Vor dem ersten Ton fassen alle in der Gruppe die feste Absicht, diesen Menschen zum Wohle des höchsten Besten zu heilen, und bitten die Engel, sich ihrer Stimmen zu bedienen, um Heilung zu bewirken.
5. Alle atmen ein und richten einen Ton auf das Kronenchakra der Person, mit der sie arbeiten.
6. Danach richten alle den Ton entweder von vorne oder von hinten zunächst auf das dritte Auge und anschließend auf den Hals und so weiter.
7. Wenn Sie vorn mit den Chakren angefangen haben, arbeiten Sie sich danach hinten von oben nach unten durch alle Chakren durch.
8. Tauschen Sie sich über die Erfahrungen aus, die Sie gemacht haben.

KAPITEL VIERUNDZWANZIG

ARBEIT MIT KRISTALLEN

In allen Atlantis-Experimenten spielten Kristalle eine wichtige Rolle, nicht nur im Alltag, sondern auch für Heilzwecke, bei Zeremonien und als Energiespender. In den folgenden Abschnitten möchten wir Ihnen zeigen, wie sie angewendet wurden, und Ihnen auch ein paar Beispiele geben, wie Sie sich die Reinheit und Kraft der Steine für Ihr Leben nutzbar machen können.

Ein Kristall findet den Weg zu Ihnen, wenn Sie bereit dafür sind. Das kann auf verschiedene Art geschehen. Vielleicht bekommen Sie einen geschenkt oder bei Ihnen zu Hause taucht einer auf. Häufiger wird es aber wohl der Fall sein, dass Sie sich von einem bestimmten Stein besonders angezogen fühlen und ihn sich kaufen.

KRISTALLE UND COMPUTER

In der westlichen Gesellschaft dominiert die linke Gehirnhälfte, da heutzutage Lesen, Technik, der Intellekt und das rationale Denken mehr gelten als der kreative und künstlerische Ausdruck oder originelle Ideen. Mit dem Heraufdämmern des Neuen Zeitalters wird sich das allerdings ändern. Im Idealfall sind beide Gehirnhälften gleich gut ausgebildet.

Bis vor kurzem noch schrieben die Menschen Listen, Fakten und Zahlen auf Papier. Sie rechneten im Kopf oder schrieben sich ihre Zahlen auf. Bei all diesen Arbeiten kam die linke Gehirnhälfte zum Einsatz – die männliche Seite des Verstands. Computer – deren Silikonchips interessanterweise auf Quarzkristallen beruhen – wurden entwickelt, um den Menschen genau diese Routinearbeiten abzunehmen, bei denen es um Logik und Schlussfolgerungen geht.

Das Reich des Geistes verfolgte damit einen höheren spirituellen Zweck. Man glaubte, dadurch würden die Menschen mehr Zeit haben, ihre rechte Gehirnhälfte zu gebrauchen – die feminine, kreative, übersinnliche, spirituelle Seite.

Diese Chance haben wir bislang noch nicht wahrgenommen. Stattdessen sehen wir zu, wie Computer alles nur noch beschleunigen. Vor ihrer Entwicklung konnte ein Mensch an einem Vormittag bis zu acht Briefe schreiben. Heute kann er achtzig verschiedene E-Mails an mehrere Tausend Empfänger auf den Weg bringen.

Das erhöht natürlich nicht nur die Kommunikation pro Zeiteinheit, sondern bedeutet zugleich auch unendlich viel mehr Arbeit mit der linken Gehirnhälfte. Der Computer hat das Tempo verzehnfacht. Das war so nicht beabsichtigt. In Atlantis erledigten die Kristallcomputer die Arbeiten, die in den Bereich der linken Hemisphäre fielen, und verschafften den Menschen somit viel freie Zeit, in der sie sich entspannen und ihren Gedanken nachhängen, die Natur und das Leben genießen und schöpferisch tätig sein konnten.

DIE KRAFT DER STEINE

Die Atlanter benutzten Kristalle für fast alle Belange. Fast alles, ihr gesamtes Können, aber auch ihre Technologie beruhte darauf. Kristalle haben ein Bewusstsein. Sie stehen untereinander in Kontakt und können Energie speichern und auch über große Entfernungen übertragen.

Die hoch entwickelten Atlanter setzten Kristalle ein, um Heilungsprozesse zu unterstützen, ihre medialen Fähigkeiten zu verbessern und sich in der Meditation mit der Einen Quelle zu verbinden. Die göttliche Energie, die in den Steinen eingeschlossen ist, half ihnen, ihre intellektuellen Kapazitäten zu optimieren und sich zu konzentrieren. Die großen Generatorquarze waren ihnen bei der Dematerialisation von Gegenständen und bei der Teleportation behilflich. Auch bei der Telekinese, Levitation und beim Transport insbesondere schwerer Steinblöcke bedienten sie sich ihrer. Ihr

Kommunikations- und Energienetz beruhte auf riesigen Kristalltürmen und -pyramiden, die zugleich das Wetter regulierten.

KRISTALLANLAGEN, KRISTALLE AUFLEGEN

Auch bei Geburten verwendeten die Atlanter Kristalle: Bergkristall zur Stärkung und Belebung, Blue Lace-Achat zur Beruhigung und Türkise zur Verbesserung der Kommunikationsfähigkeit. Es wurden auch Kristallkammern angelegt. Wenn etwa bei einer Untersuchung herauskam, dass jemand unter einer bestimmten Unausgeglichenheit litt, so begab er sich zur Meditation in eine dieser Kristallkammern, die auf seine speziellen Bedürfnisse abgestimmt war.

Nachts wurden Kristalle ausgelegt, damit sich die Menschen entspannen und gesunden konnten. Das ermöglichte es ihrem Geist auch, sich im Schlaf fliegend an einen Ort ihrer Wahl zu begeben. Darüber hinaus programmierten die Atlanter Kristalle, um bestimmte Lichtwesen besuchen zu können, wenn sie von ihnen Anweisungen, Läuterung und dergleichen erfahren wollten. Im Traumzustand stehen auch Ihnen viele Erleuchtete und Erzengel zur Verfügung. Sie müssen sich nur geistig darauf einstellen.

GEBURTSKRISTALLE

Wenn in Atlantis eine Seele auf die Welt kam, materialisierte sich ein Stein, der sie mit ihrer Heimat verband. Da sie ihre Herkunft vergessen hatten, konnten die Menschen ihren Stein zwar in der Hand halten und dabei ein gutes Gefühl haben, sich jedoch nicht erklären warum. Während ihrer gesamten Inkarnation stand es ihnen im Schlaf jedoch frei, ihren Heimatplaneten zu besuchen, wann immer sie das Bedürfnis danach empfanden. Dann legten sie einige Exemplare ihres speziellen Geburtskristalls im Bett um ihren Körper herum, was ihrem Geist auf seiner Reise behilflich war. Diese Kristalle kamen vom selben Planeten wie der Mensch und trafen zusammen mit ihm auf der Erde ein. Nach dem Tod dematerialisierten sie sich wieder und traten gemeinsam mit der betreffenden Seele die Heimreise an. Auf der Erde gibt es solche Kristalle heute leider nicht mehr.

Gegenwärtig ist es den Menschen mitunter nicht einmal mehr im Schlaf gestattet, ihren Ursprungsplaneten zu besuchen, denn man befürchtet, dass ihr Heimweh so groß werden könnte, dass sie nicht mehr in der Lage wären, ihrer Mission auf der Erde in vollem Umfang nachzukommen. Daher fühlen sich so viele zum Moldavit hingezogen, einem außerirdischen Meteoritgestein, das sie mit dem Kosmos verbindet, sie aber gleichzeitig auch erdet und hier verwurzelt.

SPEICHERKRISTALLE

Die Historiker von Atlantis behielten alles, was auf der Erde geschah, im Kopf. Sie waren speziell dafür ausgebildet und das Speichervermögen ihrer inneren Datenbanken war außerordentlich groß. Im Allgemeinen brillierten gerade Frauen in dieser Rolle. Wann immer es ihnen richtig schien, programmierten sie durch die Kraft ihrer Gedanken Speicherkristalle mit Informationen.

Ganz ähnlich wie sie vor Tausenden von Jahren benutzen auch wir heute Kristalle in Computern, um Archive zu führen und andere Erkenntnisse abzuspeichern. Gelegentlich tauchen solche uralten Speicherkristalle, die noch das gesamte heilige Wissen von Atlantis enthalten, auf. Menschen, deren Bewusstsein weit genug entwickelt ist, können diese Informationen dann telepathisch aufnehmen, indem sie den Kristall auf ihr drittes Auge legen und die Programme »einlesen«.

In den letzten Jahrtausenden oblag die Geschichtsschreibung immer denjenigen, die siegreich aus Machtkämpfen hervorgingen; sie ist daher höchst subjektiv, um nicht zu sagen: verzerrt. Die Informationen, die in Atlantis auf Speicherkristalle programmiert wurden, waren dagegen immer objektiv und entsprachen voll der Wahrheit.

Auch zur Unterstützung des Pflanzenwachstums wurden geeignete Kristalle programmiert. Sie wirkten mit den magnetischen Kraftfeldern von Pflanzen, Bäumen, Samenkörnern und dergleichen zusammen, um deren Energie zu stärken.

KOOPERATION MIT KRISTALLEN

Ein Kristall ist lebendige, elementare Energie. Da die herzgesteuerten Atlanter ein Gefühl der Einheit mit allen Dingen empfanden, konnten sie ihre Schwingungsfrequenzen auch mit der elementaren Energie der Steine verbinden und sie bitten, aufzuleuchten. Die Kristalle reagierten dann sowohl auf diese liebevolle Verbindung als auch auf die geistige Einstimmung. Dabei war das Herz sozusagen der Strom und der Verstand fungierte als Schalter.

So wurden etwa die Häuser mit reinem, sauberem, kostenfreiem Licht beleuchtet. Nicht anders die Heiltempel. Das Kristalllicht diente aber nicht nur der Beleuchtung. Wann immer die Steine aufleuchteten, verstärkte sich ihre Kraft.

Wie wir hören, sind auch heute bereits wieder einige Menschen dazu in der Lage. Diana jedenfalls hat mit Leuten gesprochen, denen es hin und wieder gelingt, einen Stein zum Leuchten zu bringen. Eine Frau hat ihr erzählt, dass sie ihren großen Quarz anknipsen könne und dann beleuchte er ihr Zimmer. Eine andere berichtete, dass sie ihrem Amethyst die Bitte antragen könne, Licht zu spenden. Von einer Frau, die wir hier Jean nennen wollen und die in Devon, England, lebt, hat Diana die folgende Geschichte gehört. Als Jeans Sohn eine schwere Zeit durchmachte, schenkte sie ihm einen schönen Rosenquarz, der mit dem Herzchakra in Resonanz steht. Er legte ihn auf seinen Nachttisch. Ein paar Tage später wurde seine Freundin nachts von einem wunderbaren rosa Licht geweckt, das von dem Stein ausging und den ganzen Raum erhellte. Sofort weckte sie auch ihren Freund und beide konnten es sehen. Wir vermuten, dass Jeans Liebe zu ihrem Sohn und die Liebe, die die beiden jungen Leute füreinander empfanden, reichten, um den Stein zum Leuchten zu bringen.

Solange im frühen Atlantis das Bewusstsein noch sehr hoch entwickelt und rein war, wurden Haushalte und ganze Städte mit Kristallkraft versorgt, die die Energie für Heizung, Kühlung und Elektrogeräte bereitstellte. Die Kristalltechnologie ermöglichte es den Bewohnern von Atlantis ferner, sich mit Geschwindigkeiten fortzubewegen, die wir uns auf unserem heutigen wissenschaftlichen Erkenntnisstand überhaupt nicht mehr vorstellen können. Wie das sein konnte? Es war ganz einfach. Die Kristalle wurden um ihre Mitarbeit gebeten, sie stimmten zu und wurden dann so programmiert, dass sie die erforderlichen Arbeiten ausführten. Spirituelle Reinheit ist eben von enormer Kraft.

Die Eingeweihten ließen ihren Leib in speziellen Kristallkammern, wenn ihr Geist auf die Reise ging. Die Kristallkraft wirkte wie ein Verstärker und schützte ihren biologischen Körper, während sie weg waren. Und wenn sie wussten, dass die Zeit zu sterben gekommen war, ließen die Eingeweihten häufig ihren Körper in diesen Kristallkammern zurück und kehrten nicht wieder.

Ein atlantischer Saatkristall

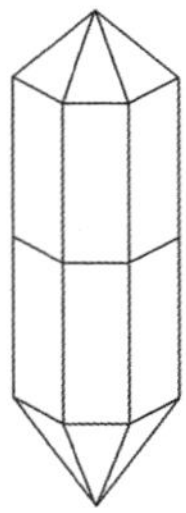

Die atlantischen Saatkristalle waren lupenreine Steine, ein Symbol für das geistige Gesetz »Wie oben, so unten«. Sie wuchsen in der Erde wie Pflanzen. Da die Atlanter nie etwas nahmen, ohne auch etwas zurückzugeben, wurden solche Saatkristalle auch häufig verschenkt. Als Präsente waren sie sehr beliebt, weil man ganz genau wusste, dass sie dem Herz gut taten.

ÜBUNG ❖ AKTIVIERUNG DER RECHTEN GEHIRNHÄLFTE

Mit der folgenden Übung können Sie Ihre rechte Gehirnhälfte stärken. Von jedem der folgenden Steine brauchen Sie dafür einen: Schwarzer Turmalin zur Erdung, Chrysokoll für Kreativität, Smithsonit (lavendelfarben) für die Stärkung der übersinnlichen Fähigkeiten, Amethyst für den Ausgleich und Goldtopas für Spiritualität.

Setzen Sie sich wenn möglich im Schneidersitz auf den Boden. Wenn Ihnen das zu unbequem ist, können Sie sich auch auf einen Stuhl setzen, mit den Füßen flach auf dem Boden.

1. Legen Sie sich den Schwarzen Turmalin unter die Füße.
2. Die anderen Steine legen Sie im Viereck um sich herum aus:

- den Amethyst links vor sich an Ihrem linken Knie
- den Goldtopas rechts hinter Ihnen
- den Smithsonit links hinter Ihnen
- den Chrysokoll rechts vor Ihnen an Ihrem rechten Knie.

3. Achten Sie darauf, dass Sie vollständig innerhalb des Vierecks sind (s. Abb.).
4. Ihre Hände legen Sie in den Schoß, die Handflächen sind geöffnet und zeigen nach oben.
5. Schließen Sie die Augen, atmen Sie dreimal langsam tief ein und aus, dann visualisieren Sie die Energien der einzelnen Steine an den vier Ecken, die sich jeweils nach rechts zum nächsten hin ausdehnen.

- Die Energie des Amethysts trifft auf die des Chrysokolls.
- Die Energie des Chrysokolls trifft auf den Goldtopas.
- Die Energie des Goldtopas trifft auf den Smithsonit.
- Die Energie des Smithsonits trifft auf den Amethyst.

Sie sind jetzt vollständig von der Energie der Steine umgeben. Stellen Sie sich vor, wie ihre Energien aufsteigen und leicht nach innen streben, sodass sie über Ihrem Kopf eine Pyramide bilden.

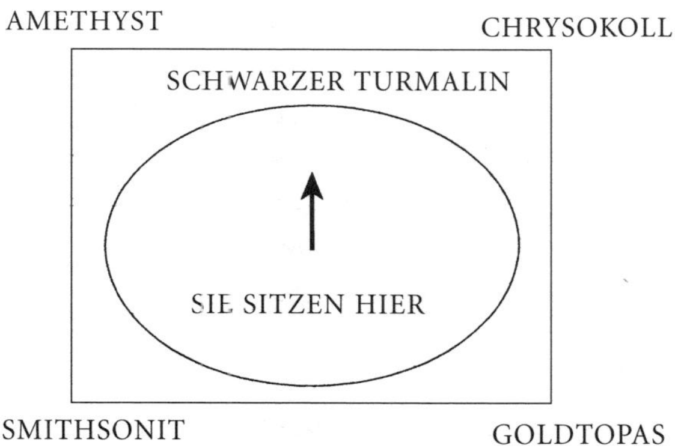

Auslegen von Kristallen zur Erweiterung der Kapazitäten Ihrer rechten Gehirnhälfte

6. Spüren Sie jetzt, dass der Raum, in dem Sie sich befinden, voller Kristalllicht ist. Es ist um Sie herum und geht durch Sie hindurch, tränkt Sie mit seiner Energie.
7. Bleiben Sie mindestens zwei Minuten lang so sitzen, gern auch länger, wenn Sie mögen.
8. Wenn Sie diese Übung regelmäßig durchführen, werden Sie feststellen, dass sich die Aktivitäten Ihrer linken Gehirnhälfte, also Kreativität, mediale Fähigkeiten, Verbindung mit dem Göttlichen, künstlerischer Ausdruck und Offenheit, zu zeigen beziehungsweise zu verstärken beginnen.

KAPITEL FÜNFUNDZWANZIG

KRISTALLE IN ATLANTIS

KRISTALLSCHÄDEL

Die Kristallschädel faszinieren die Menschen schon seit Jahrhunderten. In esoterischen Kreisen bestand nie Zweifel daran, dass sie aus Atlantis stammten und enormes Geheimwissen enthielten, das sich der Menschheit erst wieder erschließen wird, wenn sie dafür bereit ist.

Geisteskraft und die Macht der Gedanken erschufen in den goldenen Zeiten zwölf Kristallschädel. Es gab für jede der zwölf Regionen einen und sie bestanden alle aus einem soliden Stück Quarzkristall. Diese spezielle Form, heilige Informationen aufzubewahren, wurde nach reiflicher Überlegung gewählt. In Abstimmung mit dem Intergalaktischen Rat kamen die Hohen Priester und Priesterinnen zu der Auffassung, dass der menschliche Schädel ein Ausdruck des Bewusstseins war, das Gefäß für seinen heiligsten Körperteil, den die Menschen als Wohnstätte der Seele, des Intellekts und der Persönlichkeit verehrten. Dass die Wahl ausgerechnet auf diesen Körperteil fiel, ist auch ein Symbol für die Fähigkeit des Geistes, Reisen zu unternehmen, und die Kraft der Seele, sich in andere Welten zu begeben.

Die Schädel entsprachen in Form und Größe dem menschlichen Kopf und hatten bewegliche Kiefer, sodass sie sprechen und singen konnten. In den Kristallen befand sich ein ganzes Netzwerk von Prismen und Linsen, das das Gesicht und speziell die Augen leuchten lassen konnte.

Die Kristallschädel waren fortgeschrittene Computer. Jeder von ihnen enthielt das gesamte Wissen, über das sein Stamm verfügte. Die Hohen Priester und Priesterinnen programmierten die Kristallschädel auch mit dem Wissen um die Ursprünge des Menschen und die Geheimnisse des

Lebens. All das und noch viel mehr wurde in diesen merkwürdig aussehenden Computern gespeichert, damit künftigen Generationen diese Informationen zugänglich sind, sobald die Menschheit so weit ist. Das wird dann der Fall sein, wenn hinreichend Sensitive in der Lage sein werden, sich auf die sehr hohe Schwingungsrate der Schädel einzustimmen und die enthaltenen Informationen zu »entziffern«.

Als die Tempelpriesterinnen kurz vor der endgültigen Zerstörung von Atlantis die Inseln verließen, nahmen sie ihre heiligen Schädel mit, oft unter Inkaufnahme erheblicher persönlicher Gefahren. Irgendwo auf unserem Planeten sind alle zwölf verborgen.

Bislang ist erst einer gefunden worden: der Mayaschädel. Im Jahr 1927 half ein junges Mädchen mit Namen Anna ihrem Vater, dem Archäologen Dr. F. A. Mitchell-Hedges, bei den Ausgrabungen einer der verlorenen Mayastädte tief im Regenwald der alten Ruine von Lubaantum. Das war in Britisch-Honduras, dem heutigen Belize zwischen Mexiko und Guatemala in der Karibik. Dort fand Anna den Schädel unter einem Altar. Er befindet sich auch heute noch in ihrem Besitz.

Er wurde mithilfe von Kräften erschaffen, die uns schon lange nicht mehr zu Gebote stehen. So konnten Wissenschaftler keinen Hinweis darauf finden, dass er mit Instrumenten aus Metall hergestellt wurde. Man schätzt, dass es selbst mit Diamantmeißeln und den fortgeschrittensten Technologien, über die wir heute verfügen, mindestens 300 Jahre dauern würde, einen solchen Schädel aus einem Quarzblock zu hauen. Aber die Wissenschaftler suchen die Erklärung dafür natürlich nicht auf dem Gebiet der geistigen Technologien.

Man schreibt diesem Schädel ganz unterschiedliche Kräfte zu. Manche Sensitive sehen eine Aura um ihn herum oder nehmen einen süß-säuerlichen Geruch wahr. Andere Leute hören Klänge wie von Glöckchen oder ganze Chöre, die von ihm ausgehen. Viele hatten Visionen und behaupten, er sei sowohl Heilmittel als auch Orakel.

Andere Kristallschädel, die gefunden wurden, stammen nicht aus Atlantis, sondern wurden von Angehörigen der Stämme, die die Inseln verließen, in Ägypten angefertigt. Die Informationen, die sie enthalten, sind nicht so makellos und rein wie bei den ursprünglichen zwölf Kristallschädeln.

Es gab noch einen dreizehnten. Er war genauso gearbeitet, bestand aber aus Amethyst. Dieser Schädel enthielt das gesamte Wissen und die gesamte

Weisheit der anderen zwölf. Seine Schwingungsfrequenz ist so hoch, dass er sich dematerialisiert hat und für die Menschheit auf ihrem derzeitigen Evolutionsstand unsichtbar ist. Er befindet sich in der Obhut der Sphinx, seiner Hüterin auf Erden. Wenn alle zwölf Quarzschädel gefunden und mit acht speziellen Quarzstäben zusammengebracht werden, dann gibt die Sphinx auch den dreizehnten frei, den Meisterschädel aus Amethyst. Bis dahin bleibt er unseren Augen verborgen.

Die kreisförmige Anordnung auf der folgenden Zeichnung symbolisiert das All-Eins. Jeder Schädel enthält das geistige Wissen des atlantischen Stammes, den er repräsentiert, und die acht Quarzstäbe entsprechen den acht Bestandteilen des menschlichen Schädels: Hinterhauptsbein, rechtes und linkes Scheitelbein, Stirnbein, rechtes und linkes Schläfenbein, Keilbein und Siebbein. Wenn der Amethystschädel hinzukommt, wird die reine Energie des Goldenen Atlantis zur Erde zurückfinden.

Die Kristallschädel

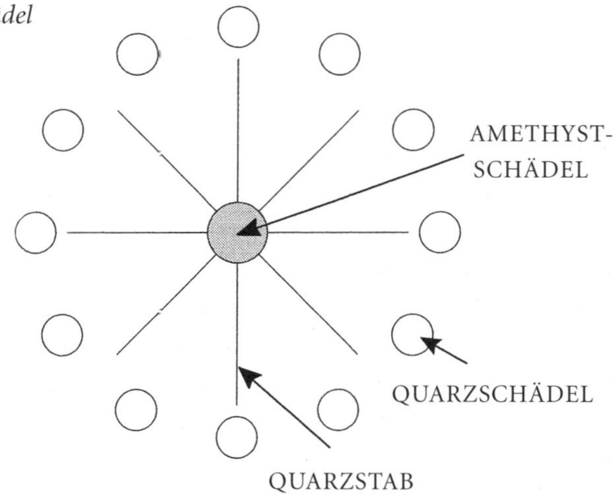

Einiges wissen wir zwar schon, wir dürfen aber beispielsweise noch nicht erfahren, in welche Richtung die Schädel und Stäbe zeigen – man geht davon aus, dass wir noch nicht weit genug entwickelt sind, um weise mit diesem Wissen umgehen zu können.

DIE ATLANTISCHEN ENERGIEKRISTALLE

In den letzten Jahren werden in der ganzen Welt Steine gefunden, die ganz speziell dazu dienen, die atlantischen Energien anzukündigen. Bisher nennen wir sie im Allgemeinen New-Age-Steine. Sie stellen uns ihre Lebenskraft zur Verfügung, um uns bei einem der wichtigsten Schritte unserer gesamten Geschichte behilflich zu sein. Wenn wir lernen, uns auf sie einzustimmen, wird dies einen subtilen, aber dennoch sehr starken Effekt auf unsere Psyche und unser Energiesystem haben. Dann können wir in ein fortgeschritteneres Stadium der Medizin eintreten und insgesamt ein höheres Wesen annehmen. Die bewusste Energie, die in diesen Kristallen enthalten ist, verlangt uns jedoch Engagement ab: Wir müssen täglich mehr Liebe zum Ausdruck bringen und verschenken, damit die Erde in die Lage versetzt wird, den destruktiven Kurs, der eingeschlagen wurde, zu korrigieren.

Schon seit Jahrhunderten werden Steine zu Heilzwecken eingesetzt. Die, die jetzt auftreten, sind aber speziell für unsere heutige Zeit geeignet. Sie helfen uns bei einer Vielzahl körperlicher, emotionaler und geistiger Probleme, die aus den Energien und Einflüssen resultieren, denen wir in unseren Tagen ausgesetzt sind. Darüber hinaus sollen sie uns etwas zeigen, was ein neues Bewusstsein und ein neuer Lebensstil zu sein scheint, wobei es sich in Wirklichkeit aber um die Rückkehr der Energien von Atlantis auf unseren Planeten handelt. In diesen Steinen reflektieren sich Farben und Energien, die wir vorher nicht wahrnehmen konnten. Und es werden immer mehr. Ein paar von ihnen haben wir unten aufgelistet, zusammen mit den Lektionen, die sie uns erteilen, und der Art und Weise, in der sie Sie unterstützen können. (Kristalle, die nicht mit einem Stern versehen sind, arbeiten nur unter anderem mit Atlantis zusammen. Sie sind irdischen Ursprungs. Kristalle mit einem Stern sind nicht auf der Erde zu Hause, sondern zu uns geschickt worden, um die Schwingungen für die Rückkehr der reinen Atlantis-Energie zu erhöhen. Steine mit zwei Sternchen, Grundkristalle, haben eine hohe Frequenz und sind uns auf der Erde schon länger zu Diensten. Sie arbeiten sehr bewusst und aktiv darauf hin, Atlantis wiederaufleben zu lassen. Das steht auf ihrer Prioritätenliste ganz weit oben.)

AMETHYST**

Der Amethyst lehrt uns Demut. Viele Menschen werden von ihrem Ego aufgehalten, also im Grunde von all den Überzeugungen oder Vorstellungen, die Sie von den anderen Menschen isolieren. Wenn Sie ohne Selbstsucht lernen, demütig zu sein, können die Kräfte des Universums Sie leiten und lenken. Der Amethyst erinnert Sie daran, loszulassen und zu vertrauen. Dieser sanfte Stein zeigt Ihnen, dass Sie, wenn Sie alles aufgeben, offen sind, um bedeutend mehr zu bekommen. Denn dann kann das Göttliche Sie mit Weisheit und Liebe erfüllen.

ANGELIT

Der Angelit hilft Ihnen, Mitgefühl zu entwickeln und zu akzeptieren, was Sie nicht ändern können. Wenn der Widerstand schwindet, werden Ihre Energien freigesetzt. Dann kann der Angelit Ihr Bewusstsein erweitern und Ihre Wahrnehmung schärfen. Er intensiviert Ihre Einstimmung und verschafft Ihnen eine Verbindung zum universalen Wissen.

AZEZTULIT

Dieser heilige Stein kommt nur zu Ihnen, wenn Sie dafür bereit sind. Dann aber erweitert er Ihr Bewusstsein und erhöht Ihre Schwingungszahl. Er öffnet Sie für die höchstmögliche Frequenz, auf die Sie sich einstimmen können, und beschleunigt Ihr geistiges Wachstum.

SCHWARZER OBSIDIAN

Die Farbe Schwarz hat etwas mit dem Geheimen, Mysteriösen und Unbekannten zu tun und deutet gleichzeitig das Potenzial an, das in uns steckt. Die Wirkung dieses Steins ist sehr stark, unterschätzen Sie ihn also bitte nicht. Er bringt alles an die Oberfläche, womit Sie sich beschäftigen sollten. Seien Sie also vorbereitet, er nimmt auf menschliche Schwächen keine Rücksicht. Der schwarze Obsidian kann beispielsweise dazu beitragen, dass Ihnen die geheimen Seiten Ihres Egos bewusst werden wie etwa Selbstsucht, Angst oder Unbeugsamkeit. Wenn Sie aber die dunkleren Aspekte Ihres unbewussten Selbst freisetzen, werden Sie in der materiellen Welt glücklicher sein können.

Zudem wird Ihre ganze Pracht hervorgelockt, falls Sie damit im Moment noch hinter dem Berg halten.

ZÖLESTIN

Dieser himmlische Stein kann die geistige Entwicklung fördern, indem er eine Verbindung mit den universellen Energien herstellt. Er hilft, Intellekt und Instinkte miteinander in Einklang zu bringen und vollkommene Harmonie zu entwickeln. Es ist ein Stein der Erleuchtung, da sein subtiler Einfluss es Ihnen ermöglicht, auf das Unendliche zu vertrauen. In jedes Zimmer, in dem Sie die Schwingung erhöhen möchten, können Sie einen Zölestin legen.

CITRIN**

Der wunderbare goldgelbe Citrin ist der Stein des Überflusses. Er energetisiert Sie und erfüllt Sie so mit Lebenskraft, dass Sie sich Ihre intimsten Herzenswünsche erfüllen können. Eine Citrinkugel wird auch Ihre Meditation intensivieren.

FLUORIT*

Dieser schöne extraterrestrische Stein wirkt bewusstseinserweiternd. Er wird Sie lehren, von den Illusionen einer dreidimensionalen Welt abzulassen, er verschafft Ihnen Zugang zum Reich des Geistes, sodass Sie interdimensional werden können. Der Flurorit wird auch »Stein des Geistes« genannt, weil er hilft, die negativen und positiven Aspekte des Bewusstseins auszugleichen und kosmische Ideen sowie die geistigen Gesetze des Universums zu begreifen.

CHRYSOKOLL-CHALCEDON

Dies ist der Stein des Friedens, der Ihnen ganz sanft hilft, unterdrückte Gefühle wahrzunehmen und zarter, offener und sensibler zu werden. Wenn Sie über diese Eigenschaften verfügen, können Sie weder sich selbst noch anderen Schaden zufügen. Darüber hinaus regt der Chrysokoll-Chalcedon zu mehr Geduld, Freundlichkeit, Toleranz, Mitgefühl und Bescheidenheit an – alles Wesenszüge, die letztlich den Weltfrieden herbeiführen werden.

KUNZIT

Der Kunzit verbindet Sie mit Ihrer Seele. Er ist der emotionalen Ausgeglichenheit dienlich, indem er es Ihnen ermöglicht, alle Ängste und Kümmernisse loszulassen, die Sie an Ihre Vergangenheit fesseln. Zudem verbindet er Sie mit Ihrem Herzen, einem unerschöpflichen Quell der Liebe: Ihrem göttlichen Wesen.

LARIMAR

Dieser glatte blaue Stein ist bei uns, um bei der Heilung und Evolution der Erde behilflich zu sein. Er stimmt Sie heiter, friedvoll, ruhig und fördert Ihre geistige Entwicklung, sodass Sie in aller Ruhe kreativ und erfolgreich sein können. Ein Larimar hilft der Seele, ihren wahren Weg zu finden, indem er alle Traumata aus der Vergangenheit auflöst und die spielerische, kindliche Natur des Menschen zum Vorschein kommen lässt. Ferner unterstützt er die Einstimmung des Körpers und der Seele auf neue Schwingungen.

MOLDAVIT*

Dieser wirkungsvolle Stein extraterrestrischer Herkunft stellt die ständige Verbindung mit Ihrem höheren Lebenszweck her. Deshalb beschleunigt er Ihr geistiges Wachstum und erleichtert den Prozess Ihres Aufstiegs. Die Arbeit mit einem Moldavit lässt Sie auch Zugang zur Akasha-Chronik finden. Aktuell ist er insbesondere den Kristall- und Indigokindern behilflich, die ja eine höhere Schwingung haben als wir anderen. Ihnen hilft der Moldavit, ihre menschliche Gestalt zu akzeptieren und sich ihr anzupassen.

OKENIT

Der Okenit hilft Ihnen, die Einflüsse der Vergangenheit auf Ihre Zukunft zu verstehen, sodass Blockaden beseitigt werden. Er verbindet Sie mit Ihrem Höheren Selbst, indem er Sie befähigt, Ihren Lebenszweck bewusst zum Ausdruck zu bringen und zu erfüllen. Dabei hilft er Ihnen auch, Ihre karmischen Zyklen zu vollenden, was wiederum Ihr spirituelles Wachstum beschleunigt.

PETALIT

Der Petalit säubert Ihre Aura, indem er Ihnen hilft, ruhig und klar zu werden, damit Sie sich mit den höchsten Ebenen des geistig-spirituellen Wissens verbinden können. Zudem unterstützt er Sie dabei, über Ihre Visionen zu sprechen.

RHODOCHROSIT

Der Rhodochrosit ist wie eine Brücke zwischen den oberen und den unteren Chakren und bewirkt daher die Integration von Körper und Geist. Das prachtvolle rosa Licht, das von ihm ausgeht, lehrt das Herz, Lebenserfahrungen und Verletzungen zu akzeptieren und sich auf sie einzustellen, ohne sich zu verschließen. Das ermöglicht es Ihnen, die Energien Ihrer höheren Chakren in Ihr Leben zu integrieren. Wenn es darum geht, Menschen zu helfen, die Opfer sexuellen Missbrauchs waren, gibt es keinen besseren Heilstein als den Rhodochrosit. Darüber hinaus hilft er in der Meditation, sich seiner persönliche Mission klar zu werden.

ROSENQUARZ**

Der Rosenquarz heilt das Herz. Dies ist der schöne Stein der Liebe und des Nährens, wovon man heutzutage ja gar nicht genug bekommen kann. Wenn Sie mit diesem Stein arbeiten möchten, sollten Sie ihn sich unters Kopfkissen legen oder ihn nahe beim Herzen tragen: Dann wird er sie mit Liebe nähren. Wenn Ihr Herz heil ist, werden Sie Freude und inneren Frieden empfinden. Und bedingungslos lieben können – ohne Erwartung und Anhaftung.

RAUCHQUARZ**

Dieser machtvolle Stein regt Sie an, sich unerwünschter Aspekte Ihres Selbst bewusst zu werden und sie abzustreifen, beispielsweise das Streben nach der Befriedigung materieller Bedürfnisse, Hochmut oder auch

Neigungen, der Welt und dem Leben entfliehen zu wollen. Er reinigt und inspiriert Sie, Ihr Leben zum Besseren zu verändern. Darüber hinaus unterstützt er den spirituellen Energiefluss.

SUGILITH

Die Heilwirkung des Sugiliths besteht darin, dass er die unterschwelligen Ursachen von Energieblockaden offen legt. Er befähigt Sie, die Gefühls- und Denkmuster zu erkennen, die für körperliche Unausgeglichenheit verantwortlich sind, und ist Ihnen dabei behilflich, diese zu beseitigen und wieder zu gesunden. Er unterstützt Sie auch dabei, diese Heilkraft weise einzusetzen, um nicht nur sich selbst, sondern auch anderen zu helfen. Speziell Indigo- und Kristallkinder können von dem Verständnis profitieren, zu dem der Sugilith ihnen verhilft.

TURMALIN*

Der Turmalin, ob nun grün, schwarz oder andersfarbig, hilft Ihnen, die universellen Gesetze auf Erden zu verankern und die beschränkten menschlichen Vorstellungen zu einem erweiterten Bewusstsein zu transformieren. Dieser Stein spornt Sie an, sich mit den höheren Mächten zu vereinen und Licht in Ihr Leben und die ganze Welt zu bringen.

ÜBUNG ❖ ENERGIEN UMWANDELN

Um niedrig schwingende Energien in die höheren Frequenzen der geistigen und ätherischen Ebenen umzuwandeln, legen Sie in jede Ecke Ihres Bettes einen Amethyst. Bitten Sie die Engel vor dem Einschlafen, Ihren ganzen Ärger, all Ihre Ängste und anderen negativen Energien im Schlaf zu transformieren.

ÜBUNG ❖ STRESS ABBAUEN

Um Stress abzubauen, setzen Sie sich ganz ruhig hin, dabei sind Ihre Hände geöffnet und die Handflächen zeigen nach oben. Nehmen Sie in jede Hand einen Rauchquarz. Schließen Sie die Augen, atmen Sie langsam und tief ein und aus und spüren Sie die Energie und die Wärme des Rauchquarzes, die durch die Hände in Ihren Körper eindringt. Das ist so, als würde der warme Sonnenschein durch Sie hindurch reisen. Möglicherweise läuft Ihnen ein Schauer über den Rücken, wenn der Stein seine Entspannungsarbeit aufnimmt.

ÜBUNG ❖ IM SCHLAF MIT DER ENERGIE DER STEINE ARBEITEN

Wenn Sie die Energie der Steine, über die wir in diesem Kapitel gesprochen haben, aufnehmen möchten, brauchen Sie sie nur nachts an allen vier Ecken Ihres Bettes auszulegen. Dann nehmen Sie die Energie im Schlaf auf. Achten Sie aber bitte darauf, dass Sie jedes Mal nur eine Steinart verwenden.

ÜBUNG ❖ KRISTALLENERGIE AUFNEHMEN

Für diese Übung benötigen Sie Notizbuch und Stift.

1. Nehmen Sie auf einem Stuhl Platz. Ihre Füße stellen Sie flach auf den Boden und Ihre Wirbelsäule ist ganz gerade. Zünden Sie eine Kerze an und stellen Sie sie auf Augenhöhe hin.
2. Nehmen Sie in jede Hand einen Kristall. (Dabei muss es sich um dieselbe Art handeln, also beispielsweise zwei Citrine oder zwei Rhodochrosite.)
3. Richten Sie Ihren Blick entspannt auf die Kerzenflamme. Ihre Atmung ist langsam, tief und rhythmisch.
4. Spüren Sie, wie die Energie der Steine in Ihre Handflächen eindringt und sich allmählich im ganzen Körper ausbreitet. Sie können so lange so sitzen bleiben, wie Sie mögen.
5. Wenn Sie bereit sind, mit der Sitzung fortzufahren, machen Sie die Augen zu, umfassen die Steine mit den Händen und heben sie an Ihr Gesicht.
6. Führen Sie Ihre zur lockeren Faust geballten Hände an Ihr drittes Auge und berühren Sie es mit den vordersten Gliedern der Daumen. Bleiben Sie noch ein paar Augenblicke so sitzen und spüren Sie die

Kommunikation und den Energieaustausch zwischen Ihrem dritten Auge und den Steinen.

7. Wenn Sie so weit sind, nehmen Sie langsam Ihre Hände runter, öffnen sie und legen die Steine vor sich hin. Lassen Sie sich von nichts und niemandem ablenken.
8. Schließlich öffnen Sie die Augen und schreiben sich sofort alles, was Sie während dieser Übung gesehen und jede Botschaft, die Sie empfangen haben, auf. Führen Sie über alles genau Buch und beobachten Sie, wie die Informationen, die Sie erhalten, von Mal zu Mal an Quantität und Deutlichkeit zunehmen.

KAPITEL SECHSUNDZWANZIG

DAS JAHR 2012

Für 2012 wird eine große Veränderung prophezeit. Der aztekische und der Maya-Kalender gehen nur bis zu diesem Datum, da die Weisen dieser Völker über diesen Zeitpunkt, der als Zeit des Unbekannten betrachtet wurde, nicht hinausschauen konnten. Den Hindus zufolge markiert das Jahr 2012 die Pause zwischen dem Einatmen und dem Ausatmen von Brahma, wenn die Zeit einen Moment lang still steht und außergewöhnliche Dinge geschehen. Je näher wir diesem Datum kommen, desto wichtiger wird es, dass wir uns auf die neuen Energien vorbereiten, die uns dann zur Verfügung stehen werden.

Am 21. Dezember um 11.11 Uhr findet dann die Wintersonnenwende statt. Es handelt sich dabei um eine ganz seltene astrologische Planetenkonstellation, die auch Uranus, Pluto und Neptun betrifft. Für die Erde und ihre Bewohner ist sie der Beginn einer zwanzigjährigen Übergangsperiode, zugleich aber auch der Beginn eines neuen 26 000-Jahre-Zyklus. Aufgrund des niederen Bewusstseins der Menschheit fiel eine solche Konstellation bisher immer mit Ereignissen wie Kriegen und Klimaveränderungen zusammen. Dieses seltene stellare Ereignis wird einen tief greifenden Effekt auf uns alle haben, da es das Zusammenspiel von Planeten betrifft, die mit der Transformation von Überzeugungen und Einstellungen zu tun haben, aber auch mit Dingen wie Inspiration, Kreativität, Phantasie, Spiritualität, Träumen und Illusion.

Hinzu kommt bei dieser Gelegenheit ein Zeitraum von acht Jahren, in dem wir uns auf diesen großen Moment vorbereiten können. Die Venus geht nur sehr selten durch die Sonne. Ist es dann aber einmal der Fall, so geschieht es im Abstand von acht Jahren gleich zweimal hintereinander, letztmalig 1874 und 1882. Im Zuge der Vorbereitungen auf das Jahr 2012 fand am 8. Juni 2004 ein Venus-Transit statt, der nächste wird am 6. Juni 2012 sein. Diese wunderbare, ganz besondere Konstellation beginnt die Polarität von Weiblich und Männlich auszugleichen und bietet uns allen Riesenchancen für persönliches Wachstum sowie eine gute Gelegenheit, unseren Aufstieg und den des Planeten zu beschleunigen. Den Mayas zufolge versinnbildlicht dieser Transit eine bedeutende Wiedergeburt des Sonnenbewusstseins. In der Zeit zwischen diesen Daten kommt es darauf an, dass wir unser Bestes tun, um die Welt zu vereinen. Dann können wir uns selbst, aber auch den ganzen Planeten durch spirituelle Achtsamkeit transformieren. Das heißt auch, ein neues Bewusstsein hervorzubringen, das alle Lebensformen und Ressourcen der Erde respektiert.

Man spricht von grässlichen Dingen, die 2012 passieren können, aber auch von einem immens positiven spirituellen Wandel. Was stimmt denn nun? Wie Kumeka uns mitteilt, ist beides möglich. Er vergleicht die Situation der Erde mit einer Wippe, bei der sich auf der einen Seite die positiven Dinge befinden und auf der anderen die negativen. Im Moment ist die Wippe im Gleichgewicht. Unsere Aufgabe liegt nun darin, uns mehr und mehr auf die Seite des Positiven zu konzentrieren, damit sich das Licht, die Liebe und die Harmonie auf der Erde durchsetzen können. Solange diese Chance besteht, muss jeder von uns etwas dafür tun. Jedes Individuum muss sich aktiv dafür engagieren, seine Schwingung zu erhöhen, was dazu führen wird, dass sich die Frequenz des Planeten insgesamt optimiert. Auf diese Weise können wir dazu beitragen, dass das Jahr 2012 einen positiven Ausgang nimmt.

Die Wintersonnenwende 2012 ist auch der Zeitpunkt, an dem einige der Menschen, die wahrhaft dazu bereit sind, sich transformieren und aufsteigen werden. Andere, die dazu ebenfalls in der Lage wären, bleiben jedoch hier und sorgen dafür, dass das Licht nicht wieder schwächer wird. Zur gleichen Zeit werden sich einige Menschen in die vierte Dimension begeben.

Kumeka richtet die folgende Botschaft an die Menschheit:

Die Wintersonnenwende 2012 ist der Zeitpunkt, an dem etwas Altes sterben wird und etwas Neues entsteht. In diesem Buch erhaltet ihr viele Informationen, die es euch ermöglichen werden, ein höheres spirituelles Bewusstsein zu entwickeln, das jetzt dringend erforderlich wird. Ferner ist es wichtig, dass ihr den Planeten, auf dem ihr lebt, respektiert und ihn mit Freundlichkeit und Mitgefühl behandelt. Aus lauter Ignoranz haben manche Menschen immer noch nicht aufgehört, seine Schönheit und Vitalität zu zerstören. Macht es euch also zum Ziel, diesen Menschen zu helfen, ein Bewusstsein zu entwickeln, das den Bedürfnissen der Erde Rechnung trägt. Von den geistigen Ebenen her werden wir tun, was wir können, um euch bei der Erweiterung eures Bewusstseins zu unterstützen. Aber ihr und alle, die ihr kennt, müsst eurem Planeten helfen. Denn was für einen Sinn hätte ein neues Bewusstsein, wenn ihr keinen Planeten mehr habt, auf dem ihr es leben und erleben könnt? Es ist an der Zeit, dass alle Menschen eine Partnerschaft miteinander, mit der Erde und dem Kosmos eingehen und damit wahre Bürger der Galaxis werden, die sich um die Erde kümmern, für ihren Erhalt sorgen und sich damit auch selbst erhalten.

Vier Kristalle wurden uns geschickt, damit wir uns auf diesen Energieschub vorbereiten können. Wenn Sie diese Steine immer bei sich haben und regelmäßig mit ihnen meditieren, werden Sie in die Lage versetzt, Ihre Schwingungsfrequenz zu erhöhen und sich den erhabenen Mächten zu öffnen. (Siehe auch die Übung *Energieaufbau für das Jahr 2012* am Ende dieses Kapitels.)

SELENIT

Wie im 16. Kapitel bereits erwähnt spielt dieser Stein eine bedeutende Rolle bei der Aktivierung des Seelensterns. Wir können aber auch jetzt schon anfangen, diese Energie zu erleben. Der Selenit zeigt uns, wie wir die göttlichen Gesetze und Grundsätze in unser Leben integrieren können. Ferner lehrt er uns Geist und Materie zu verbinden, um die Leuchtkraft des Geistes in unseren biologischen Körper einzubringen. Letzten Endes findet der Geist in jedem von uns ein Zuhause. Das ist aber zwangsläufig ein langsamer, sanfter Prozess, denn weder unser Körper noch unser Verstand wären in der Lage, sich schnell auf diese neue Energie einzustellen.

DISTHEN (KYANIT)

Die wichtigste Funktion dieses Kristalls besteht darin, unsere Energie wieder mit dem Kausalchakra zu verbinden. Bis wir dafür bereit sind, übermittelt uns der Disthen eine sanfte Kraft, deren wir uns überhaupt nicht bewusst sind. Diese Energie ist wie eine rettende Hand, die uns gereicht wird. In den meisten Fällen sind wir aber wohl viel zu ängstlich, um sie deutlich wahrnehmen zu können. Doch sie ist da, und wir müssen nur bereit sein, sie zu erkennen, uns zu öffnen und die Verbindung herzustellen.

Man vermutet, dass der Disthen eher dem Reich des Ätherischen zuzuordnen ist als der materiellen Welt. Die höheren Kräfte unseres Verstandes sind seit Tausenden von Jahren nur noch latent vorhanden. Wenn der Disthen aber beginnt, sie zu neuem Leben zu erwecken, werden auch wir bald wieder in der Lage sein, unseren Leib an jeden Ort zu befördern, der uns gefällt – auch ohne Easyjet. Und das ist nur eine der vielen Fähigkeiten, die wir uns wieder aneignen werden. Die Veränderungen am Wegesystem unserer Synapsen, die dafür erforderlich sein werden, sind viel zu dramatisch, als dass sie über Nacht eintreten könnten. Die Arbeit mit diesem Stein wird uns die entsprechenden Wege aber nach und nach öffnen.

Der Disthen mag uns heute zwar relativ neu sein, er ist aber schon sehr lange bei uns. Bereits die Atlanter benutzten diesen Stein, um bei frisch inkarnierten Seelen eventuelle zerebrale Unausgewogenheiten zu behandeln. Zusammen mit Selenit, Hämatit und Calcit wurde blauer Disthen seinerzeit verwendet, um die feinen Energiebahnen im menschlichen Körper zu öffnen und frei zu machen. Auch war es üblich, ihn auf die Meridianpunkte zu legen, um den Energiefluss anzuregen und Blockaden in den Chakren zu beheben.

Heutzutage vermag der Disthen den Indigo- und Kristallkindern, die sich auf der Erde inkarnieren, behilflich zu sein. Mit diesem Stein können qualifizierte Fachkräfte die Behandlung von Epilepsie, Autismus, Schlaganfällen und anderen Formen zerebraler Unausgeglichenheit unterstützend begleiten. Dabei stellt der Disthen neue Energiebahnen her, die die Lichtquelle mit dem Kopf der Patienten verbinden.

CALCIT

Die Lektion des Calcits ist einfach, aber tief greifend. Er ist hier, um uns in der Kunst des »Seins« zu unterweisen. Bei der Arbeit mit diesem Stein ist der Verstand ausgeschaltet, da er lediglich will, dass wir uns für seine Lehre öffnen. Der Calcit verhilft uns zu »Wissen« in des Wortes elementarster Bedeutung. Lassen Sie uns das ein wenig erklären. Wie oft hat Ihnen nicht schon jemand eine Frage gestellt, und Sie haben einfach geantwortet, ohne groß darüber nachzudenken. Erst später ist Ihnen dann aufgefallen, dass Sie die Antwort eigentlich gar nicht haben kennen können. Das ist wahres »Wissen«, es kommt einfach aus dem »Sein«. Die Arbeit mit diesem Kristall kann die Art und Weise, wie Sie die Realität wahrnehmen, verändern. Aber genau wie beim Disthen ist auch die Energie des Calcits so sanft, dass Sie keine Veränderungen über Nacht erwarten dürfen.

Die Arbeit mit dem Calcit bringt vielerlei Nutzen. So können wir uns mit diesem Stein etwa Zugang zu kosmischem Wissen verschaffen, das im Moment noch weit über unseren Horizont geht. Er hilft Ihnen aber auch zu verstehen, welche Lektionen Ihre Seele während dieser Inkarnation lernen soll. Wenn Sie also Mustern und Zyklen, die sich in Ihrem Leben ständig wiederholen, verständnislos gegenüberstehen, kann der Calcit Ihnen zu den nötigen Einsichten verhelfen. Darüber hinaus zeigt er Ihnen, welches Potenzial zur Lösung dieser Probleme in Ihnen selbst steckt.

HÄMATIT

Im Abschnitt über den Selenit haben wir erläutert, dass dessen Rolle darin besteht, unseren Leib mit Geist zu versorgen und eine Verbindung von Geist und Materie herzustellen. Die Aufgabe des Hämatits nun ist es, den Geist in die Blutbahn zu bringen, sodass dessen Botschaften in den genetischen Code der Zellen Eingang finden, wodurch bei den Menschen die Blaupause einer reineren und vitaleren Energie entsteht. Die gute Nachricht: Die alte wird dadurch ersetzt.

Gegenwärtig ist der Hämatit der Stein, der am meisten dazu beiträgt, den Erdstern zu aktivieren. In diesem machtvollen Kristallquartett stellt er also das erdende Element dar.

Kumeka möchte uns Folgendes mitteilen: Obwohl wir immer davon sprechen, dass die neue Energie im Jahr 2012 auftritt, ist sie bereits JETZT vorhanden. Wir können sie stärken, indem wir uns Zugang zu ihr verschaffen und uns ihrer bedienen.

Bestimmte Steine wirken auf die einzelnen Chakren ein und unterstützen uns dabei, die reine Atlantis-Energie zurückzugewinnen:

BASISCHAKRA. Roter Jaspis, Granat, Obsidian, blauer Onyx, Rauchquarz, Realgar, Rhodonit und schwarzer Turmalin helfen Ihnen, sich voller Liebe auf der materiellen Ebene zu bewegen und die geistigen Kräfte im physischen Körper zu verankern.

SAKRALCHAKRA. Bernstein, Karneol (rot und orange), Citrin, Rubin und Wulfenit sind Ihnen dabei behilflich, sich Ihrer Lebensaufgabe zuzuwenden, und sorgen dafür, dass Sie Ihr kreatives Potenzial voll ausschöpfen können.

SOLARPLEXUSCHAKRA. Apatit, Calcit, Citrin, Schwefel und Topas (gelb und orange) sind hilfreich bei der Aufnahme und Verarbeitung Ihrer neuen Erfahrungen. Ebenso bei der Verwirklichung Ihrer Ziele und der Umsetzung Ihrer persönlichen Stärken.

HERZCHAKRA. Aventurin, Diptas, Smaragd, Kunzit, Malachit, Morganit, Peridot, Rosenquarz, Rhodochrosit und Turmalin (grün oder rot). Es ist Zeit, alle emotional unverarbeiteten Traumata loszulassen, da sie dieses Chakra blockieren. Das Bewusstsein in den genannten Steinen wird Ihnen helfen, in Ihren täglichen Aktivitäten bedingungslose Liebe zu geben.

KEHLCHAKRA. Blue Lace-Achat, Amazonit, Aquamarin, Zölestin, Chrysokoll, Chrysokoll-Chalcedon und Türkis sind darauf spezialisiert, Ihnen zu helfen, die Wahrheit auszusprechen.

DAS DRITTE AUGE. Amethyst, Azurit, Fluorit, Lapislazuli, Saphir, Sodalith und Sugilith wirken ausgleichend auf Ihren Gemütszustand und reinigen Ihr drittes Auge, sodass Sie echte Hingabe entwickeln und das Göttliche in allem erkennen können.

KRONENCHAKRA. Diamant, Heliodor, Selenit, Bergkristall und Goldtopas bringen Ihnen Frieden und Weisheit, damit Sie mit Gott eins werden können. Sie werden Sie aber auch befähigen, Ihre eigene Verbindung mit dem Unendlichen zu erkennen.

ÜBUNG ❖ ENERGIEAUFBAU FÜR DAS JAHR 2012

Besorgen Sie sich je einen Selenit, Disthen, Calcit und Hämatit. Beachten Sie aber bitte, dass diese Steine alle sehr empfindlich sind. Wasser, Sonneneinstrahlung und unvorsichtige Behandlung können sie beschädigen. Am besten reinigen Sie sie, indem Sie tibetische Klangschalen anschlagen und sie so um die Kristalle herum bewegen, dass der Schall in sie eindringen kann. Natürlich dürfen Sie dafür auch eine Sphärenschale benutzen.

Tragen Sie die Steine ständig bei sich und legen Sie sie jeden Abend vor dem Schlafengehen neben Ihr Bett. Da sie nie weiter als ungefähr einen Meter von Ihnen entfernt sein sollten, möchten Sie sie vielleicht in einem Beutelchen um den Hals tragen. Führen Sie diese Übung so oft es geht durch, am besten täglich, mindestens aber einmal pro Woche.

1. Sorgen Sie dafür, dass Sie eine Weile nicht gestört werden. Zünden Sie eine Kerze an und legen Sie vielleicht auch sanfte Entspannungsmusik auf. Schließen Sie die Augen, und versetzen Sie sich an ein ruhiges Plätzchen, an dem Sie ganz entspannt und zentriert sein können.
2. Legen Sie die Hände mit den Steinen wie zum Beten zusammen.
3. Führen Sie sie an Ihr Herzzentrum, und spüren Sie, wie sich die sanfte Energie der Steine mit Ihrem Herzen verbindet. Sehen oder empfinden Sie den Energiekreislauf zwischen den Kristallen und Ihrem Herzen. Währenddessen stimmen die Steine Ihren Körper auf ihre Schwingung ein. Würden sie jetzt ihre ganze Energie zum Tragen kommen lassen, wäre die Wirkung viel zu stark. Daher wird sie von dem ihnen innewohnenden Bewusstsein so reguliert, dass Sie damit umgehen können. Machen Sie sich also keine Sorgen, dass Sie überfordert werden könnten. Das wird nicht geschehen.

4. Lassen Sie Ihre Hände in dieser Position und bleiben Sie elf Minuten so sitzen. (Bei der Elf handelt es sich um eine Meisterzahl, die über ein großes Potenzial verfügt. Nähere Informationen über die Nummerologie finden Sie im 22. Kapitel.)
5. Nach diesen elf Minuten führen Sie Ihre Hände mit den Steinen vor die Nase und den Mund. Atmen Sie die Energie der Kristalle durch Mund und Nase ein, nehmen Sie die Hände dann weg und atmen Sie alles Negative aus. Das tun Sie dreimal. (Damit können Sie die ganze Negativität, die Sie – wie wir alle – in sich haben, durch die positive Energie der Steine ersetzen.)

Die Wirkung dieser Übung ist sehr sanft, erwarten Sie deshalb keine sofortigen Ergebnisse. Es kann durchaus eine Weile dauern, bis Sie eine Veränderung spüren. Trotzdem ist es wichtig, dass Sie jetzt schon mit dieser Übung beginnen, denn jedes Mal, wenn Sie sie durchführen, vermehren Sie das Licht am positiven Ende der Wippe.

ÜBUNG ❖ KRISTALLMEDITATION

Suchen Sie sich einen Stein aus, den Sie ausschließlich für diesen Zweck programmieren.

1. Reinigen Sie den Stein über einer Kerzenflamme oder mit dem Aroma eines Räucherstäbchens.
2. Setzen Sie sich aufrecht hin. Stellen Sie sich eine goldene Schnur vor, die von Ihrem Kronenchakra aus in den Himmel reicht. Spüren Sie, wie sich die Schnur spannt und Ihre Wirbelsäule noch weiter aufrichtet.
3. Atmen Sie dreimal tief durch die Nase ein und durch den Mund aus.
4. Legen Sie beide Hände um Ihren Stein, ohne ihn zu berühren, bis Sie fühlen, dass sich Ihr Energiefeld mit dem des Kristalls verbindet. Streicheln Sie die Luft um ihn herum, und spüren Sie, wie sie sich an Ihren Händen erwärmt.
5. Richten Sie Ihren Blick jetzt auf den Stein und singen Sie dreimal das heilige Om.
6. Lassen Sie Ihren Blick so lange auf den Stein gerichtet, bis Sie das Gefühl haben, eins mit ihm zu sein.

7. Sehen Sie dann vor sich, wie Sie in den Kristall eintreten. Machen Sie sich mit den vielen Aspekten, die er hat, vertraut. Spazieren Sie darin herum, und lassen Sie sich so leiten, dass Sie alles sehen, hören, fühlen und/oder erhalten können, was Sie brauchen.
8. Wenn Sie bereit sind, den Stein wieder zu verlassen, beobachten Sie, wie Sie heraustreten.
9. Sagen Sie dem Stein Dank und öffnen Sie die Augen.

Vergessen Sie nicht, Ihren Stein vor und nach jeder Reise zu reinigen.

KAPITEL SIEBENUNDZWANZIG

KRISTALLMEDIZIN UND -ESSENZEN

Die starken Schwingungen von Kristallen lassen sich ohne weiteres auf Wasser übertragen. Die daraus entstehenden Essenzen können innerlich eingenommen, auf die Haut aufgetragen oder dem Badewasser zugesetzt werden. Manche Mischungen sind auch als Raumspray geeignet. Vergessen Sie aber nicht, dass Wasser auf Ihre Gedanken und Absichten reagiert. Diese sollten daher rein und konzentriert sein, wenn Sie mit den Essenzen arbeiten.

DIE HERSTELLUNG VON KRISTALLESSENZEN

Die Essenzen sind ganz einfach herzustellen und können entweder verwendet werden, wenn es nicht möglich ist, den speziellen Stein bei sich zu haben, oder um seine Wirkung zu verstärken. Erhältlich sind alle genannten Kristalle, manche sind allerdings etwas kostspielig und nicht so leicht zu bekommen. Nicht alle eignen sich für eine Essenz, einige sind auch schädlich oder sogar giftig. Achten Sie daher unbedingt auf unsere jeweiligen Anmerkungen. Wenn Sie sich nicht ganz sicher sind, sollten Sie einen Spezialisten zurate ziehen oder darauf verzichten, die entsprechende Mixtur zu produzieren.

Es gibt zwei Methoden, Kristallessenzen herzustellen, eine direkte und eine indirekte. Wenn Sie sich für einen giftigen Stein oder für einen bröckeligen entschieden haben, der sich im Wasser auflösen würde, dürfen Sie nur die indirekte Methode anwenden.

DIREKTE METHODE

Zunächst entscheiden Sie sich für einen Stein und reinigen ihn gegebenenfalls. Um diese Methode anwenden zu können, darf er nicht leicht bröckeln und muss ungiftig sein. Alle Steine, die wir weiter unten auflisten, fallen in diese Kategorie, es sei denn, wir haben ausdrücklich den Vermerk INDIREKTE METHODE hinzugefügt.

Legen Sie den Kristall in eine Glasschüssel (oder einen Glaskrug) mit ungefähr einem halben Liter frischem Quellwasser und stellen Sie sie direkt in die Sonne. (Die beste Zeit wäre zwischen acht und elf Uhr vormittags, wenn der Tag noch ganz frisch ist. Das ist aber nicht unbedingt erforderlich.) Nach drei Stunden nehmen Sie den Stein heraus und füllen die Essenz in eine dunkle Glasflasche mit einem luftdichten Verschluss um. Damit Ihre Kristallessenz länger als eine halbe Woche haltbar bleibt, fügen Sie 25 Prozent Wodka oder Branntwein hinzu. Wenn Sie sie dann noch an einem dunklen, kühlen Ort aufbewahren, hält sie über ein Jahr.

INDIREKTE METHODE (FÜR BRÖCKELIGE ODER GIFTIGE STEINE)

Steine, die giftig sind, leicht bröseln, sich im Wasser auflösen oder allgemein leicht kaputtgehen, haben wir mit dem Vermerk INDIREKTE METHODE versehen. Sie sollten wie folgt behandelt werden:

Zunächst suchen Sie sich einen Stein aus und reinigen ihn. Füllen Sie dann eine Schüssel mit etwa einem halben Liter Quellwasser. Den Stein legen Sie in ein kleines Glasgefäß, das lassen Sie in der Schüssel schwimmen, ohne dass Wasser hineindringen kann. Lassen Sie alles drei Stunden in der prallen Sonne stehen.

Danach nehmen Sie das Glasgefäß heraus und füllen die Essenz in eine dunkle Glasflasche mit einem luftdichten Verschluss. Um Ihre Kristallessenz länger als eine Woche verwenden zu können, müssen Sie sie genau wie bei der direkten Methode konservieren. Dazu mischen Sie die Essenz mit 25 Prozent Wodka oder Branntwein. An einem kühlen, dunklen Ort aufbewahrt ist sie dann mehr als ein Jahr lang haltbar.

Das ist jetzt Ihre Stock-bottle beziehungsweise Mutteressenz. Ein Dosierfläschchen erhalten Sie, indem Sie 10 bis 20 Tropfen der Mutteressenz mit 60 Milliliter einer Wasser-Branntwein-Mischung verdünnen. Diese

Mixtur verwenden Sie zur Behandlung. Beschriften Sie Ihre Fläschchen mit dem Namen des oder der verwendeten Kristalle, dem Herstellungsdatum sowie dem Vermerk, ob es sich um die Mutteressenz oder ein Dosierfläschchen handelt.

VERWENDUNGSMÖGLICHKEITEN

Sie können täglich zwei- bis viermal 2 bis 5 Tropfen der Essenz unter Ihre Zunge geben oder 10 bis 20 Tropfen in ein Glas Wasser träufeln, das Sie über den Tag verteilt trinken. Die Mittel können auch äußerlich angewendet oder dem Badewasser zugesetzt werden. Sie sind auch als Raumspray oder zur Reinigung der Aura zu verwenden. Seien Sie dabei aber immer vorsichtig, dass Sie nichts in die Augen bekommen, da der enthaltene Alkohol zu Reizungen führen kann. Wenn Sie vorhaben, die Essenz äußerlich nahe am Auge zu verwenden, sollten Sie auf den Zusatz von Alkohol verzichten.

ÖLE

Steine, die nicht leicht bröckeln, lassen sich auch in Ölen und Salben für Massagen und zur Hautpflege verwenden. Sie können dazu dieselben Kristalle nehmen, aus denen Sie auch die Essenzen herstellen. Sie legen die Steine dann einfach in ein qualitativ hochwertiges Öl oder eine Ihrem Verwendungszweck entsprechende Lotion, zum Beispiel Jojobaöl, um die Haut zart zu machen, Haselnuss zur Straffung und Erhöhung der Spannkraft, Aprikose- oder Pfirsichkernöl für Gesichtsbehandlungen oder Makadamianussöl, um die Haut vor sonnenbedingten Alterungsprozessen zu schützen. Wer auf Nüsse allergisch reagiert, sollte auf Nussöle natürlich verzichten.

Lassen Sie den Stein 48 Stunden lang im Öl liegen, bevor Sie es zum ersten Mal verwenden, und nehmen Sie ihn erst heraus, wenn Sie alles verbraucht haben. Danach reinigen Sie den Stein und vitalisieren ihn wie bereits erklärt in der Sonne.

Es folgen jetzt einige Kristallarzneien, die bereits in Atlantis verwendet wurden, mit ihren Anwendungsgebieten.

ACHAT regt die Verdauung an und kann bei Magenschleimhautentzündungen lindernd wirken.

BLUE LACE-ACHAT wurde in Atlantis eingesetzt, um Störungen der Gehirnflüssigkeit zu beheben und bei Wasserkopf. Heute ist diese Essenz vor allem für ihre beruhigende Wirkung bekannt.

MOOSACHAT hilft äußerlich angewendet bei Pilz- und Hautinfektionen.

AMAZONIT kann unterstützend bei Kalziummangel eingesetzt werden.

BERNSTEIN lässt sich hervorragend als natürliches Antibiotikum verwenden.

AQUAMARIN. Eine Aquamarin-Essenz wirkt allgemein erfrischend und stärkend. Sie harmonisiert sowohl die Schilddrüse als auch die Schleimdrüsen, sodass sie sich bei Halsschmerzen, geschwollenen Drüsen und Schilddrüsenproblemen empfiehlt. Außerdem hilft sie bei Augen-, Kiefer-, Zahn- und Magenproblemen.

ARAGONIT entspannt die Muskulatur, hilft daher gegen das nächtliche Zucken der Beine, gegen Muskelkrämpfe und auch bei Knochenproblemen.

AVENTURIN hilft bei jeglichen Hautproblemen.

AZURIT wurde in Atlantis häufig zur Herstellung von Essenzen verwendet und kann gut bei Heilungskrisen eingesetzt werden.

BERYLL wurde seinerzeit zur Behandlung von Halsentzündungen angewandt.

CALCIT ist hilfreich gegen Hautgeschwüre, Warzen und eitrige Wunden.

CERUSSIT wurde häufig als Spray gegen Pflanzenschädlinge eingesetzt.

CHAROIT hat in Krisen eine emotional stabilisierende Wirkung und ist ein hervorragendes Reinigungsmittel für den physischen Körper.

PORPHYRIT ODER CHRYSANTHEMENSTEIN (INDIREKTE METHODE) kann Wucherungen auflösen und bei der Ausleitung von Giften helfen.

CHRYSOPRAS – der sanfte Chrysopras hilft bei Stress, insbesondere bei Magenproblemen, die mit Ängsten zusammenhängen.

CITRIN – eine Citrin-Essenz vermag Menstruations- und Wechseljahrsbeschwerden zu lindern.

DIOPTAS hilft gegen Kopfweh und andere Schmerzen.

FLUORIT bekämpft Viren.

GALENIT (INDIREKTE METHODE). Bei Verbrennungen oder subkutanen Entzündungen wurde eine Galenit-Creme auf die gesunde Haut aufgetragen, um zu verhindern, dass Ausschläge entstehen oder die Entzündung sich ausbreitet.

HÄMATIT (INDIREKTE METHODE) wirkt fiebersenkend.

BERGKRISTALL (HERKIMER) eignet sich hervorragend zur Herstellung eines Raumsprays und trägt zur Reduzierung von Umweltschäden und Elektrosmog bei.

HOWLITH, regelmäßig tropfenweise eingenommen, gleicht den Kalziumspiegel aus und hilft daher auch gegen Schlaflosigkeit.

JASPIS trägt, als Essenz eingenommen, zum Ausgleich des Mineralstoffgehalts im Körper bei.

KUNZIT ist die Basis einer sehr wirksamen Kristallarznei gegen psychische Störungen und Depressionen, die zugleich dem Körper hilft, sich von emotionalem Stress zu erholen.

LEPIDOLITH hilft bei Wechseljahrsbeschwerden.

MONDSTEIN enthält die Energie des Mondes. Daher hilft eine Arznei, die daraus hergestellt wird, gegen Schlaflosigkeit.

SCHNEEFLOCKEN-OBSIDIAN, als Creme verwendet, ist gut für die Haut.

OKENIT, eine beruhigende Kristallarznei auf der Basis von Okenite, hilft gegen Ausschlag.

OPAL beruhigt die Augen.

PYROLUSIT (INDIREKTE METHODE) gleicht das Kehlchakra aus. Daher reguliert eine Kristallarznei auf dieser Basis den Stoffwechsel. Außerdem stärkt sie das Sehvermögen und hilft bei Bronchitis.

ROSENQUARZ, die sanfte Kristallarznei, hilft bei Verbrennungen, Pusteln und Hautproblemen aller Art. Als Creme verwendet glättet Rosenquarz den Teint.

RHODOCHROSIT gleicht die Schilddrüse aus, lindert Infektionen und unterstützt die Haut.

RHODONIT benutzte man bei Schock oder Trauma genau so, wie wir heute Rescue-Tropfen einnehmen.

RHYOLITH schenkt Energie und Kraft und verbessert darüber hinaus den Muskeltonus.

SHATTUCKIT dient allgemein als Stärkungsmittel, besonders im Frühling.

SCHWEFEL (INDIREKTE METHODE) darf nur äußerlich angewendet werden. Eine Creme auf Schwefelbasis lindert schmerzhafte Schwellungen und Gliederschmerzen.

TOPAS stärkt die Sehkraft.

TÜRKIS stärkt sowohl das körperliche als auch das feinstoffliche Immunsystem sowie die Meridiane und Energiefelder. Er ist entzündungshemmend und daher auch bei Krämpfen, Gicht und Rheuma hilfreich. Eine Kristallarznei aus diesem schönen Stein hilft bei der Heilung und Entgiftung des gesamten Körpers und tut insbesondere den Augen gut (auch bei grauem Star).

ULEXIT (INDIREKTE METHODE), als Creme verwendet, mindert Fältchen.

UNAKIT fördert das Wachstum von Hautgewebe und Haaren.

VANADINIT (INDIREKTE METHODE), als Creme auf der Brust aufgetragen, hilft bei Atemproblemen und Lungenkongestion. Wer sich häufig ausgelaugt und schlecht geerdet fühlt, kann die Essenz einige Wochen lang innerlich anwenden.

ZEOLITH – eine Kristallarznei auf dieser Basis – wirkt gegen Blähungen und kann eingesetzt werden, um Gifte auszuleiten. Sie eignet sich auch zur Unterstützung bei Alkoholentzug.

Natürlich dürfen Heilsteinessenzen und -cremes heutzutage medizinischen Rat nicht ersetzen. Suchen Sie daher bei allen länger andauernden Problemen unbedingt einen Arzt oder eine Ärztin auf.

In unseren Tagen kommen viele Menschen mit schwerem persönlichen, familiären oder ererbten Karma auf die Welt, was bedeuten kann, dass ihre körperlichen, geistigen oder emotionalen Probleme sehr tief sitzen und medizinischer Behandlung bedürfen. In den Anfängen von Atlantis inkarnierten sich die Menschen völlig ohne Karma. Die Essenzen, Arzneien und Cremes wurden also nur gebraucht, um eventuelle Unausgewogenheiten zu beheben.

KAPITEL ACHTUNDZWANZIG

MEISTERKRISTALLE

Jeder der Meisterkristalle hat seine eigene Aufgabe, alle aber sind dafür da, uns das göttliche Gesetz näher zu bringen und uns Botschaften der himmlischen Mächte zu übermitteln. Von der Einen Quelle wurden sie eigens zu diesem Zweck programmiert. Es ist ein Segen, dass es heutzutage Mineraliengeschäfte gibt, in denen wir diese Steine kaufen können, deutet dies doch darauf hin, dass die Menschheit jetzt bereit ist, einen großen Wissensschatz, Ideen und Zusammenhänge nicht nur aufzunehmen, sondern auch zu verstehen.

Um effektiv mit diesen Kristallen arbeiten zu können, müssen Sie Ihren Geist trainieren, ruhig zu werden. Sie dürfen sie nur mit allerhöchstem Respekt und reinsten Absichten verwenden. Und da Sie ja nicht möchten, dass Außenstehende Ihre Steine beeinflussen, sollten Sie auch nicht zulassen, dass jemand sie berührt, wenn Sie aktiv mit ihnen arbeiten.

MEDIALE KRISTALLE

In Atlantis besaß jeder einen medialen Kristall als Hilfsmittel, um sich während der Meditation Klarheit und Erkenntnisse über seine Alltagsgeschäfte zu verschaffen. Auch wenn die Leute eine Frage hatten oder bestimmte Informationen über irgendeinen Sachverhalt brauchten, arbeiteten sie mit diesem ganz speziellen Stein, also zum Beispiel, wenn es darum ging, Genaueres über eine zukünftige Arbeit oder die Chancen für das Gelingen einer Ehe zu erfahren. Das ist heute ja nicht anders. Wer von uns wüsste schließlich nicht gern, ob die Arbeitsstelle beziehungsweise der künftige

Partner auch gut zu ihm passt. Die aktuelle Aufgabe dieser Steine besteht darin, uns beizubringen, wie wir unseren inneren Wissensschatz anzapfen und unser wahres, reines Licht aus den tiefsten Tiefen unseres geistigen Wesens zum Vorschein bringen können.

Einige mediale Kristalle wurden von den Alta in Atlantis programmiert. Wer bereit ist, wird sich von einem angezogen fühlen und dann auch instinktiv wissen, wie er damit arbeiten muss.

WORAN SIE EINEN MEDIALEN KRISTALL ERKENNEN

Diese Art von Bergkristall hat eine große, siebenseitige Spitzenfläche und auf der entgegengesetzten Seite ein perfektes Dreieck. Die Zahl Sieben steht für den Suchenden, der seine Informationen von dem Stein erhält, während die Drei seine Fähigkeit versinnbildlicht, anderen sein höheres Wissen verbal mitzuteilen.

ÜBUNG ❖ ARBEIT MIT EINEM MEDIALEN KRISTALL

Vergessen Sie nicht, dass bei der Arbeit mit Kristallen absoluter Respekt und beste Absichten unabdingbar sind. Bei einem medialen Kristall ist darüber hinaus zu beachten, dass er nicht unnötig fremden Einflüssen ausgesetzt werden darf. Achten Sie daher bitte darauf, dass kein anderer den Stein verwendet.

1. Schließen Sie die Augen, und konzentrieren Sie sich auf Ihre Atmung, um in einen meditativen Zustand zu gelangen.
2. Halten Sie die siebenseitige Spitzenfläche des Steins an Ihr Brauenchakra, das dritte Auge, und atmen Sie tief ein und aus.
3. Sitzen Sie ganz ruhig da und werden Sie still, offen und empfänglich.
4. Wenn Sie eine bestimmte Frage haben, können Sie sie jetzt in Gedanken stellen.
5. Akzeptieren Sie alle Bilder, Eindrücke, Symbole oder Gefühle, die sich einstellen. Anfänglich sind die Informationen, die Sie erhalten, vielleicht noch vage oder schwer wahrnehmbar. Je häufiger Sie aber mit dem Stein üben, desto leichter und müheloser wird es.

6. Wenn Sie fertig sind, danken Sie dem Stein für die Informationen, die er Ihnen hat zukommen lassen.
7. Legen Sie ihn in ein Stück dunklen Stoff aus natürlichem Material, am besten Seide, und bewahren Sie ihn an einem sicheren Ort auf.

LASERSTÄBE

Sowohl in Lemurien als auch in Atlantis wurden diese machtvollen dynamischen Steine in den Heiltempeln eingesetzt. Ferner wurden sie dafür benutzt, energetische Kraftfelder beziehungsweise Schutzschilder um Menschen oder Orte zu errichten. Laserstäbe waren auch Bestandteil der Biosphäre über Atlantis.

Als es den Herrschenden von Atlantis dann später erforderlich schien, heimlich herauszufinden, was in den Städten vorging, machten sie sich mithilfe von Laserstäben unsichtbar, damit sie unbemerkt umherstreifen konnten. Das heißt, sie verschwanden nicht direkt, sondern projizierten ein undurchdringliches Licht um sich herum.

Gegen Ende des letzten Atlantis-Experiments wurden diese Laserkristalle eingezogen und in tiefen unterirdischen Kammern gelagert, wo sie verblieben, bis die Zeit gekommen war, dass sie ihre Arbeit zur Heilung der Menschen und des Planeten ein weiteres Mal aufnehmen konnten. Wenn man mit ihnen meditiert, lehren sie uns fortgeschrittene Heilmethoden, wie sie in Lemurien und Atlantis praktiziert wurden.

Laserstäbe enthalten aber nicht nur das Wissen der lemurischen und atlantischen Kultur, sondern auch das der Sternensphären, aus denen sie ursprünglich kamen. Sie dienen als Brücke zwischen Erde und Himmel. Alle Geheimnisse der Laserstrahlprojektion sind in ihnen gespeichert. Von all den Möglichkeiten, die in ihr stecken, nutzen wir gegenwärtig nur einen Bruchteil.

In den richtigen Händen sind diese Laserstäbe wirkungsstarke Werkzeuge. Werden sie aber von den falschen Leuten benutzt, können sie auch viel Schaden anrichten und Negatives bewirken.

Wenn wir unsere Schwingungsfrequenz kollektiv steigern, werden wir wieder in der Lage sein, sie in vollem Umfang zum Einsatz zu bringen.

WORAN SIE EINEN LASERSTAB ERKENNEN

Schön sind diese Kristalle auf den ersten Blick kaum. Sie wirken sogar eher abstoßend. Das hat aber durchaus seinen Sinn, da es sicherstellt, dass sich ihre Leistungsfähigkeit und eigentliche Schönheit nur Leuten erschließt, die gelernt haben, sich nicht von Äußerlichkeiten blenden zu lassen, und deren drittes Auge gut entwickelt ist.

Laserstäbe sind lang und schmal; sie sehen fast aus wie Finger. Schon an ihrer Form kann man ablesen, dass man Energie durch sie hindurchleiten und projizieren kann. Ihre Leistungsfähigkeit und der Umfang des in ihnen gespeicherten Wissens nehmen zu, je öfter man sie gebraucht. Solche Kristalle haben häufig Markierungen, die an Hieroglyphen erinnern. Die Anzahl dieser Symbole verrät die Kraft des jeweiligen Stabes.

Das Besondere an Laserstäben ist, dass ihre Kanten nicht ganz gerade sind, sondern leicht gekrümmt. Das ändert aber nichts daran, dass ihnen eine geradlinige, ununterbrochene Schwingungsfrequenz eigen ist, unabhängig davon ob sie gerade als Übermittler fungieren oder nicht. Ihre Form mag nicht gerade perfekt erscheinen, in puncto Energie, Natur und Projektionsfähigkeit sind sie jedoch völlig einwandfrei. Und das gehört mit zu den wichtigsten Lektionen, die uns dieser Stein erteilen kann.

ARBEITEN MIT EINEM LASERSTAB

Sehr geschickte, erfahrene Menschen können Laserstäbe für mediale Operationen verwenden. Das ist aber eine ganz spezielle Qualifikation. Jede solche Operation muss von einer sehr gut ausgebildeten Fachkraft durchgeführt werden und in einen größeren Behandlungsplan integriert sein, der auch ein hohes Maß an Beratung beinhaltet.

Wenn Sie mit einem Laserstab arbeiten, müssen Sie darauf achten, dass Sie die Spitze nie versehentlich auf Ihren Patienten richten, da der austretende Energiestrahl dermaßen stark ist, dass er seine Aura verletzen könnte. Das wäre so, als würden Sie jemandem ein Loch in den Mantel schneiden und ihn damit den Unbilden des Wetters aussetzen. Wenn die Aura eines Menschen ein Loch bekommt, können negative Gedanken oder Viren ungehindert eindringen.

ÜBUNG ❖ SCHÜTZEN SIE IHREN WOHNBEREICH UND IHR AUTO

Nehmen Sie den Stab so in beide Hände, dass die Spitze zwischen Ihren Fingerspitzen liegt. Schließen Sie die Augen, und atmen Sie tief ein und aus, bis Sie ganz entspannt sind. Führen Sie dann Ihre beiden Zeigefinger mit dem Laserstab an Ihr Brauenchakra. Projizieren Sie den Gedanken, dass Ihr Zuhause oder Ihr Auto in Sicherheit ist, auf den Stein.

Danach öffnen Sie die Augen wieder und stellen sich mit dem Rücken zu Ihrem Haus oder Auto. Heben Sie den Arm auf Schulterhöhe, sodass die Spitze des Laserstabes direkt vor Sie zeigt. Sie halten den Stab flach und richten ihn von sich und Ihrem Zielobjekt weg, sodass Sie sich zwischen ihm und dem Stab befinden. Spüren Sie dann das Pulsieren seiner Energie und gehen Sie einmal ganz um Ihr Haus beziehungsweise Ihr Auto herum, die Spitze des Stabes immer nach außen gerichtet. Vor Ihrem inneren Auge sehen Sie, wie sich ein undurchdringlicher Schutzschild aufbaut, der Sie und das, was Sie beschützen wollen, abschirmt.

Danken Sie dem Stab für seine Leistungen, und spüren Sie, wie die Energie wieder in den Ruhezustand zurückkehrt.

ÜBUNG ❖ WIE SIE EINEN MENSCHEN BESCHÜTZEN

Nehmen Sie den Stab so in beide Hände, dass die Spitze zwischen Ihren Fingerspitzen liegt. Schließen Sie die Augen, und atmen Sie tief ein und aus, bis Sie ganz entspannt sind. Führen Sie dann Ihre beiden Zeigefinger mit dem Laserstab an Ihr Brauenchakra. Projizieren Sie den Gedanken, dass der betreffende Mensch in Sicherheit ist, auf den Stein.

Danach öffnen Sie wieder die Augen und stellen sich mit dem Rücken zu der Person hin. Sie heben den Arm auf Schulterhöhe. Das bedeutet, dass Sie in ihrem Aurafeld stehen, Spitze des Laserstabes zeigt nach außen. Sie spüren das Pulsieren der Energie und gehen einmal ganz um die Person herum. Der Stab zeigt weiterhin nach außen. Vor Ihrem inneren Auge sehen Sie, wie sich ein undurchdringlicher Schutzschild aufbaut, der Sie und den Menschen, den Sie beschützen wollen, abschirmt. Auch wenn dieser auf einem Behandlungstisch liegt, gehen Sie einmal ganz um ihn herum. Den Rücken haben Sie dem Tisch zugewandt.

Danken Sie dem Stab für seine Leistungen, und spüren Sie, wie die Energie wieder in den Ruhezustand zurückkehrt.

TRANSMITTERKRISTALLE

Transmitterkristalle wurden in den Zeiten von Atlantis entweder benutzt, um Erkenntnisse des Universums über einen speziellen Menschen beziehungsweise eine bestimmte Situation zu gewinnen, oder um sich in die kosmische Wahrheit einzuklinken. In der Regel dienten sie als Übungswerkzeug für die Novizen, sie wurden aber auch von den Meistern zurate gezogen. Eine Lektion des Transmitterkristalls besteht in der Verfeinerung von Gedankenformen und in der Kommunikation. Er lehrt Klarheit. Darüber hinaus leitet er ihre Gedanken ins Universum, um Antworten zu finden. Auch deshalb ist Klarheit im Denken von so großer Bedeutung. Die Atlanter benutzten diese Steine für die Kommunikation zwischen den Welten.

Um einen Transmitterkristall verwenden zu können, müssen Sie das Gefühl haben, der Informationen, die er aus dem Universum bezieht, auch würdig zu sein. Am Anfang einer effektiven Arbeit steht also ein Prozess der Selbstreinigung.

Genau wie beim Channelling-Kristall spielt auch beim Transmitterkristall das Verhältnis 7 : 3 eine Rolle, denn seine dreiseitige Spitzenfläche ist von siebenseitigen umgeben. Dabei steht die Drei für die persönliche Stärke. Ausgeglichen wird sie von den Siebenen, die ein Hinweis auf das Gott-Selbst beziehungsweise das Überbewusstsein sind. Die sieben Seiten repräsentieren Freiheit, Freude, Wissen, Liebe, Offenbarung, Frieden und Einheit.

ÜBUNG ❖ ARBEIT MIT EINEM TRANSMITTERKRISTALL

Wenn Sie mit einem Transmitterkristall arbeiten möchten, sollten Sie sich einen Altar einrichten oder zumindest einen Ort, an dem er in aufrechter Stellung 24 Stunden lang ungestört ist. Er sollte möglichst viel natürliches Licht – Sonnenschein und Mondlicht – bekommen, aber es darf ihn niemand anfassen. Falls der Stein nicht über eine plane Unterfläche verfügt, lehnen Sie ihn an ein Stück Naturholz. Die ideale Tageszeit zum Programmieren ist bei Sonnenauf- oder -untergang.

Zuvor müssen Sie sich jedoch ganz klar darüber sein, welche Frage oder Bitte Sie an ihn richten beziehungsweise um welche Art der Führung Sie ersuchen wollen. Es lohnt sich, die Frage vorher aufzuschreiben und darüber zu meditieren, damit Sie wissen, dass es auch wirklich das ist, was Sie erfahren möchten. Hier kommt das alte Sprichwort zum Tragen: »Sieh dich vor, was du dir wünschst, es könnte in Erfüllung gehen.« Ein Beispiel: Ein Mann kommt auf die Idee, etwas für die Bewusstseinserweiterung der Jugend tun zu wollen. Genau darum bittet er das Universum. Und heute ist er Drogendealer. Sie sollten Ihre Bitte also sehr genau formulieren.

Wenn Sie sich über Ihren Wunsch im Klaren sind, nehmen Sie den Stein in die linke Hand. Schließen Sie die Augen und entspannen Sie sich. Sie sitzen ganz still da und atmen tief ein und aus. Konzentrieren Sie sich auf die sieben Werte, die von den sieben Seiten versinnbildlicht werden: Freiheit, Freude, Wissen, Liebe, Offenbarung, Frieden und Einheit. Definieren Sie die Frage, die Sie Kopf haben, in vollkommener Eindeutigkeit. Dann nehmen Sie den Kristall langsam auf und halten ihn mit dem Dreieck an Ihr drittes Auge. Projizieren Sie Ihre Frage dann auf den Stein.

Am nächsten Tag setzen Sie sich möglichst zur selben Zeit wieder still hin, schließen die Augen und verbinden sich mit den sieben Werten. Bringen Sie Ihren Verstand vollkommen zur Ruhe und werden Sie ganz offen, bereit und aufnahmefähig. Halten Sie den Stein auch jetzt wieder mit dem Dreieck an Ihr drittes Auge und empfangen Sie die Informationen, die er Ihnen gibt.

Wenn Sie mit der Arbeit fertig sind, bedanken Sie sich bei dem Kristall für alle Informationen, die er Ihnen übermittelt hat, und stellen ihn auf den Altar, den Sie für ihn vorbereitet haben. Wenn Sie so mit einem Transmitterkristall arbeiten, ist es von größter Wichtigkeit, dass er nicht unnötig äußeren Einflüssen ausgesetzt wird.

ERDENHÜTER

Viele Mythen, Legenden, aber auch religiöse Texte handeln von Wesen, die den Himmel verließen und die Kolonien Atlantis, Lemurien und Mu gründeten. Sie waren es auch, die die Erdenhüter erschufen. Nachdem sich die außerirdischen Siedler auf der Erde niedergelassen hatten, konnten sie mithilfe dieser Steine die höheren Schwingungsfrequenzen ihrer fernen Heimat beibehalten. Es waren Kristalle von außerordentlicher Kraft und Stärke. Keiner, der in den Wirkungsbereich ihrer Aura gerät, kann sich ihrem Einfluss entziehen. In Namibia wurden im Jahr 2000 solche Erdenhüter gefunden. Ein anderer befindet sich in einem Tempel auf der hawaiischen Insel Kauai.

In Atlantis wurden diese Steine von den Hohen Priestern und Priesterinnen verwendet, die damit Essen, Wasser und alles andere manifestierten, was die Menschen in der ersten Zeit brauchten, als sie noch dabei waren, ihre Gemeinden aufzubauen. Das Volk wusste weder, was die Alta alles vermochten, noch wo die Vorräte immer herkamen. Der Niedergang der Kulturen von Atlantis, Lemurien und Mu schließlich resultierte nicht zuletzt daraus, dass diese Steine aus egoistischen Gründen missbraucht wurden.

Am Ende des letzten Atlantis-Experiments beschlossen einige Siedler zu bleiben. Im Laufe der Zeit taten sie sich mit Angehörigen der verschiedenen Stämme, die es auf der Erde gab, zusammen. Der daraus resultierende Gen-Mix stellte evolutionsgeschichtlich einen enormen Fortschritt dar. Letztlich entstand eine ganz neue Generation von Menschen, und ein neuer Zyklus, der erst in Äonen abgeschlossen sein wird, nahm seinen Anfang.

Als Atlantis am Ende war, kam es zu einer Massenflucht von diesem Planeten und die Erdenhüter wurden tief im Boden versenkt. Sie wurden buchstäblich zu Hütern der Erde, die alle Geschehnisse hier beobachteten und festhielten.

Im Moment sind diese Steine zwar noch inaktiv, es wird aber nicht mehr lange dauern, bis sie von den Besitzern des uralten Wissensschatzes wieder reaktiviert werden. Dann werden sie dem Intergalaktischen Rat alles, was sie von der Evolution der Erde mitbekommen haben, übermitteln, damit sich dieses Bewusstsein auch in anderen Welten ausbreiten kann. Zur Reaktivierung der Erdenhüter benötigen wir einundzwanzig Männer und Frauen, die bereit sind, ihr egozentrisches Selbstverständnis abzulegen, und sich stattdessen bewusst in das größere Ganze einfügen. Nur dann werden wir in der Lage sein, unser Bewusstsein mit dem großen Wissensschatz und mit Energien zu verbinden, die uns anderenfalls unzugänglich bleiben.

Die Aufgabe der Erdenhüter besteht darin, uns die Geheimnisse zu enthüllen, wie man in einem biologischen Körper und in einer materiellen Welt leben kann, ohne daran gefesselt zu sein. Sind diese Steine erst einmal reaktiviert, sind uns diese Informationen zugänglich, und dann können wir auch wieder leben wie seinerzeit im ursprünglichen Atlantis.

WORAN SIE EINEN ERDENHÜTER ERKENNEN

Erdenhüter sind riesige Quarzblöcke. Der erste wurde 1986 entdeckt, also kurz vor der Harmonischen Konvergenz 1987. Sie wiegen zwischen drei- und viertausend Kilogramm, sind eineinhalb bis zwei Meter lang und liegen gewöhnlich neun bis achtzehn Meter unter der Erdoberfläche. Ein paar sind bereits ausgegraben worden und werden heute bei Meditationszeremonien in sakralen Räumen verwendet. Aber natürlich wäre es, auch zum Meditieren, viel besser, wenn sie in der Natur stehen würden.

WIE SIE MIT ERDENHÜTERN ARBEITEN

Diese Steine regen zu positivem Handeln an. Wenn eine Gruppe von Menschen meditativ mit ihnen arbeitet, wird jeder Einzelne in die Lage versetzt, sein »Selbst«-Verständnis so zu erweitern, dass es auch alle anderen Mitglieder der Gruppe umfasst. Ist sie dann *ein* Herz, Hirn und Geist geworden, wächst dieser Gruppe eine immense Kraft zu, positive Veränderungen zu bewirken. Und der Planet kommt erheblich voran, wenn die Individuen lernen, derart zueinander zu finden.

ELESTIALE

Diese Steine, die bereits vor dem letzten Atlantis-Experiment entstanden, enthalten die Energien der vier Elemente Erde, Wasser, Luft und Feuer. Manchmal reflektieren sie das Rauchige des Feuers, indem sie ihre Farbe verändern und selbst rauchgrau werden. Seinerzeit wurden sie von den Repräsentanten des Intergalaktischen Rats verwendet, die die Erde besuchten, um sie für das bevorstehende Experiment zu säubern, zu heilen und wieder zu erwecken. Infolgedessen können sie höchstes Wissen und kosmisches Bewusstsein vermitteln.

Als das Experiment dann in vollem Gange war, wurden die Elestiale dafür verwendet, die Menschen im Gleichgewicht zu halten und ihr Wohlbefinden zu steigern. Dabei half ihnen das Element Erde, sich besser in ihrer neuen, schwereren Umgebung zu verankern. Im Prozess des Sterbens können diese Steine viel Trost spenden, weil sie helfen, alle Ängste, die mit dem Verlassen des biologischen Körpers und der neuerlichen Rückkehr zur reinen Seelenenergie zusammenhängen, loszulassen.

WORAN SIE EINEN ELESTIAL ERKENNEN

Diese Kristalle kommen ursprünglich aus himmlischen Reichen und wurden zur Erde geschickt, um bei der großen Reinigung, Heilung und Erweckung zu helfen, die gegenwärtig weltweit stattfindet. Sie befinden sich ausnahmslos in der Nähe von Wasser. Das Element Luft schließlich symbolisieren die Bläschen, die sie im Inneren oft haben. Quarzelestiale haben im Unterschied zu anderen Quarzkristallen keine Bruch- oder stumpfen Stellen, sondern sind ringsum facettiert, was ihnen eine ganz besondere Ausstrahlung verleiht. Das Auffälligste an ihnen sind ihre geometrischen Muster und Markierungen, die wie eingraviert wirken, dabei aber ganz natürlich sind.

ÜBUNG ❖ ARBEIT MIT ELESTIALEN

Elestiale sind unglaublich machtvoll und ganz und gar nicht zum Spielen geeignet. Bevor Sie mit diesem Kristall arbeiten können, müssen Sie sich von einer qualifizierten Fachperson in die Arbeit mit ihnen einführen lassen. Stellen Sie sich vor, Sie würden jemandem eine geladene Pistole in die Hand drücken und ihn damit raus zum Spielen schicken. Dieses drastische Beispiel kann Ihnen eine Vorstellung davon vermitteln, was geschehen kann, wenn man aufs Geratewohl mit einem dieser erstaunlichen Steine herumhantiert.

Heutzutage besteht ihr Hauptzweck darin, uns Hilfestellung zu leisten, wenn wir uns den himmlischen Reichen öffnen. Um das aber tun zu können, müssen wir zuvor die Themen unserer Persönlichkeit und unseres Egos abarbeiten. Nur so können wir zu einem reinen Kanal für ihre Energien werden.

Geschehen kann zweierlei. Einem Menschen, der genügend an sich gearbeitet und sich geläutert hat, öffnet der Elestial das Kronenchakra und verbindet ihn mit den kosmischen Energien. Falls Sie noch keine hinreichende Reinheit erlangt haben, steht Ihnen der Stein zur Seite, indem er Ihnen genau zeigt, an welchem Aspekt Ihrer Persönlichkeit Sie noch arbeiten müssen. Möglicherweise definieren Sie sich über Ihre Schönheit. Oder Sie halten sich irgendwie sonst für etwas ganz Besonderes. Vielleicht ist der Intellekt Ihr ganzer Stolz und Sie identifizieren sich vollständig mit Ihrem »Köpfchen«. In solchen Fällen wird Ihnen der Elestial vor Augen führen, dass dieser Wahn – im Ganzen gesehen – allerhöchstens ein winziges Fünkchen Wahrheit enthält.

Für Menschen andererseits, die (noch) nicht bereit sind, sich der Wahrheit über sich selbst zu stellen, kann das Ergebnis verheerend sein. Es kommt ja häufig vor, dass man meint, man hätte genug an sich gearbeitet und alles geklärt. Und dann passiert irgendetwas, und man merkt, dass all das Unschöne immer noch eine Rolle spielt. Aber mit größter Wahrscheinlichkeit taucht ein Elestial überhaupt erst dann im Leben eines Menschen auf, wenn er auch bereit ist, sich intensiv mit diesen Aspekten seines Selbst auseinander zu setzen. Elestiale befinden sich in Resonanz mit dem Herzen, dem Geist und der Seele. Begrüßen Sie ihn also wie einen lieben Freund, wenn Sie einem begegnen. Er ist ein Hinweis darauf, dass Sie nun bereit sind, Ihr angestammtes engelgleiches Wesen anzunehmen.

FENSTERKRISTALLE

In Atlantis wurden Fensterkristalle auf vielerlei Weise verwendet. So waren sie etwa Novizen, aber auch Meistern dabei behilflich, tief in sich hineinzuschauen und zu begreifen, was sie tun mussten, um die Reinheit zu finden, nach der sie suchten. Dabei spiegelte ihnen dieser Stein die Energien wider, die in ihrem Inneren am Werk waren. Mit diesem Wissen ausgestattet wurden die Priester dann in die Lage versetzt, entsprechend zu handeln. Die Eingeweihten benutzten die Steine auch zum Auralesen, um die Seelenziele der Menschen zu bestimmen. So wurden sie zum Beispiel verwendet, um zu überprüfen, ob zwei Heiratswillige auch wirklich zueinander passten. Auch wurden sie eingesetzt, um herauszufinden, welcher Beruf dem seelischen Daseinszweck eines Menschen wohl am besten entsprach. Und wenn jemand oder etwas vermisst wurde, projizierte der Priester ein Bild des betreffenden Menschen oder Gegenstands auf den Stein und brauchte dann nur noch die Rückmeldung abzuwarten.

Wenn Atlanter bereit waren, den Tod zu erfahren, damit ihre Angehörigen die entsprechenden Gefühle durchleben konnten, war immer auch ein Fensterkristall bei den Vorbereitungen dabei, die sie trafen. Bevor sie starben, durften sie über die materielle Welt hinaus in das Reich des Geistes schauen, damit sie sich mental auf die seelische Ebene einstellen konnten.

WORAN SIE EINEN FENSTERKRISTALL ERKENNEN

Fensterkristalle sind sehr schwer zu finden. Wenn Sie allerdings bereit sind, sich ehrlich und in aller Klarheit mit sich selbst auseinander zu setzen, kann es schon sein, dass Sie einen an sich ziehen. Man erkennt sie daran, dass sie vorne ein rautenförmiges »Fenster« haben, das so groß und klar ist, dass Sie dem Kristall sozusagen mitten ins Herz schauen können.

Fensterkristalle haben keine Archivfunktion und speichern nicht, was sie erleben. Sie reflektieren lediglich. Wenn Sie also in einem etwas bemerken, das Ihnen unbehaglich ist, so müssen Sie sich darüber im Klaren sein, dass es sich bei dem, was Sie da sehen, um die Widerspiegelung eines Aspekts Ihrer selbst handelt. Keinesfalls können Sie es demjenigen anlasten, der vor Ihnen mit dem Stein gearbeitet hat.

Diese Kristalle sind Fenster zur Seele und gestatten Ihnen einen Blick in die wahre Natur Ihres Selbst – ohne jegliche Selbsttäuschung. Weil sie das, was sie zeigen – mag es düster oder hell sein –, nicht beurteilen, sondern es ausschließlich reflektieren, kann man in ihnen auch eine Art Lehrer oder Guru sehen.

Ein Fensterkristall wird umso stärker, je häufiger Sie ihn benutzen. Da er schnell ganz zu Ihnen gehört, kann er auch gut und gern die Rolle eines Meditationspartners einnehmen und Sie ermuntern, in sich zu gehen und sich selbst zu betrachten.

ÜBUNG ❖ ARBEIT MIT EINEM FENSTERKRISTALL

Wir möchten Ihnen gern zwei Arten zeigen, wie Sie mit einem Fensterkristall arbeiten können. Probieren Sie beide aus, und entscheiden Sie dann, welche Ihnen angenehmer ist. Das ist reine Geschmackssache.

Methode 1

1. Legen Sie sich Ihr Notizbuch und einen Stift zurecht.
2. Setzen Sie sich still hin, schließen Sie die Augen und konzentrieren Sie sich auf Ihre Atmung, bis Sie ganz entspannt sind. Sie werden ruhig, leer und empfänglich.
3. Wenn Sie bereit sind, öffnen Sie die Augen wieder und schauen direkt, aber mit entspanntem Blick in das rautenförmige Fenster des Kristalls.
4. Akzeptieren Sie alles, was sich Ihnen zeigt. Je häufiger Sie mit dem Stein arbeiten, desto leichter wird es Ihnen fallen, die Bilder wahrzunehmen.
5. Schließlich danken Sie dem Kristall, legen ihn zur Seite und notieren sich unverzüglich die Bilder, die Sie gesehen haben. Das ist wichtig, weil sich Ihnen ihre Bedeutung möglicherweise nicht sofort erschließt.

Methode 2

1. Legen Sie sich Ihr Notizbuch und einen Stift zurecht.
2. Setzen Sie sich ruhig hin, schließen Sie die Augen und konzentrieren Sie sich auf Ihre Atmung, bis Sie ganz entspannt sind. Werden Sie still, leer und empfänglich.
3. Denken Sie an die Situation, über die Sie gern Informationen erhalten möchten.
4. Wenn Sie bereit sind, halten Sie den Fensterkristall an Ihr Brauenchakra und projizieren auf ihn ein geistiges Bild Ihrer Situation.

Bringen Sie Ihren Geist dann wieder zur Ruhe, entspannen Sie sich und seien Sie empfänglich für die Bilder, die der Kristall Ihnen widerspiegelt.

5. Wenn Sie genügend Informationen erhalten haben, öffnen Sie die Augen wieder und machen Sie sich Notizen.

Bei beiden Methoden kann es sein, dass Sie die Bedeutung der Bilder, die Sie erhalten, nicht gleich verstehen. Versuchen Sie nichts zu erzwingen. Klappen Sie Ihr Notizbuch zu, legen Sie es neben sich aufs Bett und lassen Sie es bis morgen dort liegen. In der Nacht oder innerhalb der nächsten Tage wird sich Ihnen die Bedeutung erschließen, vielleicht im Traum, vielleicht durch etwas, das Sie lesen, in einer Bemerkung, die Sie irgendwo aufschnappen, oder auf irgendeine andere ganz natürliche Art und Weise.

KAPITEL NEUNUNDZWANZIG

DER UNTERGANG VON ATLANTIS

Im Goldenen Atlantis stand das Volk 1500 Jahre lang ganz im Zeichen von Kooperation, Dankbarkeit und Wertschätzung aller Lebensformen und genoss daher inneren Frieden, Glückseligkeit und geistige Reinheit. In jener Zeit konnten nur Engel des Lichts, deren unglaubliche Schwingung der unserer heutigen Erzengel entsprach, die Kuppel über Atlantis überwinden.

Weil sich alle aus dem Großen Becken mit reiner Energie bedienten, das die Hohen Priester und Priesterinnen angelegt hatten, blieb ihre Frequenz konstant hoch und sie konnten verblüffende außersinnliche Talente entwickeln. Die Magier waren ganz besonders gut ausgebildete Priester mit außergewöhnlichen Fähigkeiten und einer Kraft, die alles überstieg, was wir uns heute vorstellen können. Diese stellten sie ganz in den Dienst der Allgemeinheit. Doch dann kam eines Tages ein Magier darauf, dass er das Große Becken auch für persönliche Zwecke nutzen konnte. Das war der Moment, in dem die Habgier auf den Plan trat, was es dem ersten dunklen Engel ermöglichte, den Kontinent zu betreten. Das Streben nach persönlichem Profit und Vergrößerung der eigenen Macht verbreitete sich schnell und einige der Magier begannen sich für etwas Besseres zu halten. Dieses Ego-Denken verursachte eine Trennung von allem Göttlichen und zog weitere Kräfte der Finsternis an. Innerhalb der nächsten 8500 Jahre degenerierte das Experiment, die große Hoffnung der Universen, immer mehr, bis die Dinge schließlich so schlimm wurden, dass es nicht länger fortgeführt werden konnte.

Mit dem Ego kamen auch Angst und Misstrauen. Natürlich sank daraufhin die Schwingungsfrequenz und den Menschen kamen ihre außersinnlichen Fähigkeiten abhanden. Was ganz an der Spitze begonnen hatte, sickerte über die Priesterschaft auch ins Volk ein, sodass allmählich sehr viele ihrer natürlichen geistig-spirituellen Talente verlustig gingen.

REIKI

In der Blütezeit von Atlantis waren fast alle Menschen Heiler. Die Heilpriester, die sehr reine Energie zu übermitteln vermochten, machten von dieser Fähigkeit äußerst rechtschaffen Gebrauch. Zu jener Zeit waren alle überaus offen und außersinnlich begabt und wussten dieses Talent auch sehr zu schätzen.

Als jedoch Habgier, Bedürftigkeit und Angst die Herzen der Menschen zu erobern begannen und die gesellschaftlichen Strukturen immer mehr zerbrachen, kamen vielen ihre übersinnlichen Fähigkeiten abhanden. Die davon Betroffenen wurden als minderwertig erachtet und zu Außenseitern gestempelt, manche sogar als Sklaven gehalten. Die meisten Priester und Eingeweihten, einige Magier und selbst gewisse Hohe Priester und Priesterinnen hatten sich an die Mächte der Finsternis verkauft. Der Kontinent stürzte in Chaos und Instabilität. Diejenigen, die an ihren reinen geistigen Werten festhielten, flehten um Hilfe, baten, diesem Missbrauch Einhalt zu gebieten.

Daraufhin rief der Intergalaktische Rat die Eine Quelle an. Sie schickte Engel zur Erde, die den Menschen bestimmte Symbole schenkten. Diese wurden Bestandteil ihrer Aura und stimmten sie auf eine höhere Schwingungsfrequenz ein, wodurch ihre übersinnlichen geistigen Kräfte wiederhergestellt wurden.

Beim Niedergang von Atlantis kamen diese Reiki-Symbole nach Tibet, wo sie weiterhin zur Heilung und Einstimmung der Menschen auf höhere Frequenzen eingesetzt wurden. Doch einige der neu Eingestimmten verwendeten sie, um ihre persönliche Macht zu vergrößern, sodass schließlich die Auffassung entstand, es sei nicht länger vertretbar, der Menschheit die Energie der Symbole anzuvertrauen. Sie wurden wieder abgezogen.

Einige wurden Jahrtausende später Dr. Usui in Tibet übergeben, der in Atlantis unverdrossen für das Licht gearbeitet hatte. So konnte er damit beginnen, ausgewählte Menschen erneut in Reiki einzuweihen. Jahrelang wurden die Symbole als gut gehütetes Geheimnis nur mündlich weitergegeben. Inzwischen haben auf anderen Kanälen weitere den Weg zu uns zurückgefunden. Sie werden heute von einer Vielzahl von Heilern benutzt, die den Menschen damit helfen und ihre Schwingungsfrequenz wieder auf ein höheres Niveau einstimmen.

DIE ABTRENNUNG VON DER NATUR

Das Isolationsempfinden der Atlanter hatte zur Folge, dass sie das Gefühl für ihre Einheit mit der Natur verloren. Dann vergaßen sie, der lebenden Welt die Ehre zu erweisen. Sie begriffen nicht länger, dass es sehr wichtig war, an den Ritualen festzuhalten, sich nach den Rhythmen der Natur zu richten und sich landwirtschaftlich an den Mondphasen zu orientieren. Auch liebten und pflegten sie ihre Pflanzen nicht mehr so wie früher, mit der Folge, dass die Ernte längst nicht mehr so üppig ausfiel und erheblich weniger Lebenskraft enthielt. Infolgedessen brauchten sie größere Nahrungsmengen, um ihren Bedarf zu decken, und mussten dafür natürlich auch härter arbeiten. Deshalb blieb weniger Zeit für die Muße, die Besinnlichkeit und den Spaß, mithilfe derer sie ihre Energien früher hatten reinhalten können.

Da zu jener Zeit selbst in den Familien die Isolation zunahm, war es kein Wunder, dass die Menschen allen Lebewesen ihre Liebe und ihr Verständnis entzogen und die Tiere nicht länger als zwar andersartig, aber doch gleichberechtigt behandelten. Die Menschen begannen sich für überlegen und höher entwickelt zu halten und bildeten sich ein, sie hätten das Recht, die anderen Arten zu dominieren. Ohne zu fragen, bedienten sie sich der Erzeugnisse ihrer früheren Freunde und meinten, die Tiere gehörten ihnen. Von einer gleichberechtigten Beziehung konnte nicht mehr die Rede sein. Zum ersten Mal seit Beginn des Experiments bekamen die Tiere Angst vor den Menschen und umgekehrt. Bis dato hatte es kein Misstrauen gegeben.

Bald begannen sie auch wahllos Bäume abzuholzen. Das Wasser verschmutzte, weil die Menschen es nicht mehr segneten und mit höherer

Energie versorgten. Statt dass sie das Wasser mit der Energie von Liebe, Frieden und Weisheit durch ihr Land fließen ließen, verdarben sie es sowohl real als auch geistig mit den Ängsten und dem Zorn von Mensch und Tier.

Im Laufe der Jahrhunderte nahm die Empfindsamkeit der Menschen immer mehr ab. Sie brachten Tieropfer dar und tranken das Blut, weil sie glaubten, dadurch kräftiger und stärker zu werden. Sie veranstalteten blutige Stierkämpfe und hetzten auch andere Tiere aufeinander los. Die Pferde, die aus reiner Freude immer gern um die Wette gelaufen waren, wurden jetzt aufgezäumt und zu immer größeren Leistungen angehalten. Die Menschen begannen darauf zu wetten. Gegen Ende des Experiments zwangen brutale Menschen die Tiere, für sie zu arbeiten, und bildeten sie für den Krieg aus. Sie wurden in die Schlacht geführt und mussten so genannte Feinde auf unfassbar grausame Art und Weise attackieren.

Die Engel und Einhörner mit ihren hohen Schwingungen verließen den Planeten. Die großen Energien wie die Silber-Violette Flamme, die Mahatma-Energie und Reiki wurden den Menschen entzogen. Schließlich setzte sich mit Erdbeben, Vulkanausbrüchen, Missernten, Seuchen und Überschwemmungen auch die Natur zur Wehr. Statt aber auf die Botschaften von Gaia zu hören, kämpften die Atlanter gegen die Natur an und versuchten sie unter Kontrolle zu bringen und zu manipulieren. Sie verwendeten genetisch verändertes Saatgut, klonten Tiere, mästeten sie und pflanzten Menschen und Tieren so etwas Ähnliches wie Silikonchips ein.

VERLUST DER SPIRITUALITÄT

Infolge des Verlustes ihrer Verbindung zur geistigen Welt stellte sich Unzufriedenheit unter den Menschen ein. Da sie keine größere Visionen für ihr Leben mehr hatten, wurden sie völlig selbstbezogen, habgierig und ehrgeizig. Sie suchten sinnliche und sexuelle Befriedigung anstelle geistig-spiritueller Liebe. Das Leben wurde ihnen zur Last und sie versuchten ihren Schmerz mit Alkohol, stimmungsverändernden Drogen, lauten Partys, Orgien, schwerem Essen und großer Geschäftigkeit zu betäuben. Statt um Höchstleistungen ging es bei Wettbewerben jetzt nur noch um persönliche

Heldentaten und Selbsterhöhung. Dissonante Musik kam in Mode. Sie entsprach der allgemeinen Stimmung.

Bei der Eheschließung tauschten Mann und Frau Armbänder als Symbol dafür aus, dass sie einander künftig angehörten. Zuvor hatten zwei freie Menschen aus Engagement und Liebe füreinander beschlossen, zusammen zu bleiben. Nun aber fühlten sie sich aneinander gekettet, was häufig dazu führte, dass sie von diesen Bindungen schier erdrückt wurden. Im Goldenen Zeitalter waren viele Aktivitäten gepflegt worden, die auf Aktivitäten der rechten Gehirnhälfte beruhten und die spirituellen und übersinnlichen Fähigkeiten förderten. Kreativität, künstlerischer Ausdruck, soziale Interaktion, Besinnlichkeit, Meditation, Musik und spielerischer Zeitvertreib hatten in hohem Ansehen gestanden. Als dann aber weder Erwachsene noch Kinder länger in der Lage waren, ihre Belehrungen aus Kristallen zu beziehen oder sich telepathisch miteinander zu verständigen, begannen die Priester, ihnen das Lesen und Schreiben als Kommunikationsform beizubringen, was die linke Gehirnhälfte förderte. Von nun an mussten die Kinder lesen und schreiben lernen und sich mit Astronomie und Mathematik beschäftigen. Und je wissbegieriger sie wurden, desto mehr wurde die Spiritualität durch Wissenschaft und Technik ersetzt. Das war der neue Gott. Der gesellige Aspekt des Geschichtenerzählens trat in den Hintergrund, da die auf der rechten Gehirnhälfte beruhende Schulung des Gedächtnisses immer weniger nötig war. Familien und Gemeinden brachen zusammen. Kummer und Geschäftigkeit dominierten. Die Leute fingen an, Geld zu horten, und der Warenverkehr begann. Aufgrund der Zinsen, die man auch bald erhob, wurden die Reichen immer reicher und sonderten sich zunehmend vom Rest der Bevölkerung ab.

In der Blütezeit von Atlantis hatten alle das Licht der Glückseligkeit und geistigen Erfüllung ausgestrahlt. Dafür brauchten sie kein Zierrat, sondern bloß einen einfachen Kristall, mit dem sie sich auf ihr höheres Selbst einstellten. Doch je mehr das innere Licht erlosch, desto wichtiger wurde die äußere Erscheinung, die man mit kunstvoll gearbeiteten Kleidern und teurem Schmuck herausputzte. Wer sich als gesellschaftlich überlegen empfand, zog sich teuer an, um seinen Status zu betonen. Zur selben Zeit verloren auch die Häuser ihre Schlichtheit und wurden häufig mit Edelsteinintarsien verziert.

Die Normalbürger verloren ihre Offenheit für das hochfrequente Licht, das sich vom Tempel des Poseidon über sie ergoss. Die heilende Energie war auf sie fortan verschwendet. Diejenigen Hohen Priester, Priesterinnen, Magier und Eingeweihten, die an ihrer Reinheit festhielten, hörten jedoch nicht auf, die Bevölkerung damit zu bestrahlen, weil sie die Hoffnung hatten, die spirituellen Uhren zurückdrehen zu können.

Doch nach und nach kamen zu viele Menschen aus dem Gleichgewicht, als dass die lichten Priester noch allen hätten helfen können. Wer zu kriminellen Handlungen Zuflucht suchte, wurde verhaftet und eingesperrt. Die Chakren der natürlichen Heiler stellten ihre Arbeit ein, und die aufrichtigen Menschen, die weiterhin Heilung anboten, galten als suspekt und wurden ausgegrenzt. Krankheiten, Viren und geistige Verwirrung nahmen überhand.

In den ganz reinen Zeiten hatten die Menschen ihre Dankbarkeit gern in der freien Natur oder in schlichten runden Häusern zum Ausdruck gebracht. Jetzt aber hielten sie ihre Gottesdienste in immer prächtigeren Tempeln ab. Dankgebete entwickelten sich zu dringlichem Flehen, denn die Menschen hatten Angst vor der Zukunft und fürchteten, ihre Bedürfnisse könnten nicht mehr erfüllt werden. Die, die so lange voller Vertrauen gelebt hatten, wurden jetzt von bitteren Existenzängsten gepeinigt.

Sie fingen an, Tiere zu schlachten und ihr Fleisch zu verzehren, ohne um Erlaubnis zu bitten. Das verdarb ihre Schwingungen und verringerte ihre übersinnlichen Fähigkeiten zusätzlich.

DIE DEGENERATION DER PRIESTERSCHAFT

Die Priester, die bislang weise Berater, Freunde und Gleiche unter Gleichen waren, übernahmen jetzt das Ruder. Die meisten von ihnen hatten das Gefühl, etwas Besseres zu sein, und erklärten, sie wären die Auserwählten, die einzigen mit einer direkten Verbindung zu Gott. In ihren Gemeinden übernahmen sie die Herrschaft, weil sie den Leuten vorgaukelten, sie würden mit ihren Vorfahren, aber auch mit Teufeln kommunizieren. Sie verlangten dem Volk Geld und Loyalität ab und drohten mit der Rache dieser unsichtbaren Wesen. Der Aberglauben nahm zu und steigerte sich bis zum Dogma, denn alles, was einmal ein positives Ergebnis brachte, wurde so lange wiederholt, bis es für die Wahrheit gehalten wurde.

Um ihre Überlegenheit zu betonen, wurden die Tempel immer kunstvoller dekoriert und die Priester kleideten sich selbst immer kostspieliger. Manche legten sich Ringe zu als Symbol ihrer einzigartigen Verbundenheit mit Gott. Ferner trugen sie Kopfschmuck, um anzudeuten, dass sie Zugang zum Göttlichen hatten und daher viel wichtiger waren als die breite Masse. Je ranghöher der Priester, desto höher sein Hut. Zudem entmachteten sie die Frauen, indem sie behaupteten, diese seien weniger wert. Als Symbol dafür ließen sie sie Kopftücher tragen. Und den Männern befahlen sie, sich beschneiden zu lassen, das Symbol für ihre Kraft also verstümmeln zu lassen.

Einige gut geschulte schwarze Magier nutzten ihre enorme okkulte Macht, um die Menschen einzuschüchtern und zu kontrollieren. So manifestierten sie beispielsweise düstere, Furcht erregende Bilder und drohten den Menschen mit Vernichtung, falls sie nicht gehorchten.

Die Moral sank zusehends. Als es keine Möglichkeit mehr gab, sich mit der Weisheit des Universums zu verbinden, entstanden Fraktionen, an deren Spitze häufig schwarze Magier standen. Da sich selbst einige der Hohen Priester und Priesterinnen, deren Einfluss enorm war, anstecken ließen, wurde der Kontinent vom Bösen bald geradezu überschwemmt.

Vor Versammlungen brachten die Anführer Tieropfer dar und tranken das Blut, mit Wein vermischt, um ihre Macht zu steigern. Das Volk, das sie zu unterwerfen versuchten, hatte vor diesen Herrschern Angst und hasste sie. Zahlreiche Bürger wurden gezwungen, Sklaven oder Soldaten zu werden, indem man ihre Rücken mit kleinen Kästchen versah und sie quasi fernsteuerte. Heutzutage würde man zu diesem Zweck Silikonchips verwenden.

VERLUST DER VERBINDUNG MIT DEM GÖTTLICHEN

Die Energiekuppel über Atlantis war nunmehr geschwächt. Wer es also darauf anlegte, konnte die Grenzen überwinden. Da ihnen die Herrschaft über ihr Heimatland bald nicht mehr genügte, versuchten die Atlanter, ihr Territorium zu erweitern. Die Moral in der Heimat verschlechterte sich zunehmend. Entsprechend unmenschlich und gnadenlos war die Armee. Gefangene wurden verstümmelt und Frauen vergewaltigt. Die Finsternis regierte.

Bevor die Kommandeure ein Land angriffen, wurde mithilfe schwarzer Magie versucht, Macht über das Volk zu gewinnen, das erobert werden sollte. Aufgrund seiner außergewöhnlichen Waffentechnik wurde Atlantis zu einem habgierigen Imperium, das alle geistigen Gesetze missachtete und verletzte.

Während der Blütezeit hatte unser Planet Licht ins Universum ausgestrahlt und von gewissen hoch entwickelten Sternensystemen viel Unterstützung und Aufmerksamkeit erhalten. Wir bekamen technologische und wissenschaftliche Informationen, wurden über Heilmethoden unterrichtet, große Weisheit und viel Licht wurden uns zuteil. Als Atlantis aber degenerierte und die spirituellen und übersinnlichen Kräfte der Menschen schwanden, verloren sie auch ihre Befähigung, mit den Weisen des Universums zu kommunizieren. Die Menschen auf der Erde hielten alle Wesen von anderen Planeten für Aliens, und es widerstand ihnen, Führung und Hilfe zu erbitten oder anzunehmen, denn sie hatten Angst vor ihnen. So isolierten wir uns vom Universum, und die Meister sahen mit großer Besorgnis zu.

DAS ENDE NAHT

Der Intergalaktische Rat ließ dem Volk von Atlantis Warnung über Warnung zukommen. Man gab den Menschen viele Chancen, eine andere Richtung einzuschlagen, sie aber zogen es vor, ihren heruntergekommenen

Lebensstil beizubehalten und ihre Macht weiter zu missbrauchen. Letzten Endes nahm der Einsatz von Technologien und schwarzer Magie zur Beherrschung der Massen so sehr überhand und umgab die finsteren Kräfte mit einer dermaßen schweren, unharmonischen Schwingung, dass den Kräften des Lichts keinerlei Möglichkeit mehr blieb, überhaupt noch eine Verbindung herzustellen. Schließlich kamen sie zu dem Ergebnis, dass das Experiment ein weiteres Mal gescheitert sei und schleunigst beendet werden müsse.

Selbstverständlich wurde der Kontinent nicht über Nacht überflutet. Die Endphase zog sich über mehrere Jahrhunderte hin, denn es mussten ja unter anderem die Orte vorbereitet werden, an die sich die Lichtgestalten der zwölf Stämme zurückziehen konnten. Die Hohen Priester und Priesterinnen, und zwar sowohl die dunklen als auch die lichten, mussten durch die ursprünglichen ersetzt werden, die über hinreichend Schulung und Kompetenz verfügten, die Stämme in die Zukunft zu führen. Die zwölf Kristallschädel mussten erschaffen und das gesamte vorhandene Wissen in ihnen gespeichert werden. Die reinen Priesterinnen, die sich um sie kümmerten, mussten sich darauf vorbereiten, sie fortzubringen in die Außenwelt. Auch über die Zukunft des Großen Kristalls war zu entscheiden. Sollte er dematerialisiert und der Einen Quelle überantwortet werden? Oder war es besser, ihn an einem Ort auf der Erde zu belassen, an dem kein Missbrauch mit seiner Macht getrieben werden konnte? So wurde es schließlich beschlossen.

Als der Tempel des Poseidon in den Fluten unterging, stürzte der Große Kristall auf den Meeresboden. Er liegt jetzt direkt im Bermudadreieck. Menschen mit einem Bewusstsein der dritten Dimension können ihn natürlich nicht sehen. Muss ihn der Intergalaktische Rat jedoch zu planetaren Zwecken aktivieren, wird alles in seiner Nähe einer schnellen interdimensionalen Verwerfung unterzogen und für das menschliche Auge unsichtbar gemacht.

DIE WEISHEIT HÜTEN

Viele derjenigen, die für den Niedergang von Atlantis verantwortlich waren, kamen ursprünglich vom Sirius. Das waren auch die, die der Erde technologische und wissenschaftliche Informationen gegeben und sie später zum Zwecke ihrer persönlichen Verherrlichung missbraucht hatten. Die Delfine, die auch vom Sirius kamen, versuchten, die Exzesse ihrer Planetengenossen zu stoppen. Diejenigen Menschen, die Karma auszugleichen hatten, waren nun an die Erde gebunden und mussten so lange hier bleiben, bis ihre Schulden getilgt waren. Dabei konnte es sich bei vielen um Hunderte von Inkarnationen handeln.

Als der Kontinent schließlich unterging, wurde beschlossen, einigen der Wesen vom Sirius, die ihre Macht in Atlantis missbraucht hatten, Delfinkörper zu geben. Auf diese Weise verblieben sie auf der Erde, konnten sich aber keines Machtmissbrauchs mehr schuldig machen, wie es vielleicht der Fall gewesen wäre, wenn sie sich als Menschen reinkarniert hätten. Sie sind auch heute noch dabei, ihr Karma auszugleichen, indem sie dafür sorgen, dass die Ozeane ihre Schwingungen beibehalten können, und ihre enorme Stärke und ihr Verständnis nutzen, um den Menschen Heilung zu bringen und ihnen Freude zu bereiten. Das Gehirn der Delfine ist wie ein großer Computer, der das gesamte Wissen über Atlantis enthält; auch die Gründe für den Untergang sind darin gespeichert. Gegenwärtig beginnen sie, diese vielen Erkenntnisse auf telepathischem Wege an ihnen geeignet erscheinende Menschen weiterzugeben. Dabei verfügt jede Delfinart über ein Zwölftel aller Informationen.

Die gesamte Weisheit – im Unterschied zum Wissen – über die glorreichen Zeiten besaßen die Engel, prachtvolle, leuchtende, schneeweiße Engel von unglaublich hoher Schwingungsfrequenz. Zahlreiche zweifelhafte Wesen im ganzen Universum sind auf diese Informationen aus, um ihre Machtposition zu verbessern. So suchten die Engel von Atlantis einen Ort, an dem sie sie sicher verstecken konnten.

Und was wäre dafür besser geeignet gewesen als bei denjenigen, die für den Untergang des Kontinents verantwortlich waren? Also beschlossen sie, ebenfalls Delfinkörper anzunehmen. Da diese Delfinengel über eine weit höhere Frequenz verfügen als die anderen, kann man ihnen gegenwärtig nichts anhaben. Wale, Wasserschildkröten, Haie und andere Meerestiere tun ihr Bestes, um die Delfinengel zu beschützen und zu gegebener Zeit ein Stück der Weisheit auf ihre Heimatplaneten mitzunehmen. In dem Maße aber, in dem die Meere verschmutzt werden, nimmt ihre Verletzlichkeit zu.

Daher suchen die Engel von Atlantis gegenwärtig nach unverbrauchten Menschen, die bereit sind, einen Teil ihrer Weisheit auf der Erde zu verbreiten. Das wird helfen, die Energie des reinen Atlantis zurückzubringen.

Und so wurde Atlantis dann eines Tages endgültig überflutet. Die Weisheit der goldenen Zeiten aber ging nicht verloren, sondern verbreitete sich in dem Maße, in dem sich die zwölf Stämme an verschiedenen Orten der Welt mit den Einheimischen zusammentaten. Auch wir verfügen über dieses außergewöhnliche Wissen, es ist tief in unserer DNA verwurzelt. Jetzt werden uns die Geheimnisse enthüllt und das Licht kehrt zurück. Für unser geistiges Wachstum und für unsere Evolution bietet das eine wunderbare Chance.

KAPITEL DREISSIG

DIE ZWÖLF STÄMME

Beim Untergang von Atlantis führten die zwölf ursprünglichen Hohen Priester und Priesterinnen jeweils einen Stamm an seinen neuen Aufenthaltsort. Hier verbanden sich die Flüchtlinge mit den Einheimischen und ließen sie an ihrem Wissen und ihrer Weisheit teilhaben. Das Ergebnis waren enorme kulturelle Fortschritte auf der ganzen Welt. Aufgrund ihrer blonden Haare, ihrer blauen Augen und strahlenden Energie, aber auch, weil sie so viel weiter waren als gewöhnliche Menschen, hielt man sie für Götter. Der eigentliche Zweck dieser Vermischung der Mächtigen mit der Bevölkerung bestand darin, die Weisheit von Atlantis in den Genen eines größeren Personenkreises zu verankern. Während aktuell überall immer mehr Menschen ihre Spiritualität entdecken und die Schwingungsfrequenz unseres Planeten zunimmt, werden diese uns genetisch innewohnenden Informationen freigesetzt und schaffen die Voraussetzungen für die Rückkehr der Energien des reinen Atlantis.

Aus den zwölf Stämmen wurden im Laufe der Zeit die folgenden Kulturen:

DIE VERBINDUNG MIT ÄGYPTEN

THOT brachte seinen Stamm nach Südamerika, wo er die Inkakultur begründete, die für ihre Goldarbeiten berühmt ist. Er und die Seinen waren die Priester und Architekten, die Machu Picchu erbauten und dort das große interdimensionale Zwei-Wege-Tor errichteten.

ISIS kam ursprünglich von der Venus und brachte ihren Stamm ebenfalls nach Südamerika. Daraus wurden die Azteken, bekannt für ihre wunderschönen Kunstwerke und ihr Wissen um die Sterne. Der berühmte Azteken-Kalender begann mit der Geburt der Venus. Alle Berechnungen beruhten auf astronomischen Erkenntnissen.

HORUS. Aus seinem Stamm wurden die Babylonier, Kaufleute, die der Bevölkerung beibrachten, wie man integer und den geistigen Gesetzen entsprechend Handel treibt. Ferner erbauten sie Häuser und legten Gärten an, unter anderem die Hängenden Gärten von Babylon.

RA. Aus diesem Stamm entwickelte sich später die altägyptische Pharaonenkultur. Ra und seine Anhänger brachten großes medizinisches Wissen und wichtige Informationen über natürliche Heilmethoden aus Atlantis mit. Ferner die Sphinx und Baupläne für die Pyramiden.

SETH. Aus diesem Stamm wurden die Innuit und ihre Schamanen. Sie hatten eine enge Verbindung mit dem Element Wasser und unterhielten symbiotische Beziehungen zu Tieren. Aus Atlantis brachten sie viele der alten Legenden und Traditionen mit.

IMHOTEP. Dieser mächtige Hohe Priester aus Atlantis war der Herrscher des Stammes, der seine Weisheit in den Westen transferierte: als Ureinwohner Amerikas. Bei den Cherokees handelt es sich um Weise, die die Geheimnisse von Atlantis kennen. Seth und seine Anhänger brachten ihr Schamanenwissen und ihre Kenntnisse über die Rückführung der Seele mit sowie eine spezielle Methode der Traumarbeit, bei der Dreamcatcher, Traumfänger, verwendet werden.

Was sie beim Niedergang von Atlantis mitbekamen, war unter anderem der Respekt vor der Erde und allem, was auf und in ihr wuchs. Bis auf den heutigen Tag bewahren die amerikanischen Ureinwohner sämtliche Weisheiten der Erde. In unseren Tagen erinnern die Weisen dieser Stämme die Menschheit daran, wie wichtig es ist, der Erde mit Respekt zu begegnen, denn sie gehört uns nicht.

Einer alten Überlieferung zufolge kamen die Vorfahren der Cherokee ursprünglich von den Plejaden auf die fünf Inseln, aus denen Atlantis bestand, und ließen sich dort nieder. Beim Untergang segelten sie nach Amerika und nahmen ihre Weisheit mit.

DIE VERBINDUNG MIT GRIECHENLAND

HERMES. Dieser Stamm ging nach Hawaii und wurde dort zu den Kahunas, die uns die wirksamste Gebetsform überlieferten: das Huna-Gebet. Außerdem brachten sie auch den Kontakt zu den mächtigen Delfinen mit.

ZEUS. Dieser Stamm ging nach Tibet und brachte Stille, Frieden und Sanftheit gegenüber allen Lebewesen mit. Daraus entwickelte sich später der Buddhismus.

APHRODITE kam ursprünglich von der Venus und führte ihren Stamm später nach Südamerika. Daraus entwickelte sich die Maya-Kultur, die für ihr großes astronomisches und mathematisches Wissen bekannt ist, uns den Maya-Kalender schenkte und Pyramiden errichtete, die auf die Sterne ausgerichtet waren.

APOLL. Unsere heutige westliche Astrologie stammt aus Mesopotamien, geht ursprünglich aber auf Atlantis zurück. Dem Stamm des Apoll haben wir auch bestimmte Bewässerungsmethoden zu verdanken.

POSEIDON. Dessen Stamm ging nach Griechenland. Was er mitbrachte, war die Navigation mithilfe der Sterne, der Gezeiten und des Windes. Diese Menschen waren große Gelehrte. Die Bücherei von Cathargo enthielt nautische Karten, auf denen an der Stelle, an der sich heute der Atlantik befindet, ein Kontinent verzeichnet war. Außerdem halfen die Anhänger Poseidons den Griechen beim Aufbau ihres Medizin- und Heilwesens.

HERA. Dieser Stamm ging nach Neuseeland, wo sich die Maori daraus entwickelten, große Mystiker und Schamanen. Sie brachten den Menschen heilige Sprechgesänge und die Kunst des Geschichtenerzählens bei und vermittelten ihnen ein einzigartiges landwirtschaftliches Wissen.

TRAUMFÄNGER

In Atlantis analysierten Priester die Träume von Menschen mithilfe von Traumfängern, da die nämlich die Fähigkeit hatten, schlechte Träume abzufangen. So konnten sie den Menschen helfen, ohne dass diese das Trauma durchmachen mussten, sich an ihre Albträume zu erinnern. Imhotep und sein Stamm nahmen diese Traditionen mit sich, als sie Atlantis verließen. Traumfänger verwenden die Ureinwohner Amerikas bis auf den heutigen Tag. Auf der ganzen Welt erfahren jetzt immer mehr Menschen davon und benutzen sie auch. Heutzutage besteht der Sinn eines Traumfängers darin, Träume einzufangen. Dabei finden die schönen Träume ihren Weg durch das Zentrum des Netzes, während sich die schlechten darin verfangen und im Tageslicht verblassen.

Traumfänger finden Sie heute in jeder spirituellen Buchhandlung – folgen Sie Ihrer Intuition bei der Auswahl des passenden, möglichst handgefertigten Exemplars.

DAS HUNA-GEBET

Wenn wir beten und fest darauf vertrauen, dass unsere Bitte erhört wird, ist sie bereits erfüllt. So will es das Gesetz des Gebetes. Viele von uns haben aber unbewusste Zweifel, Ängste und Vorbehalte, die die Wirksamkeit ihrer Gebete einschränken. Da sich die späteren hawaiischen Kahunas dessen bewusst waren, brachten sie ein Gebet aus Atlantis mit, das auf dem geistigen Gesetz beruht und unseren Gebeten allergrößte Effizienz verleiht.

Sie erinnerten sich, dass bei uns Menschen sowohl das Unbewusste als auch das Bewusstsein und das Überbewusstsein involviert sein müssen, damit die Gebete erhört werden können. Das Huna-Gebet bezieht seine außergewöhnliche Kraft aus dem Tatbestand, dass dabei alle drei Aspekte einbezogen sind. Die Kahunas wussten, dass unser Höheres Selbst, der ursprüngliche Funken der Einen Quelle, die perfekte göttliche Blaupause dessen, was wir sind, enthält. Dieser Teil von uns weiß um unsere Göttlichkeit und bezeugt zugleich unsere Persönlichkeit auf der Erde. Dagegen bewahren wir im Unbewussten unsere Überzeugungen, unser Selbstwertgefühl, Erinnerungen und unterdrückte Gefühle auf. Das niedere Selbst, das sich zwischen unserem bewussten Selbst und dem Göttlichen befindet, hält uns oft davon ab, die Früchte unserer Gebete ernten zu können. Ferner gibt es den bewussten Verstand, jenen Teil von uns, der in der Gegenwart lebt und unser Wachbewusstsein konstituiert. Er ist fähig und bereit, die Erfüllung unserer Träume zu akzeptieren und mit den Folgen zu leben.

Im Huna-Gebet gibt es zwei Faktoren, die sich positiv auf die Wirksamkeit unseres Bittens auswirken. Zunächst muss unser bewusster Verstand hinreichend Energie aufbringen, damit das Gebet durch das Unbewusste zu unserem Höheren Selbst vordringen kann. Dies geschieht durch Tanzen, Beschwörungen, Sprechgesänge, In-die-Hände-Klatschen und alles, was sonst geeignet ist, unsere Lebenskraft zu erhöhen. Zweitens: Wenn das Gebet dann tatsächlich bei unserem Höheren Selbst angekommen ist, stellt es eine Verbindung zu den Engelskräften und Meistern her, die unsere Bitte dann erfüllen können. Von ihnen wissen wir auch, dass wir unser Gebet dreimal wiederholen müssen, und dies einen Monat lang täglich. Diese Wiederholungen wirken wie eine Affirmation auf unser Unbewusstes und lösen Blockaden auf.

ÜBUNG ❖ DER ABLAUF EINES HUNA-GEBETES

1. Zunächst müssen Sie sich reinigen, damit der Weg zu Ihrem Höheren Selbst frei wird. Wenn Sie diese Reinigungstechniken anwenden, bevor Sie Ihr Huna-Gebet sprechen, klärt es Ihre Aura. So können Sie zum Beispiel Ihren ganzen Ärger auf einen Zettel schreiben und ihn dann verbrennen; Sie können die Silber-Violette Flamme anrufen (siehe 14. Kapitel) oder vor dem Gebet laut oder nur im Geist die folgende Verzeihensaffirmation aussprechen:

Reinigende Verzeihensaffirmation vor dem Huna-Gebet

Ich vergebe allen, die mich je verletzt oder mir geschadet haben, bewusst oder unbewusst, in diesem Leben oder in einem anderen, in diesem Universum, in dieser Dimension, auf dieser Ebene, dieser Stufe der Existenz oder einer anderen.

Ich schenke ihnen Gnade.

Für alles, was ich jemals getan habe, um einen anderen zu verletzen, ihm zu schaden, bewusst oder unbewusst, in diesem Leben oder in einem anderen, in diesem Universum, in dieser Dimension, auf dieser Ebene, dieser Stufe der Existenz oder in einer anderen bitte ich um Verzeihung.

Ich bitte um Gnade.

Auch mir selbst vergebe ich alles, was ich jemals getan habe, um einen anderen zu verletzen, ihm zu schaden, bewusst oder unbewusst, in diesem Leben oder in einem anderen, in diesem Universum, in dieser Dimension, auf dieser Ebene, dieser Stufe der Existenz oder in einer anderen.

Ich nehme die Gnade an.

Ich bin frei. Alle Ketten und Einschränkungen fallen von mir ab. Ich verfüge über meine gesamte Kraft als Meister.

2. Richten Sie Ihr Gebet an das oder diejenigen Lichtwesen, von dem oder denen Sie sich wünschen, dass es Sie erhört. So könnten Sie Ihr Gebet etwa mit folgenden Worten beginnen: »Geliebter Buddha, Jesus, Maria, Allah, Mohammed, St. Germain.« Oder auch einfach nur mit »Geliebte Quelle«. Ob Sie sich an ein Lichtwesen wenden oder an viele, ist ganz Ihre Entscheidung.
3. Schreiben Sie in klaren, einfachen Worten auf, was Sie sich wünschen.
4. Steigern Sie Ihre Lebenskraft, indem Sie tanzen, singen, visualisieren, in die Hände klatschen oder was auch immer. Ein göttlicher Ratschluss ist ein Befehl an das Universum.
5. Sprechen Sie Ihr Gebet dreimal laut aus. Beenden Sie es mit den Worten: »So sei es. Es ist vollbracht.«
6. Lenken Sie Ihr Unbewusstes so, dass es Ihr Gebet mit aller erforderlichen Lebenskraft (*mana*, *chi* oder *prana*) an Ihr Höheres Selbst weiterleitet. Malen Sie sich aus, wie es durch Ihr Unbewusstes schießt und aus Ihrem Kronenchakra austritt.

7. Danach entspannen Sie sich eine halbe Minute lang, damit Ihr niederes Selbst nicht abgelenkt wird. Sie können beispielsweise ganz ruhig den heiligen Laut Om ertönen lassen.
8. Setzen Sie sich so hin, dass Ihre Handflächen nach oben zeigen. In dieser empfänglichen Haltung sagen Sie: »Herr, lass deinen Segen auf mich herabregnen.«

Wie immer müssen Sie auch beim Huna-Gebet bereit sein, auf die Reaktionen zu hören. Und Sie müssen bereit sein zu handeln, falls Sie das Gefühl haben, es wäre richtig. Schließen Sie in Ihr Gebet auch etwas ein, für das Sie dankbar sind. Sie dürfen übrigens gern auch mehr als eine Bitte aussprechen.

EIN BEISPIEL

»Geliebte Quelle, ich bitte dich hiermit von ganzem Herzen und ganzer Seele und bete um eine Liebesbeziehung, die auf gegenseitiger Liebe beruht und uns beide erfüllt. (Hier setzen Sie das ein, was Sie sich im Detail wünschen.) Ich danke dir, dass ich die Gelegenheit hatte, Liebe zu geben.« (An dieser Stelle können Sie alles zur Sprache bringen, wofür Sie dankbar sind.)

Dieses Gebet sollten Sie dreimal wiederholen. Sagen Sie dann: »So sei es. Es ist vollbracht.«

Sprechen Sie im Anschluss die Worte: »Geliebtes Unbewusstes, hiermit bitte ich dich, dieses Gebet mit aller Lebenskraft, die erforderlich ist, um es zu erfüllen, über mein Höheres Selbst an die Quelle zu richten. Amen.«

Visualisieren Sie 15 bis 30 Minuten lang, wie Ihr Gebet durch Ihr Unbewusstes und Ihr Chronenchakra schießt.

Achten Sie darauf, dass Ihre Handflächen nach oben zeigen und Sie ganz empfänglich sind. Sagen Sie dann: »Herr, lass deinen Segen auf mich herabregnen.«

ÜBUNG ❖ IHR PERSÖNLICHES HUNA-GEBET

Gestalten Sie dem Beispiel folgend Ihr eigenes Huna-Gebet.

ÜBUNG ❖ WIE WIRD MAN SICH AN SIE ERINNERN?

Bitten Sie ein paar Freunde zu sich und lassen Sie jeden eine Geschichte über Ihr Vermächtnis an die nächsten Generationen erzählen. Geld ist damit nicht gemeint. Besteht Ihr Vermächtnis beispielsweise in den Menschen, denen Sie geholfen haben? In der Liebe, die Sie gaben? In den Kindern, die Sie unterrichteten? Oder sind es vielleicht die Bäume, die Sie gepflanzt, der Schuttplatz, den Sie aufgeräumt, der Müll, den Sie beseitigt, die Tiere, um die Sie sich gekümmert, die Heilung, die Sie bewirkt, die Menschen, denen Sie ein Lächeln geschenkt oder die Weisheit, die Sie verbreitet haben?

KAPITEL EINUNDDREISSIG

VORBEREITUNG AUF DIE ATLANTIS-ENERGIE

Die Zeiten, die auf uns zukommen, sind sowohl individuell als auch für den Planeten insgesamt überaus spannend und von elementarer Bedeutung. Wenn Sie mit zu denen gehören wollen, die dazu beitragen, die Energie von Atlantis zu erneuern, müssen Sie in der Lage sein, Licht von sehr hoher Frequenz aufzunehmen. Die folgenden Schritte werden dazu beitragen, dies auf zellularer Ebene zu ermöglichen.

REINIGUNG

Da Wasser über ein kosmisches Reinigungspotenzial verfügt, waschen Sie sich nicht nur, wenn Sie baden oder duschen, sondern nehmen zugleich eine psychische Läuterung vor. Und je mehr Sie sich der Tatsache bewusst sind, dass Ihnen geistige Reinigung zuteil wird, desto wirksamer ist sie. Wenn Sie also das nächste Mal duschen, ein Wannenbad nehmen, sich waschen oder schwimmen, achten Sie darauf, dass die Energie des Wassers in Ihre Zellen eindringt, und öffnen Sie sich ganz bewusst auch für diese innere Läuterung. Selbst wenn Sie am Wasser spazieren gehen, sollten Sie es segnen und seine reinigenden Kräfte erbitten. Wie bei allem ist es auch hierbei so, dass es umso mehr bringt, je reiner das Wasser ist, in dem Sie baden.

Vergessen Sie nicht, die Silber-Violette Flamme anzurufen, auf dass sie alle negativen Gedanken, Worte und alles, dem es um Sie herum an Harmonie mangelt, transformieren möge. Visualisieren Sie sie, und spüren Sie, wie sie Sie von allem psychischen Schmutz befreit.

KÖRPERLICHE ENTSPANNUNG

1. Spannen Sie beim Einatmen Ihre Muskulatur an. Beim Ausatmen lassen Sie sich nach vorn sinken und geben dabei ein ausgiebiges »Aah« von sich. Konzentrieren Sie sich darauf, jegliche Spannung von sich abfallen zu lassen. Das wiederholen Sie dreimal.
2. Schütteln Sie erst die Schultern aus und dann Ihren übrigen Körper.
3. Lassen Sie Ihren Kopf in beide Richtungen kreisen.
4. Beugen Sie sich vor und beklopfen Sie Ihre Wirbelsäule von unten nach oben – so weit Sie kommen – mit dem Handrücken. Dabei lassen Sie einen »Uuh«-Laut ertönen. Wenn Sie mit der Hand nicht hoch genug kommen, können Sie sich auch von einem Freund oder einer Freundin beklopfen lassen.
5. Geben Sie einen »Aah«-Laut von sich und klopfen Sie sich dabei wie Tarzan auf die Brust.
6. Massieren Sie kurz Ihre Zwischenrippenmuskulatur.
7. Legen Sie sich mit angezogenen Knien auf den Rücken, die Füße sind dabei flach auf dem Boden. Machen Sie es sich bequem, bis Ihre Wirbelsäule ganz auf dem Boden aufliegt. Entspannen Sie sich, und konzentrieren Sie sich so lange, wie Sie mögen, ganz auf ihre Wirbelsäule, die gerade, aber doch entspannt ist.

HEILEN

Unser physischer, emotionaler, geistiger und seelischer Körper muss so gut es geht geheilt werden, damit die hohe Energie, von der unser Planet gegenwärtig überströmt wird, möglichst ungehindert durch ihn hindurchgehen kann. Spaziergänge, Massagen, Geistheilung, medizinische Untersuchungen und körperlicher Ausgleich – all das ist dafür von großer Bedeutung. Für die Heilung Ihrer Emotionen und Gefühle ist es erforderlich, dass Sie sehr genau auf Ihr Empfinden und Denken achten, damit Sie es mithilfe der Silber-Violetten Flamme gegebenenfalls neutralisieren können. Oder aber Sie schreiben alles Negative auf einen Zettel und verbrennen ihn. Vergessen Sie aber nicht, sich danach positive Dinge zu notieren, die an die Stelle des Negativen treten.

DIE ENERGIE AUFRECHTERHALTEN

Ihren seelisch-spirituellen Körper halten Sie rein, indem Sie sich guter Lektüre widmen, meditieren und in stiller Betrachtung dasitzen, Vorträge von höherer Schwingungsfrequenz hören oder entsprechende Workshops besuchen. Nicht zuletzt natürlich durch Gebete und Dankbarkeit. Gebete, heilige Sprechgesänge und schöne Gedanken tragen viel dazu bei, dass Ihre Frequenz nicht sinkt.

LOSLASSEN

Wir müssen alle unsere körperlichen, emotionalen, geistigen und seelischen Anhaftungen loslassen. Symbolisch können Sie das tun, indem Sie zu Hause ausmisten. Danach sollten Sie natürlich nicht gleich wieder neuen Müll anschleppen. In diesem Zusammenhang hat Diana einmal eine hübsche Geschichte gehört: Ein Freund von ihr hat einmal seine Garage aufgeräumt, was ihn mehrere Tage kostete. Anschließend hatte er zum allerersten Mal Platz, sein Auto hineinzustellen. Aber als er sich seine alte Karre dann genauer anschaute, wurde ihm klar, dass er sie einfach nicht in seine saubere, aufgeräumte Garage stellen wollte. Also ließ er sie draußen und bat das Universum, ihm etwas Besseres zu besorgen. Seine Botschaft war so stark, dass er am nächsten Tag völlig unerwarteter Weise eine Gehaltserhöhung erhielt, die es ihm ermöglichte, sich ein neues Auto anzuschaffen.

Wenn wir uns regelmäßig von dem Bedürfnis nach Besitz, Menschen, Überzeugungen und Verständnis lösen, bewahren wir uns unsere Freiheit. Dass materielle Dinge Fallen sein können, weil sie unsere Energien fesseln, ist bekannt. Natürlich ist es schön, hübsche Dinge zu besitzen. Wenn wir sie aber brauchen, weil wir unser ganzes Selbstwertgefühl daraus beziehen, gewinnen sie Macht über uns.

ÜBUNG ❖ BEFREIEN SIE SICH

1. Suchen Sie sich ein ruhiges Plätzchen, an dem Sie eine Weile ungestört sind.
2. Zünden Sie eine Kerze an und widmen Sie sie zum höchsten Wohle aller Ihrer Freiheit. Zum höchsten Wohle aller, das ist beispielsweise für den Fall, dass Sie mit irgendjemandem oder irgendetwas vereinbart haben, ihm eine gewisse Zeit lang Energie zu schenken.
3. Schließen Sie die Augen und atmen Sie sich in einen wohligen, entspannten Zustand.
4. Lassen Sie einen Menschen, einen Sachverhalt oder auch einen Gegenstand, an den Sie sich gebunden fühlen, vor Ihrem inneren Auge erscheinen.
5. Sagen Sie dieser Person (beziehungsweise dem Sachverhalt oder auch dem Gegenstand), dass Sie jetzt von ihr ablassen möchten.
6. Stellen Sie sich die Schnur vor, die Sie an den Menschen (Sachverhalt oder Gegenstand) bindet. Vielleicht schnürt sie einem von Ihnen die Luft ab. Die Schnur kann dick, dünn, bunt sein, stinken oder einer vorüberziehenden Wolke ähneln. Vielleicht werden auch andere davon in Mitleidenschaft gezogen. Öffnen Sie sich so weit, dass Sie die Schnur wahrnehmen.
7. Schneiden Sie die Schnur durch, wie es Ihnen gefällt, und stellen Sie sicher, dass nirgendwo mehr Reste von ihr hängen. Dabei können Sie ruhig auch Erzengel Michael um Unterstützung bitten.
8. Werfen Sie die Schnur ins Feuer, und beobachten Sie, wie sie verbrennt. Wenn Sie möchten, können Sie dabei im Geist auch gleich die Sachen verbrennen, die Sie anhaben. Vielleicht möchten Sie sich

in einem Fluss oder Wasserfall reinigen. Schauen Sie, wie Sie alles tun, was Ihnen erforderlich erscheint, um sauber zu werden. Lassen Sie Ihrem Unbewussten die Botschaft zukommen, dass Sie es wirklich ernst meinen.

9. Bedanken Sie sich bei dem Menschen (Sachverhalt oder Gegenstand) dafür, dass er Ihnen bei Ihrem Wachstum geholfen hat.
10. Öffnen Sie die Augen, und pusten Sie die Kerze aus, während Sie sich dafür bedanken, dass Sie sich ihres Lichtes bedienen durften, um sich zu befreien.

STÄRKUNG

Hierbei geht es darum, Ihr Selbstwertgefühl und Ihr Selbstvertrauen so zu stärken, dass Sie sich die Macht über Ihr Leben verschaffen.

Eine sehr wirksame Übung, die Shaaron ihre Klienten gern durchführen lässt, besteht darin, etwas zu tun oder zu erleben, was sie sich noch nie gestattet haben. Dabei kann es sich um so etwas Einfaches handeln wie einen anderen Weg zur Arbeit, einen Kinobesuch ohne Begleitung, Autoscooter fahren oder jemanden, den man gern näher kennen lernen würde, zum Essen einzuladen. Schon solche kleinen Dinge lassen Sie einen Moment lang Ihre Routine verlassen und führen allmählich zu persönlicher Stärkung. Sie können aber auch insgesamt Ihre Möglichkeiten erweitern. Wenn Sie Angst haben, an Orte zu fahren, die Sie nicht kennen, können Sie sich jede Woche einen vornehmen und ihm einen Besuch abstatten. Wollen Sie schon lange umziehen? Tun Sie es einfach. Herausforderungen dieser Art machen Sie stärker. Wenn Sie ein bestimmtes Reiseziel haben – steuern Sie es an.

Für jeden Menschen ist etwas anderes eine Herausforderung. Wenn Sie jede Woche etwas davon umsetzen und einmal im Monat etwas Größeres, werden Sie bald eine bedeutend stärkere Persönlichkeit mit einem viel größeren Selbstvertrauen sein.

ÜBUNG ❖ TÄGLICHE STÄRKUNG VON MUSKELN UND ORGANEN

Wenn der Körper stark ist und viel Spannkraft hat, nehmen wir auch mehr Sauerstoff auf, sind gesünder und können physisch höhere Schwingungsfrequenzen verkraften.

Ein täglicher Spaziergang tut Ihrem körperlichen Wohlbefinden sehr gut. Damit ist aber nicht Schleichen gemeint. Energisch ausschreiten sollten Sie schon. Ein gutes Training ist alles, wobei große Teile Ihres Körpers beansprucht werden: also etwa Joggen, Schwimmen, Tennis, Klettern, Segeln oder Tanzen. Dreimal in der Woche ein Fitnessstudio aufzusuchen geht zur Not auch, Bewegung im Freien ist dem aber vorzuziehen. Fangen Sie jetzt gleich an und stellen Sie einen Trainingsplan auf.

ÜBUNG ❖ TIEFENATMUNG

Diese Übung schenkt Ihnen auf zellularer Ebene tiefe Entspannung, sodass Ihr inneres Potenzial voll zum Tragen kommen kann. Sie verbessert darüber hinaus die Sauerstoffaufnahme und vergrößert das Lungenvolumen.

1. Stellen Sie sich entspannt hin, die Beine gespreizt, die Arme hängen locker an den Seiten herab.
2. Während Sie die Ellbogen seitlich anheben, damit sich Ihre Lungen ausdehnen können, atmen Sie ein:

   - Während Sie langsam einatmen, führen Sie die Hände mit angewinkelten Ellbogen vor dem Oberkörper zusammen.
   - Lassen Sie die Hände sinken.
   - Führen Sie sie unter Ihre Achselhöhlen.
   - Strecken Sie beide Arme seitlich aus.
   - Führen Sie sie über Ihren Kopf, dort treffen die Hände wieder zusammen.

3. Mit seitlich ausgestreckten Armen kehren Sie in die Ausgangsposition zurück und atmen dabei langsam aus.
4. Wiederholen Sie diese Übung so oft wie möglich.

ÜBUNG ❖ KÖRPERLICHE ENTGIFTUNG

Gifte blockieren unsere Verbindung mit dem Göttlichen. Sie belasten unsere Zellen und verlangsamen alle körperlichen und geistigen Prozesse.

1. Stellen Sie sich mit lockeren Knien hin, die Füße hüftbreit auseinander, Ihre Arme hängen seitlich locker am Körper herab.
2. Heben Sie langsam die Arme an, nehmen Sie dabei Energie auf, bis Ihre Hände oberhalb des Kopfes zusammentreffen.
3. Führen Sie Ihre Hände mit geöffneten Handflächen, die zum Boden zeigen, allmählich vor dem Körper nach unten bis in Höhe des Unterleibs. Visualisieren Sie dabei, wie Sie verbrauchte Energie ausleiten.
4. Stellen Sie sich vor, dass in Ihren Händen ein Energieball entsteht.
5. Richten Sie die Handflächen dann wieder zum Boden.
6. Bücken Sie sich ganz langsam und legen Sie Ihre Hände auf die Knie.
7. Spüren Sie, wie alle Gifte Ihren Körper durch die Füße verlassen.
8. Wiederholen Sie das Ganze mehrere Male.

DIE RICHTIGE ERNÄHRUNG

Man ist, was man isst. Oder besser: Man ist, was man verdaut.

Nahrungsmittel, die der Körper nicht verwertet, belasten den Stoffwechsel und verlangsamen die Schwingung. Aber nicht nur das, man wird dadurch auch träge und hat weniger natürliche Lebenskraft. Milchprodukte und Gebratenes fallen in diese Kategorie. Sensitive Menschen, deren Verdauungssystem häufig sehr empfindlich ist, verarbeiten auch viele andere Nahrungsmittel nur schlecht. Grundsätzlich sollte man so viel Frisches, organisch Angebautes aus der Region essen wie möglich. Salat, Gemüse und Nüsse haben eine reine Schwingung. Fisch ist schon etwas weniger zu empfehlen und Fleisch ist nicht nur grob, sondern enthält auch alle Ängste, die das Tier in seinem Leben und bei der Schlachtung aushalten musste.

Im reinen Atlantis, als sich die Menschen ausschließlich vegetarisch ernährten, hatten alle die Blutgruppe A. Mit der Notwendigkeit, auch Fleisch zu verdauen, veränderten sich auch die Blutgruppen. Und als sich das Experiment dann über die ganze Welt verbreitete und sich die Atlanter mit anderen Menschen vereinten, entstanden die Blutgruppen 0, AB und B. Wie auch immer, jeder sollte essen, was ihm intuitiv richtig erscheint, und manche Blutgruppen brauchen nun einmal Fleisch. Spirituell gesehen ist es besser, mit Liebe, Dankbarkeit und Verehrung Bio-Fleisch zu essen, als sich bloß vegetarisch zu ernähren, weil einem das ein Gefühl der Überlegenheit gibt und man auf die Fleischesser herabblicken kann.

Weizenprodukte, Koffein, Cola, Zucker und Alkohol sollten Sie nur in Maßen zu sich nehmen.

Genießen und segnen Sie alles, was Sie essen!

FREUDVOLLES SPIEL

Kumeka sagt, dass nur den wenigsten von uns bewusst ist, wie wichtig Spielen ist. Viele sind so darauf konzentriert, geschäftig rumzutun und ihren Lebensunterhalt zu verdienen. Sie nehmen selbst die Spiritualität viel zu ernst und vergessen ganz, sich das Leben leicht zu machen. Lachen, Freude, unschuldiger Spaß sind aber ganz wichtig, damit wir leicht, gesund und glücklich bleiben und unsere Verbindung mit dem Göttlichen nicht verlieren.

Schreiben Sie sich all die schönen Dinge auf, die Sie gern machen. Verkleiden Sie sich gern und spielen Sie Theater oder kleine Sketche? Jetzt bloß nicht verächtlich aufstöhnen. Wenn Sie das Schauspielern mögen, sollten Sie es auf Ihre Liste mit den möglichen Spielen setzen. Und beim Schwimmen: Zählen Sie nur die Bahnen, die Sie schaffen, oder gestatten Sie sich dabei auch, ein bisschen Spaß zu haben?

Diana hat sich früher immer gezwungen, eine ganze Stunde durchzuhalten, und sich dabei schrecklich gelangweilt. Aber eines Tages ist ihr Sohn mal mitgekommen, ist unter ihr durchgeschwommen, hat sie untergetaucht und so an den Füßen gekitzelt, dass sie lachen musste. Sie können alles tun, was Sie ohnehin schon gern machen, nur gestalten Sie es sich eben etwas lustiger.

Wann hatten Sie Ihr letztes Picknick, waren paddeln oder sind einen Baum hoch geklettert? Das Leben ist eine Reise, aber keine trübsinnige, beschwerliche. Wenn wir gemeinsam unterwegs sind, kann sie ziemlich viel Spaß machen. Immer wenn Sie etwas von Ihrer Liste mit den schönen Dingen unternommen haben, dürfen Sie sich mit einem großen Häkchen belohnen.

SEGNEN

Vergessen Sie nie, alles und jeden zu segnen. Es muss ja keiner merken. Sie können die Hand ein bisschen ausstrecken und die Pfütze segnen, an der Sie vorbeikommen. Danken Sie dem Regen, dass er sie hervorgebracht hat. Füllen Sie sie mit Liebe, Frieden, Freude und anderen guten Dingen an, die Ihnen einfallen. Segnen Sie Freunde und Fremde gleichermaßen. Segnen Sie die Autos, die an Ihnen vorbeifahren, und die Menschen, die darin sitzen. Segnen Sie die Bäume und die ganze Natur. Bedanken Sie sich bei ihnen. Geben ist häufig viel leichter als Nehmen. Das Verhältnis sollte aber ausgewogen sein. Öffnen Sie sich also für die Segnungen, die Ihnen die Engel, die großen Meister und Ihre inneren Führer zukommen lassen, von denen Sie auf den unsichtbaren Ebenen umgeben sind. Wenn Sie die Möglichkeit haben, einem Meister zu begegnen, der in einem menschlichen Körper inkarniert ist, sollten Sie weder die Zeit noch die Mühe scheuen, zu ihm zu reisen und den Dharshan zu empfangen, den göttlichen Segen, den er übermittelt. Amma zum Beispiel, die umarmende Mutter, reist durch die ganze Welt, öffnet den Menschen das Herz und segnet sie. Unter www.amma.de finden Sie ihre Website.

Wir leben in der chancenreichsten Zeit überhaupt. Bis heute gab es auf dem gesamten Planeten nie eine Epoche, in der unsere Seelen eine solch gute Gelegenheit zur Erleuchtung und zum Aufstieg hatten. Der große Geist traut uns zu, die Energien und den Zauber der spirituellsten Ära zurückzuholen, die es je gegeben hat: das Goldene Zeitalter von Atlantis. Wenn Sie beschließen, ein Träger des Lichts zu werden, so transformieren Sie damit nicht nur Ihr eigenes Leben, sondern auch das Ihrer Freunde, Angehörigen und aller, mit denen Sie in Berührung kommen. Ihre Seele wird dafür Belohnungen erhalten, wie Sie sie sich beim besten Willen nicht vorstellen können, und zwar sowohl in diesem Leben als auch im Zuge ihres weiteren Voranschreitens. Es ist die Zeit des Feierns, Dankens und Handelns. Die Hilfsmittel, die Sie brauchen, haben Sie in diesem Buch alle kennen gelernt. Mögen die Engel von Atlantis Ihre Reise segnen.

DIE ÜBUNGEN IM ÜBERBLICK

DANK

Sehr herzlich bedanken möchten wir uns bei Linda Powell für ihre Hilfe und Unterstützung, bei Marion Battes, die uns so reichlich mit Informationen versorgt hat, und nicht zuletzt bei Katrina Raphaell für ihre unglaublich guten Bücher über Kristalle.

LITERATUR

Andrews, Shirley: *Atlantis*, St. Paul 2002

Decox, Hans, und Tom Monte: *Numerology. Key to Your Inner Self*, Berkeley 1994

Emoto, Masaru: *Die Botschaft des Wassers*, Burgrain 2002

Gilbert, Adrian, und Maurice M. Cotterell: *Die Prophezeiungen der Maya*, München 2002

Hall, Judy: *The Crystal Bible*, Godsfield 2003

LaBerge, Stephen, und Howard Rheingold: *Exploring the World of Lucid Dreaming*, New York 1990

Mails, Thomas E.: *Geheime indianische Pfade*, München 1991

McMoneagle, Joseph: *Mind Trek. Exploring Consciousness, Time and Space Through Remote Viewing*, Charlottesville 1997

Melody: *Love is in the Earth. A Kaleidoscope of Crystals*, Wheat Ridge 2004

Newman, Hugh: *The Psychic Children*, www.psychicchildren.co.uk 2004

Raphaell, Katrina: *Wissende Kristalle für unsere spirituelle Entwicklung, zur Heilung und zur Harmonisierung des Alltags*, Interlaken 1986

Dies.: *Heilen mit Kristallen*, München 1988

Dies.: *Crystalline Transmission. A Synthesis of Light*, Morganville 1989

Targ, Russell: *Limitless Mind. A Guide to Remote Viewing and Transformation of Consciousness*, Novato 2004

Tolle, Ekhart: *Jetzt! Die Kraft der Gegenwart*, Bielefeld 2002

Tulku, Tarthang: *Offene Bewusstheit*, Berkeley 1992

Yogananda, Paramashansa: *Autobiographie eines Yogi*, Self-Realization Fellowship 1979

Natur

Natur

Die Bewohner des Goldenen Atlantis hatten vor der Natur Hochachtung, weil sie verstanden, dass alles und jeder ein Teil der Einen Quelle ist. Menschen und Tiere kannten keine Angst voreinander. Die Pflanzen zeigten sich durch reiche Frucht erkenntlich, und jede Kreatur gab bereitwillig und voller Liebe, was sie zu geben hatte. Da sie die göttliche Einzigartigkeit aller Lebensformen begriffen, hätten die Menschen es seinerzeit auch bestimmt unterlassen, in den genetischen Entwurf des Lebens einzugreifen.

EINZIGARTIGKEIT

Diese Karte möchte Sie daran erinnern, dass Sie einzigartig sind, genau wie jeder andere auch. Das sollten Sie voll und ganz erkennen und sich darüber freuen. Tragen Sie ganz bewusst zum Wohlergehen der Natur bei, und achten Sie darauf, wie Menschen, Tiere und Pflanzen auf Sie reagieren. Ihre Empfehlung lautet: Tragen Sie Sorge dafür, dass Ihre Gedanken, Worte und Taten gut sind und Sie niemanden damit verletzen. Sie werden überreich belohnt werden.

Jetzt ist die Zeit gekommen, üppige Ernte einzubringen.

Spaß

Spaß

Im Goldenen Atlantis hatten die Menschen gern Spaß und lachten viel. Sie entzückten sich an Sport und Spiel, Tanz und Geselligkeit, weil sie dabei Energie austauschten. Bei der vergnüglichen, freudvollen Lebensgestaltung kam der Freizeit eine äußerst wichtige Bedeutung zu. Auch dieser Fähigkeit, Freude zu empfinden und das Leben leicht zu nehmen, hatten sie es letztlich zu verdanken, dass sie ihre hohe Frequenz beibehielten und stets glücklich und zufrieden waren.

FREIZEIT

Diese Karte legt Ihnen nahe, Zeiten der Muße einzuplanen. Nehmen Sie sich vor, Spaß zu haben und Dinge zu unternehmen, bei denen Sie sich entspannen und lachen können. Umgeben Sie sich mit glücklichen und interessanten Menschen. Betrachten Sie gleichzeitig Ihre Aufgaben von einer höheren Warte aus, und freuen Sie sich an allem Guten in der Welt.

Seien Sie heute heiter, und lachen Sie.

Ansata

Aus dem Englischen von Karin Weingart.
Die Originalausgabe erschien 2005 unter dem Titel
»Atlantis Cards« im Verlag Findhorn Press, Schottland.

Ansata ist ein Verlag der Verlagsgruppe
Random House GmbH.
ISBN 978-3-7787-7307-9

3. Auflage 2013

Umschlaggestaltung und Satz:
Reinert & Partner, München
Gesamtherstellung:
Anpak Printing Ltd., Hongkong

Legesysteme

Legesystem mit drei Karten

Die Person, der Sie die Karten legen, wählt drei aus. Die Erste steht für die Vergangenheit, die Zweite für die Gegenwart und die Dritte repräsentiert die Zukunft.

Das keltische Kreuz

Die Person, der Sie die Karten legen, wählt mit ihrer nicht-dominanten Hand zehn Karten aus und legt sie in Form des Keltischen Kreuzes aus.

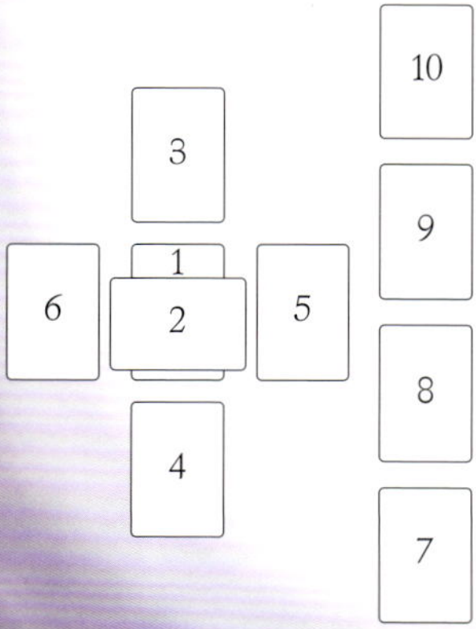

1. Gegenwärtige Lage
2. Was zuwiderläuft
3. Höhere geistige Einflüsse
4. Einfluss des Unbewussten
5. Jüngste Vergangenheit
6. Unmittelbare Zukunft
7. Fernere Zukunft
8. Wie andere Sie sehen
9. Ihre größten Hoffnunden und Ängste
10. Ergebnis

Wie Sie die Atlantis-Weisheitskarten benutzen

Es gibt 44 Weisheitskarten.

Die Zahl 44 hat dieselbe Wellenlänge

wie die hohen Schwingungen

im Goldenen Atlantis.

Jede Karte enthält wichtige Informationen

über jene heilige Zeit.

In Atlantis benutzte man Orakelkarten,

um geistige Führung anzubieten.

Ihnen wird die Arbeit mit den Karten

dabei helfen, sich die Energie

von Atlantis zurückzuholen.

Wie Sie sich Ihre Karten aussuchen

Legen Sie alle Karten mit dem Bild nach oben, und suchen Sie sich die aus, die Sie instinktiv am meisten anspricht. Sie können Ihre Wahl auch mit geschlossenen Augen treffen. Nehmen Sie die Karte mit der linken Hand auf.

Wie Sie mit den Karten arbeiten

Wichtig ist, dass Sie eine ehrfürchtige Haltung einnehmen und die Karten segnen, bevor Sie mit ihnen arbeiten. Sie können die Karten benutzen, um spirituelle Empfehlungen zu erhalten. In diesem Fall nehmen Sie eine Karte auf, und lesen Sie die Botschaft auf der Rückseite. Sie können die Karten auch als Orakel benutzen, indem Sie die Bilder intuitiv nach Informationen absuchen. Das können Sie für sich selbst oder auch für andere tun.

Dankbarkeit

Im Goldenen Atlantis bedankten sich die Menschen immerzu für die Chance, auf der Erde leben und ihre Erfahrungen machen zu dürfen. Diese Dankbarkeit drückten sie nicht nur in Gedanken und Worten aus. Allein durch ihr Glücklichsein, ihr Lachen und ihre Lebensfreude erwiesen sie sich zu jeder Minute des Tages als dankbar. Bei allem, was sie taten, waren sie mit ganzem Herzen dabei. Auf diese Einstellung reagiert das Universum mit Überfluss; daher wurden die Bewohner von Atlantis ständig mit Wohltaten überschüttet.

ÜBERFLUSS

Dankbarkeit ist die reinste Form des Gebets und ein Schlüssel zum Überfluss. Die Empfehlung an Sie lautet, sich bewusst zu machen, wie gut es Ihnen geht, und sich für alles, was Sie sich wünschen, so zu bedanken, als hätten Sie es bereits erhalten. Das setzt die Großzügigkeit des Universums frei. Dafür ist dieser Moment jetzt genau die richtige Gelegenheit.

Zeigen Sie Ihre Dankbarkeit durch Ihre Lebensweise.

Dankbarkeit

Ausgleich

Wenn in den Goldenen Tagen von Atlantis ein Mensch etwas gab, so erhielt er auch immer etwas dafür, und umgekehrt. Das bedeutet, dass die Bilanz des Lebens immer ausgeglichen war und dass sich kein Karma ansammeln konnte. Da alles gerecht zuging, hatten die Bürger das Gefühl, fair behandelt zu werden, und es ging ihnen gut. In diesen glücklichen Zeiten konnten die Heilpriester die Menschen einfach dadurch bei bester Gesundheit halten, dass sie ihre Chakren harmonisch ausrichteten.

HARMONISCHES GLEICHGEWICHT

Es ergeht an Sie die Empfehlung, auf allen Gebieten Ihres Lebens ein gesundes Gleichgewicht herzustellen. Sorgen Sie dafür, dass sich Geben und Nehmen genauso die Waage halten wie Arbeit und Spiel. Zum Wohl Ihrer Chakren sollten Sie tief in alle Partien Ihres Körpers atmen, die verspannt sind, oder von denen Sie das Gefühl haben, dass sie mit zu wenig Energie versorgt sind.

Bringen Sie alle Lebensbereiche ins Gleichgewicht.

Ausgleich

Das Positive

Im Goldenen Atlantis gab es keine negativen Wörter. Auch keine, mit denen man Widerstand ausdrückte, wie etwa „aber", „nie" oder „geht nicht". Es gab somit nichts, was den Fluss des Lebens hätte aufhalten können. Der Wortschatz bestand ausschließlich aus positiven Wörtern und Begriffen, und die Menschen kannten nichts als nützliche Ideen und Gedanken. Sie bekräftigten also ständig das Glück und die Zufriedenheit des Augenblicks. Dem Geistigen Gesetz folgend konnten sie daher auch nur das Positive anziehen, was unweigerlich ständig mehr Gutes mit sich brachte.

ACHTEN SIE AUF IHRE GEDANKEN

Achten Sie heute auf Ihre Gedanken, Worte und Überzeugungen. Tilgen Sie alles Negative – auch Klatsch, Zweifel oder Ängste. Bestimmen Sie Ihre persönlichen Ziele und Ihre Visionen für Ihre Gemeinschaft und die Welt. Konzentrieren Sie sich dann vollkommen darauf. Ihre Entwicklung wird sich unweigerlich beschleunigen. Gehen Sie jetzt also voran.

Sie werden Erfolg haben.

Das Positive

Tierliebe

Im Goldenen Atlantis war man sich der Tatsache bewusst, dass auch Tiere auf die Erde kommen, um zu lernen, Erfahrungen zu machen und zu lehren – ganz genau wie die Menschen. Tiere wurden als Gleiche unter Gleichen geschätzt und respektiert; die Kommunikation mit ihnen fand telepathisch statt. Manche kamen, um dem Menschen zu dienen, sie schenkten uns einen Teil von sich oder halfen uns. Andere beschützten den Menschen oder waren ihm gute Gefährten. Menschen und Tiere übten sich in Friedfertigkeit, und das ist einer der wertvollsten Wesenszüge, die man sich aneignen kann.

SEIEN SIE FRIEDLICH

Wenn Sie diese Karte gezogen haben, so besteht die Empfehlung für Sie darin, heute Kontakt zu einem Tier aufzunehmen. Überlegen Sie, was Sie von ihm lernen können, und übermitteln Sie ihm telepathisch Grüße in freundlicher Absicht. Seien Sie offen für Reaktionen, eine Botschaft oder das Gefühl von Verbundenheit, denn ein Tier möchte Ihnen etwas mitteilen, das Ihnen helfen wird.

Lernen Sie von den Tieren, und üben Sie sich in Sanftmut.

Tierliebe

Die Stille

Nur in der Stille können wir uns wahrhaft mit dem Ehrfurcht gebietenden All-Einen verbinden. Den Menschen im Goldenen Atlantis, die alle Erleuchtete Wesen waren, war das bewusst. Sie führten ein ruhiges, entspanntes, kontemplatives Leben und waren beständig auf das Allerhöchste eingestimmt. Da sie telepathisch miteinander kommunizierten, sprachen sie wenig. Es gab damals keine lauten Autos, Flugzeuge oder Maschinen, wie wir sie heute kennen, und so war es auf der Erde ruhig und beschaulich. Die Kommunikation mit Gott wurde von der Natur unterstützt.

STILLE BETRACHTUNG

Wenn Sie diese Karte erhalten, so sind Sie aufgerufen, einige Zeit in stiller Betrachtung oder in Meditation zu verbringen. Gehen Sie wenn möglich in die Natur, an einen Ort, an dem Ruhe und Frieden herrschen. Denken Sie daran, dass Sie eher Zugang zu Ihrer inneren Weisheit finden können, wenn es um Sie herum leise ist.

Suchen Sie Stille und innere Weisheit.

Die Stille

Becken voller Energie

Im Zuge des letzten Experiments von Atlantis schuf die Seniorpriesterschaft Becken mit hochfrequenter Energie, die allen Menschen zugänglich waren. Mit ihrer Hilfe konnten sie ihre Vitalität steigern und ihre Visionen Gestalt annehmen lassen. Später wurde den Atlantern dann auch die Violette Flamme zur Verfügung gestellt, die visualisiert oder angerufen werden konnte, um jegliche Negativität umzuwandeln, besonders in Beziehungen.

KOSMISCHE HILFE

Die Empfehlung für Sie besteht darin, sich aus dem großen kosmischen Energiebecken zu bedienen, da es jetzt an der Zeit ist, dass Sie Ihre Träume verwirklichen. Bevor Sie jedoch um kosmische Hilfe bitten, müssen Sie zur Ruhe kommen und sich auf Ihre Vision konzentrieren. Negative Gedanken allein sind in der Lage, Sie aufzuhalten. Rufen Sie daher die Violette Flamme an, oder visualisieren Sie sie, damit sie alle Negativität auflöst. Fangen Sie jetzt gleich damit an.

Der Kosmos ist bereit, Ihnen zu helfen.

Becken voller Energie

Zwölf Chakren

Im Goldenen Atlantis hatte jeder Mensch zwölf Chakren und auch zwölf aktive DNA-Stränge. Als die Schwingungsfrequenz von Atlantis sank, stellten fünf Chakren ihren Dienst ein. In der Folge wurden auch jene zehn DNA-Stränge inaktiv, welche die hoch entwickelten spirituellen und übersinnlichen Fähigkeiten der Menschen enthielten. Wir Heutigen sind aufgerufen, unsere Chakren und das vollständige DNA-Potenzial zu reaktivieren.

POTENZIALE

Sie sollen an Ihre enormen ungenutzten spirituellen und übersinnlichen Kräfte erinnert werden. Mithilfe von Tiefenentspannung können Sie Ihr zellulares Wissen nach und nach aktivieren und sich die Weisheiten zurückerobern, über die Sie in Atlantis bereits verfügten. Ihre Empfehlung lautet: Bedienen Sie sich dieses Potenzials. Nehmen Sie sich die Zeit und den Raum, ganz ruhig zu werden, damit Sie sich darauf besinnen können, wer Sie in Wahrheit sind.

Entspannen Sie sich, und stimmen Sie sich auf Ihr volles Potenzial ein.

Zwölf Chakren

Hoher Priester

Es gab in Atlantis immer sechs Hohe Priester sowie dieselbe Anzahl von Hohen Priesterinnen – äußerst hoch entwickelte kosmische Wesen, die ihre Weisungen direkt vom Intergalaktischen Rat erhielten. Jede(r) von ihnen trug die Verantwortung für eine der zwölf Regionen. Dies waren edle Führungspersönlichkeiten, die völlig selbstlos zum höchsten Wohl des Volkes wirkten. Sie leiteten wichtige Zeremonien und tauchten die Menschen in reines, hochfrequentes Licht.

FÜHRUNGSQUALITÄTEN

Wenn Sie diese Karte gezogen haben, sollten Sie Ihr Leben selbst in die Hand nehmen und in aller Deutlichkeit manifestieren, wer Sie sind. Sie werden aufgefordert, Ihre Führungsqualitäten unter Beweis zu stellen, rechtschaffen zu handeln, eindeutige, weise Entscheidungen zu treffen und andere Menschen zum höchsten Wohle aller zu unterstützen. Es ist dies entschieden eine Zeit, in der Sie ein hohes Maß an Hilfsbereitschaft an den Tag legen sollten.

Führen Sie weise und mit sicherer Hand.

Hoher Priester

Der große Kristall

Ein riesiger Quarzkristall zierte den Tempel des Poseidon und diente als intergalaktisches Portal. Zugleich war er zentraler Stromgenerator. Er lieferte saubere, unschädliche Energie, und als Hauptrechner von Atlantis stellte er das Herzstück eines geistigen Internet-Service dar. Heute liegt der Große Kristall mitten im Bermudadreieck.

GEBEN SIE IHRER KRAFT EINE RICHTUNG

Diese Karte empfiehlt, dass Sie sich die Ursprünge Ihrer inneren Kraft bewusst machen. Unterschätzen Sie sich nicht. Alle Ihre Gedanken, Worte und Taten strahlen Energien aus, die andere berühren, Dinge und Menschen anziehen. Streben Sie nur nach dem Höchsten und Besten; dann werden enorme Energieströme von Ihnen ausgehen und Gutes bewirken.

Nutzen Sie Ihre Kraft zum Höchsten und Besten.

Der große Kristall

Die sieben Säulen der Weisheit

Der Tempel des Poseidon wurde auf einem der sieben Berge errichtet, die die sieben Säulen beziehungsweise geistigen Gesetze Atlantis' verkörperten. Sie erinnern uns daran, dass es keine Trennung von Gott gibt, und zeigen uns, wie wir unser Schicksal meistern können. Ferner bestätigen sie, dass es spirituell für alles eine Lösung gibt.

ORDNUNG UND FOLGEN

Diese Karte erinnert Sie daran, dass wir in einem geordneten Universum leben, in dem all Ihre Gedanken, Worte und Handlungen Folgen haben. Sie werden ermutigt, Ihr Leben bewusst zu verbessern, indem Sie Ihre Überzeugungen, Interpretationen und Verhaltensmuster verändern. Beobachten Sie Ihre Gedanken, konzentrieren Sie sich auf diejenigen, die Ihnen zuträglich sind, und gestalten Sie sich das Leben so, wie Sie es sich im tiefsten Innern wünschen.

Verändern Sie Ihr Leben, indem Sie den geistigen Gesetzen folgen.

Die sieben Säulen der Weisheit

Der Tempel des Poseidon

Im Zuge der Vorbereitungen für das Goldene Zeitalter von Atlantis errichtete der Intergalaktische Rat als Erstes den Tempel des Poseidon auf den Heiligen Höhen. Der Tempel beherbergte den Großen Kristall, zu dem nur die höchstrangigen Priester Zugang hatten. Im Sonnenlicht erstrahlte er, und die breite Bevölkerung schaute zu ihm auf. Er schenkte den Menschen Inspiration und Hoffnung.

NEUANFÄNGE

Diese Karte zeigt einen Neubeginn an. Möglicherweise werden Sie Konzepte, Ideen oder Wege kennen lernen, die sich auf einem bedeutend höheren Niveau bewegen als alles, was Sie bisher in Betracht gezogen haben. Beurteilen Sie daher jeden Aspekt Ihres Lebens von einer höheren Warte aus. Seien Sie sich bewusst, dass man Weisungen von Ihnen erwartet. Ihre Handlungen und Ihre Sprache sollten daher selbstlos und vollkommen untadelig sein.

Seien Sie anderen ein guter Geist.

Der Tempel des Poseidon

Gegenwart

Im Goldenen Atlantis konzentrierten sich die Menschen auf die Wonnen des Augenblicks. Sie lebten ganz im „Jetzt“. Es gab nicht einmal die Möglichkeit, sprachlich etwas in der Vergangenheitsform oder im Futur auszudrücken. Da jedes Gefühl und jeder Gedanke dazu beitragen, das Morgen zu gestalten, erschufen sich die Bewohner von Atlantis wie von selbst eine gute, glückliche Zukunft. Und weil auch emotional immer alle füreinander da waren, konnte sich jeder Einzelne beachtet und akzeptiert fühlen.

LEBEN SIE IM JETZT

Ihre Empfehlung für den heutigen Tag lautet: Seien Sie sowohl gefühlsmäßig als auch ganz real für sich selbst und andere da. Die Vergangenheit ist vorbei, und sich den Kopf darüber zu zerbrechen ist reine Energieverschwendung. Die Zukunft wird erst noch geschrieben. Mit Ihren Gedanken von heute bringen Sie sie selbst hervor. Achten Sie also darauf, dass Sie positiv und konstruktiv bleiben.

Leben Sie stets bewusst.

Gegenwart

Telepathie

Im Goldenen Atlantis wurde nur wenig gesprochen, denn die Menschen verfügten über erhebliche telepathische Fähigkeiten und konnten sich auch über große Entfernungen hinweg gut verständigen. Da alle in der Lage waren, die Gedanken der anderen zu lesen, achteten sie darauf, dass ihr Denken stets makellos und konstruktiv blieb und sie nur positive Botschaften und Bilder übermittelten. Auch die Lehrer-Priester unterrichteten ihre Schüler auf telepathischem Wege. Kristalle wurden ebenfalls gedanklich programmiert.

MAKELLOSE KOMMUNIKATION

Achten Sie einmal auf Ihre Aufnahmefähigkeit für telepathische Botschaften. Es ergeht an Sie die Empfehlung, den Kopf frei zu machen und für Mitteilungen Ihrer inneren Führer und Engel und auch für die Gedanken anderer Menschen empfänglich zu werden. Jemand versucht Ihnen etwas Wichtiges mitzuteilen. Auch sind Sie aufgerufen, Botschaften der Hoffnung, Liebe und Inspiration auf telepathischem Weg zu übermitteln.

Machen Sie Ihren Kopf frei, um Botschaften empfangen und versenden zu können.

Telepathie

Die Sphinx

Das Osttor des Tempels des Poseidon bewachte eine kolossale Sphinx. Sie war ein Symbol der Reinheit und enthielt die Chroniken aller Universen. Diese waren ausschließlich den Hohen Priestern und Hohen Priesterinnen zugänglich. Ihr späteres Äquivalent ist die Sphinx in Ägypten. Indem wir in Liebe, Harmonie und Solidarität zusammenleben, können wir ihren Einfluss vergrößern.

HÜTEN SIE IHRE GEHEIMNISSE GUT

Ihre Devise sollte lauten, so lange zu schweigen, bis es angebracht ist, Informationen preiszugeben. Die Sphinx kann ein Hinweis darauf sein, dass Sie Geheimnisse – seien es eigene oder die anderer Menschen – hüten müssen, um zu beweisen, dass man Ihnen vertrauen kann. Unter Umständen kann die Karte auch aussagen, dass es für Sie an der Zeit ist, sich Ihrer inneren Weisheit zu besinnen und sie gegebenenfalls auch anderen anzuvertrauen.

Gehen Sie sorgsam mit Ihrem Wissen um, und tragen Sie Ihre Meinung nicht zu Markte.

Die Sphinx

Göttliche Natur

Im Goldenen Atlantis lebten die Menschen ihrer Natur gemäß, mit anderen Worten: in der fröhlichen Unschuld von Kindern. Da ihnen Selbstgefälligkeit und Geltungsbedürfnis fremd waren, äußerten sie sich mit kindlicher Ehrlichkeit, ohne irgendwelche Anspruchshaltungen und ohne sich zu verstellen. Der Reinheit ihrer Gedanken und Absichten war es zu verdanken, dass ihr Schwingungsniveau über lange Zeit ausgesprochen hoch blieb. Es war so hoch, dass die Menschen vor Glück buchstäblich strahlten, und ihre Aura schillerte hell und klar.

UNSCHULD

Wenn Sie diese Karte gezogen haben, sollten Sie zu Ihren Wurzeln zurückgehen und schauen, wer Sie eigentlich sind. Lassen Sie sich dabei von Ihrer göttlichen Natur leiten. Unschuld ist ein hoch entwickelter Seinszustand, der es Ihnen ermöglicht, natürlich, fröhlich und im Einklang mit Ihrem Höheren Selbst zu leben. Die Empfehlung für Sie lautet: Seien Sie ganz Sie selbst.

Bleiben Sie sich treu.

Göttliche Natur

Heilung

Im Goldenen Atlantis waren alle Menschen von Natur aus Heiler. Diejenigen, die ein besonderes Talent dafür hatten, wurden speziell ausgebildet, damit sie die göttliche Energie möglichst reibungslos weitergeben konnten. Ihre Wirkungsstätte waren die Tempel der Heilung. In der Frühzeit mussten die Heilpriester lediglich die Chakren der Menschen wieder ins Gleichgewicht bringen. Als später dann allmählich Karma angesammelt wurde, war mehr erforderlich, um die Menschen bei guter Gesundheit zu halten. Um die Heilungsprozesse zu erleichtern, wurden Töne, Farben, geometrische Formen, Kräuter und Heilsteine eingesetzt. Operationen erfolgten mit Laserstrahlen, die durch Kristalle geleitet wurden.

HEILEN SIE

Diese Karte soll Sie daran erinnern, dass es Menschen gibt, die Ihre Hilfe brauchen. Daher ist es für Sie jetzt an der Zeit, Ihre Fähigkeiten als Heiler oder Heilerin auszubilden, zu verfeinern und/oder zu praktizieren. Die Karte kann auch darauf hinweisen, dass Ihnen selbst etwas Geistheilung, emotionale Unterstützung oder Reiki nicht schaden könnte, um Ihre Schwingungsfrequenz zu erhöhen.

Wenden Sie sich heute anderen Menschen zu.

Heilung

Materialisierung

Sowohl die Magier als auch einige eigens dafür ausgebildete Priester waren in der Lage, immaterielle Dinge Gestalt annehmen zu lassen. Dazu verschafften sie sich zunächst absolute Klarheit über ihr Ziel. Dann konzentrierten sie sich auf die Details ihrer Vision und blieben fest darauf ausgerichtet. Weil alles aus Energie besteht, konnten sie die reine Energie der höheren Dimensionen in ein dichteres Schwingungsmuster umwandeln und daraus dann den entsprechenden Gegenstand gestalten. Dies geschah ausschließlich, um dem Volk zu dienen.

VERWIRKLICHEN SIE IHRE VISION

Wenn Sie sich für diese Karte entschieden haben, so sollten Sie sich absolute Klarheit darüber verschaffen, was Sie vom Leben erwarten. Sorgen Sie dafür, dass Sie es auch wirklich wollen! Sowie Sie diese Klarheit haben, konzentrieren Sie sich ohne Einschränkung darauf.

Konzentrieren Sie sich auf Ihre Vision, und lassen Sie sie Gestalt annehmen.

Materialisierung

Technologie

Den Bewohnern von Atlantis stand Computertechnologie zur Verfügung, wie wir sie uns in unseren kühnsten Träumen nicht vorstellen könnten. Hochgeschwindigkeitstransportsysteme, Heizanlagen, die Beleuchtung und das gesamte Bauwesen beruhten auf einer mit Ton- und Geisteskraft kombinierten Quarztechnologie. Der gesamte große Kontinent wurde von einem kuppelartigen Netz von Kristallpyramiden geschützt und mit Energie versorgt. Und das alles war vollkommen risikofrei und kam gänzlich ohne fossile Brennstoffe aus. Damals ermöglichte es uns die spirituelle Hierarchie, eine so hoch entwickelte Technologie zu erschaffen, damit uns mehr Zeit für Entspannung und geistige Betrachtungen blieb.

GROSSE VERANTWORTUNG

Verlassen Sie sich nicht allzu sehr auf die heutige Technologie, bedienen Sie sich ihrer indessen ruhig, wenn Sie mehr Zeit für Ihr persönliches Wachstum brauchen. Diese Karte kann auch ein Hinweis darauf sein, dass Sie über Potenziale verfügen, die Sie sich erst noch erschließen müssen.

Nutzen Sie Ihre Zeit klug, und erkunden Sie neue Möglichkeiten.

Technologie

Archivkristalle

In den Goldenen Zeiten von Atlantis wurden alle Informationen, Bildungsinhalte und spirituellen Lehren telepathisch in speziellen Quarzkristallen archiviert. Dieses Wissen wurde dann auf kleinere Steine heruntergeladen, die an die Orte teleportiert – also erst dematerialisiert und später wieder materialisiert – wurden, an denen man sie benötigte. Die Menschen machten sich empfangsbereit und bekamen ihre Informationen, indem sie den Stein an ihr drittes Auge hielten. Auf diese Weise entstand ein geistiges Internet, das im Wesentlichen der Bildung und Erziehung diente.

INFORMATIONEN

Wenn Sie diese Karte ziehen, sollten Sie sich allem Neuen gegenüber aufgeschlossen zeigen. Es kann sein, dass sich Ihnen unerwartet Informationen erschließen, die Ihnen helfen können, das Puzzle Ihres Lebens zusammenzusetzen. Sollte ein Archivquarz den Weg zu Ihnen finden, so entspannen Sie sich und legen Sie ihn an Ihr drittes Auge, damit Sie die heilige Weisheit, die darin liegt, in sich aufnehmen können.

Seien Sie aufgeschlossen für neue Informationen.

Archivkristalle

Hellsichtigkeit

Da ihr drittes Auge weit geöffnet war, konnten im Goldenen Zeitalter alle Atlanter hellsehen. Sie nahmen das Reich des Unsichtbaren wahr, die Engel, Einhörner und Naturgeister, und kommunizierten mit Tieren und Pflanzen. Alle konnten Auren sehen und verfügten über eine sehr feine Intuition. Daher nahmen sie die Gefühle und Energien von jedem wahr, der sich in ihrer Nähe befand. Das begünstigte ein Klima allgemeinen Mitgefühls und die Bereitschaft, sich umeinander zu kümmern. Und es hatte noch einen weiteren Effekt: Da ja nichts verborgen blieb, waren alle Menschen offen, aufrichtig und ehrlich.

ÜBERSINNLICHE BEGABUNGEN

Ihr intuitives Sehvermögen kann sich auf vielerlei Art äußern. Vielleicht nehmen Sie richtiggehend Bilder wahr, vielleicht spüren Sie auch etwas oder „wissen es einfach“. Für Sie ist es jetzt an der Zeit, Ihr drittes Auge zu schulen und auf Ihre Intuition zu vertrauen.

Sie können sich auf Ihr drittes Auge und Ihr intuitives Wissen verlassen.

Hellsichtigkeit

Die Beherrschung des Geistes

Von Kindesbeinen an lernten die Atlanter, ihren Geist zu beherrschen. Daher vermochten sie ihre Gedanken zu einem starken Energiestrom zu bündeln, mit dem sie Gegenstände bewegen, Kristalle programmieren und andere Ziele verwirklichen konnten. Von dieser Fähigkeit machten sie in den glücklichen Tagen ausschließlich zum höchsten Wohle aller Gebrauch. Bei den besonders gut qualifizierten Magiern wurde vorausgesetzt, dass sie auch in der Lage waren, ihre Körperfunktionen zu steuern, beispielsweise Temperatur, Blutzuckerspiegel und Stoffwechsel. Überdies beherrschten sie ihre Energiefelder so, dass sie sich durch die Luft fortbewegen, sich an zwei Orten gleichzeitig aufhalten und sich unsichtbar machen konnten.

KONZENTRATION

Es ergeht an Sie die Empfehlung, heute besonders sorgfältig auf Ihre Gedanken zu achten, denn ein undiszipliniert Geist lässt sich leicht beeinflussen und kann großes Chaos anrichten. Ein auf das Positive konzentrierter Geist dagegen ist ein mächtiges Führungsinstrument. Gehen Sie mit dieser Kraft daher so um, dass sie dem Wohle aller und nicht zuletzt auch Ihrer eigenen Selbstheilung dient.

Konzentrieren Sie Ihre Geisteskraft auf einen guten Zweck.

Die Beherrschung des Geistes

Kooperation

In den Goldenen Zeiten von Atlantis herrschte allenthalben Kooperation zum Wohle des Höchsten Guten mit dem Ergebnis, dass sich alle behütet und seelisch genährt fühlten. Die Menschen teilten geschwisterlich und profitierten gemeinsam von allem, was sie hatten – von ihren Produkten, Talenten, Kompetenzen und den Ergebnissen ihrer Arbeit. Das alles stand voller Liebe der Gemeinschaft zur Verfügung. Geld existierte nicht. Da sich jede Familie nur nahm, was sie brauchte, war immer genug für jeden da, und alle hatten das Gefühl, im Überfluss zu leben.

ZUSAMMENGEHÖRIGKEIT

Was haben Sie heute zu verschenken? Vielleicht Freundschaft, Zeit oder auch etwas Greifbares. Diese Karte möchte Sie ermutigen, alles wegzugeben, was Sie nicht länger benötigen. Darüber hinaus empfiehlt sie Kooperationsbereitschaft zum Wohle des großen Ganzen. Wenn Sie großherzig sind, winkt der Lohn des Universums.

Schauen Sie über sich hinaus, und seien Sie kooperationsbereit.

Kooperation

Spitzenleistungen

Im Goldenen Atlantis fanden häufig freundschaftliche Wettkämpfe zwischen den Gemeinden statt. Die Leute nahmen aus reiner Freude daran teil und weil sie die Herausforderung liebten. Da es bei diesen Spielen nicht um persönliche Profilierung ging, sondern ausschließlich darum, Spitzenleistungen zu erzielen, waren die Verlierer keineswegs enttäuscht oder beleidigt. Selbst Pferde traten aus Spaß an der Freude miteinander in Wettstreit, ohne Sattel und ohne Reiter. Mit der Teilnahme, der Geselligkeit und den Feiern, die damit einhergingen, brachten diese Veranstaltungen, als eigentliche Vorläufer der Olympischen Spiele, die verschiedenen Gemeinschaften des Kontinents einander näher.

GEBEN SIE IHR BESTES

Wenn Sie diese Karte gezogen haben, kann es sein, dass man Sie vor eine Herausforderung stellt oder Ihnen eine Verantwortung überträgt. Stellen Sie sich ihr, und tun Sie freundlich und gelassen, was Sie vermögen. Ob Sie es schaffen oder nicht, spielt keine Rolle. Die Empfehlung an Sie lautet, dass Sie sich allem, was Ihnen das Leben abverlangt, mit ganzem Herzen hingeben sollten.

Versuchen Sie Ihr Bestes zu geben.

Spitzenleistungen

Zufriedenheit

Im Goldenen Atlantis wurde jeder Mensch respektiert. Da alle glücklich waren, sie selbst sein zu dürfen, empfanden sie tiefen inneren Frieden und fühlten sich wohl in ihrer Haut. Jedem wurde Mut gemacht, seine Talente zu entfalten und sie so einzusetzen, dass er das tun konnte, was ihm am meisten Spaß machte. Das führte zu echter Zufriedenheit. Und daraus, dass sie so selbstlos für die Gemeinschaft tätig waren, bezogen die Menschen auch die Befriedigung, die darin liegt, sich für eine Vision zu engagieren, die über einen selbst hinausweist.

BEFRIEDIGUNG

Diese Karte besagt, dass Sie ein Gefühl tiefer Zufriedenheit verdienen. Akzeptieren Sie sich so, wie Sie sind, und freuen Sie sich über alle guten Eigenschaften und Begabungen, die Sie haben. Atmen Sie stille Zufriedenheit. Danach werden Sie sich rundum wohl fühlen und große Harmonie verspüren.

Seien Sie zufrieden mit sich selbst.

Zufriedenheit

Einhörner

Im Goldenen Zeitalter trugen Einhörner dazu bei, die Reinheit und göttliche Unschuld der Atlanter zu wahren. Aus dem dritten Auge dieser schneeweißen aufgestiegenen Pferde der siebten Dimension trat ein Licht aus, das wie ein spiralförmiges Horn wirkte und das sie als puren Energiestrahl auf die Menschen richten konnten. Gegenwärtig kehren die Einhörner zurück. Sie berühren uns mit ihrer Würde, Liebe, Schönheit, Grazie und Heilkraft, um unserem Planeten beim Wiederaufstieg behilflich zu sein.

REINHEIT

Wenn Sie diese Karte ziehen, möchten die Einhörner Verbindung mit Ihnen aufnehmen. Lassen Sie sich Zeit, und kommen Sie zur Ruhe, nach Möglichkeit in der freien Natur. Denken Sie an die Einhörner, und lassen Sie sich von ihrer Würde, Liebe, Schönheit und Grazie anrühren. Sie möchten Ihnen vielleicht Heilung bringen oder Sie zur wahren Natur Ihrer Seele zurückführen. Seien Sie heute aufgeschlossen für alle Botschaften, die sie Ihnen übermitteln möchten.

Seien Sie offen für die Energie des Einhorns.

Einhörner

Erziehung

Im Goldenen Atlantis wurde die Aura der Kinder von speziell ausgebildeten Priestern auf angeborene Begabungen hin untersucht, um sie später entsprechend fördern zu können. Die Tempel des Lernens waren friedliche, ruhige Bildungsstätten, an denen geeignete Musik gespielt wurde, damit sich die Kinder entspannen konnten. Mithilfe von Farben wurde ihre rechte Gehirnhälfte aktiviert. Der Priester ließ ihnen dann auf telepathischem Wege geistiges Wissen zukommen. Darüber hinaus hatten sie die Möglichkeit, sich bestimmte, von ranghohen Priestern und Magiern programmierte Kristalle an ihr drittes Auge zu legen und die darin gespeicherten Informationen direkt abzurufen.

LERNEN ODER LEHREN

Wenn Sie diese Karte ziehen, so ist das ein Hinweis darauf, dass Sie sich für neue Lernmethoden öffnen, die auf Informationsaufnahme bei höchstmöglicher Entspannung beruhen und sich erheblich von den überkommenen, rein logisch strukturierten Methoden unterscheiden. Vielleicht sollten Sie nun allmählich auch anfangen, selbst zu unterrichten. Beziehen Sie Ihren Stoff in diesem Fall nicht aus Büchern, sondern aus dem reichen Schatz Ihrer persönlichen Weisheit.

Lernen Sie hinzu. Verbreiten Sie dann Ihre neuen Erkenntnisse.

Erziehung

Erleuchtung

Im Goldenen Atlantis waren alle Menschen erleuchtete Wesen. Diesen göttlichen Zustand erreichten sie dadurch, dass sie ein heiteres, kontemplatives Leben führten und alle Mitmenschen sowie die gesamte Natur in Ehren hielten und respektierten. Ihre hohe Frequenz konnten sie sich bewahren, indem sie im Augenblick lebten, Liebe ausstrahlten und alles, was sie hatten, zu schätzen wussten. Aufgrund ihrer durchgehend positiven Einstellung und ihres Vertrauens in den Fluss des Lebens waren sie ständig mit dem Göttlichen verbunden und hatten keinen Zweifel daran, dass sie Teil der universellen Einheit waren.

SEIN

Es ergeht an Sie die Empfehlung, Ihr Tun und Streben einzustellen. Vergessen Sie das Morgen. Bringen Sie einfach Ihren Geist zur Ruhe, und seien Sie ganz im Jetzt. Betrachten Sie in dieser Zeit der Stille die Wunder des Lebens, und freuen Sie sich über alles, was Sie haben, auch über die Gelegenheit, ein Leben auf der Erde führen zu können. Als Lohn winken innerer Frieden und das Gefühl der Verbundenheit mit dem Göttlichen.

Erleuchtung ist Sein in Einheit.

Erleuchtung

Geburtskristalle

Immer wenn im Goldenen Zeitalter ein Mensch geboren wurde, materialisierten sich neben ihm Kristalle von seinem Heimatplaneten. Da alle Menschen bei ihrer Inkarnation durch den Schleier des Vergessens hindurchmussten, konnte sich keiner an seine stellaren Ursprünge erinnern. Mithilfe ihrer Geburtskristalle waren sie unbewusst trotzdem in der Lage, eine Beziehung zu ihrer Heimat aufzubauen, die ihnen während ihres ganzen Erdenlebens Frieden gab und Trost spendete.

WURZELN

Wenn Sie diese Karte gezogen haben, sollten Sie Ihre Beziehungen zu Ihrem „Zuhause" stärken, etwa, indem Sie über Ihre stellaren Ursprünge meditieren. Oder Sie beschäftigen sich mit Ihrem persönlichen Hintergrund und Ihrer Familiengeschichte. Vielleicht müssen Sie auch tiefer Wurzeln schlagen, um Ihr Zugehörigkeitsgefühl zu stärken. Das können Sie tun, indem Sie andere Menschen kennen lernen, bereits existierende Freundschaften intensivieren oder sich ein neues Hobby zulegen.

Damit Sie ein solides Fundament bekommen, sollten Sie sich stärker verwurzeln.

Geburtskristalle

Die Eiszeit

Eine zweitausendjährige Eiszeit ermöglichte es der Erde, zur Ruhe zu kommen und sich zu entgiften und zu reinigen, sodass ihre Schwingungszahl steigen konnte. Der Intergalaktische Rat plante währenddessen das fünfte und letzte Experiment von Atlantis und leitete das Goldene Zeitalter ein – die glorreichste und göttlichste Epoche, die unser Planet je erlebt hat.

ZEIT DER VORBEREITUNG

Wenn Sie diese Karte gewählt haben, so deutet es darauf hin, dass Sie Ruhe und Entspannung brauchen. Nutzen Sie die Gelegenheit, um den Blick nach innen zu richten und Ihre Gedanken und Überzeugungen einer gründlichen Klärung zu unterziehen. Es ist eine Zeit der stillen Betrachtung und Meditation über den Sinn Ihres Lebens, auch eine Zeit der Vorbereitung, damit das Neue, das in Ihr Leben tritt, eine höhere Schwingungsfrequenz erlangt als das Alte.

Etwas Neues bahnt sich an.

Die Eiszeit

Nahrung

Im Goldenen Zeitalter bauten die Menschen alle ihre Nahrungsmittel mit Liebe an. Sie spielten den Pflanzen sanfte Musik vor und legten spezielle Heilsteine aus. Infolgedessen enthielten die Früchte und das Gemüse ein Höchstmaß an kosmischer Energie und hätten nahrhafter nicht sein können. Die Atlanter verzehrten einfache, frische Produkte aus ihrer Region und teilten miteinander alles, was sie hatten. Nichts aßen sie, ohne es vorher zu segnen. Sie nahmen ihre Mahlzeiten in aller Ruhe zu sich und genossen jeden Bissen. Deshalb erfreuten sie sich auch blühender Gesundheit.

RICHTIGE ERNÄHRUNG

Ihre Empfehlung lautet: Achten Sie auf Ihre Ernährung, denn Ihr Körper muss rein sein, damit Sie für den Weg, der vor Ihnen liegt, genügend Licht aufnehmen können. Einfache, frische Produkte aus Ihrer Gegend sind optimal geeignet, Ihre kosmischen Energien zu steigern. Essen Sie langsam, und genießen Sie den Geschmack, den Biss und den Duft der Speisen. Vergessen Sie auch nicht, Ihr Essen und Trinken zu segnen.

Bereiten Sie auch Ihren Körper auf die Arbeit vor, die auf Sie zukommt.

Nahrung

Klänge und Musik

Im Goldenen Atlantis liebten die Menschen eine wohltönende Musik, die ihre hohe Schwingungsfrequenz stabilisierte, sie inspirierte und ihnen Zugang zu ihrer Kreativität gewährte. Zu Heilungszwecken und um ihre Chakren zu harmonisieren, bauten sich die Atlanter geometrisch perfekt proportionierte Resonanzkammern. In den Lehrtempeln wurde Musik gespielt, damit die Kinder optimal in die Lage versetzt wurden, Informationen aufzunehmen und zu verarbeiten. Betäubende, dröhnende Musik gab es in den glücklichen Zeiten nicht, weil kein Bedürfnis bestand, Disharmonie oder Dissonanzen zum Ausdruck zu bringen. Stattdessen waren alle auf das Unendliche eingestimmt.

HARMONIE

Dies ist die Karte der Harmonie. Ihre Empfehlung besteht darin, dafür zu sorgen, dass alles in Ihrem Leben ausgeglichen und im Einklang ist. Lehren und lernen Sie ganz entspannt. Auch sollten Sie daran denken, dass Sie durch schöne Musik und Gesang Ihre Laune verbessern und Ihre Lebensgeister wecken können.

Sorgen Sie in allem für Harmonie.

Klänge und Musik

Fünfte Dimension

In den Goldenen Jahren von Atlantis bewahrten sich die Menschen ihre Schwingungsfrequenz der fünften Dimension, indem sie in vollkommener Übereinstimmung mit den höchsten geistigen Werten lebten. Einer ihrer Leitsätze lautete: „Was du nicht willst, dass man dir tu, das füg auch keinem andren zu.“ Infolgedessen waren alle stets liebevoll, offen, gerecht, kooperativ und großherzig. Sie strebten danach, in Liebe zu leben.

… DAS FÜG AUCH KEINEM ANDREN ZU

Wenn Sie diese Karte gezogen haben, dann sollten Sie schauen, wie Sie gern behandelt werden möchten, um dann entsprechend zu (re)agieren. Wenn Sie sich zum Beispiel wünschen, dass Ihre Argumente Gehör finden, müssen Sie darauf achten, dass Sie selbst gut zuhören. Auf diese Weise lernen Sie, das Leben von einer höheren Warte aus zu betrachten, was Ihnen beim Aufstieg in die fünfte Dimension behilflich sein wird.

Verhalten Sie sich anderen gegenüber so, wie Sie selbst behandelt werden möchten.

Fünfte Dimension

Delphin

Die Delphine kamen einst vom Sirius, um den Menschen auf der Erde Unterricht zu erteilen. Es sind Weise, die unter anderem dazu beitragen, die Schwingungen der Meere aufrechtzuerhalten. In Atlantis ließen sie den Menschen auf telepathischem Wege Führung, technisches Wissen und Lebensweisheiten zukommen, während sie mit ihnen schwammen. Das tun sie auch heute noch und schenken uns dabei Heilung und Freude. Darüber hinaus unterstützen sie uns dabei, die Verbindung mit der wahren Energie unserer Seele wieder aufzunehmen. Nach dem Niedergang nahmen die mächtigen Engel von Atlantis Delphingestalt an. Diese Engeldelphine suchen heute unverbrauchte, engagierte Menschen, mit denen sie arbeiten können.

WEISHEIT UND FREUDE

Diese Karte empfiehlt Leichtigkeit und Lebensklugheit. Freuen Sie sich, haben Sie Spaß und lachen Sie. Auch wären Sie gut beraten, wenn Sie Ihre heilenden Fähigkeiten weiterentwickeln würden, um Ihren Mitmenschen und dem gesamten Planeten einen Dienst zu erweisen.

Seien Sie weise und dienen Sie voller Freude.

Delphin

Entspannung

Jede Zelle Ihres Körpers enthält die Blaupause für vollkommene Gesundheit, Glück und Ihr spirituelles Schicksal sowie das gesamte Potenzial Ihrer geistigen und übersinnlichen Fähigkeiten. Sie müssen allerdings vollkommen entspannt sein, damit sich Ihr wahres Selbst auch entfalten kann. Im Goldenen Atlantis herrschte ein Zustand wohliger Entspanntheit, in dem die Menschen mit dem Fluss des Lebens verbunden waren. Darin lag der Grund, warum sie so gesund, zufrieden, strahlend und weise waren und über derart erstaunliche Stärken und Fähigkeiten verfügten.

DER ATEM DES LEBENS

Wenn Sie diese Karte gewählt haben, besteht die Empfehlung für Sie darin, loszulassen und sich zu entspannen, denn Geschäftigkeit und Stress stehen Ihrer göttlichen Natur im Wege. Vertiefen Sie Ihre Atmung, damit Ihre Körperzellen Ihr volles erhabenes Potenzial entfalten können.

Nehmen Sie sich Zeit, um sich auszuruhen und zu entspannen.

Entspannung

Wasser

Den Bewohnern von Atlantis waren die wunderbaren Eigenschaften des Wassers voll und ganz bekannt, Sie wussten auch, dass es als kosmisches Reinigungsmittel die Menschen auf zellularer Ebene von energetischen Schlacken befreit. Sie verstanden es, durch fließendes Wasser Emotionen zu besänftigen, um sich selbst den Zugang zu ihrem spirituellen und übersinnlichen Potenzial zu erleichtern. Daher legten sie in allen Tempeln Brunnen an und gingen, wann immer es ihnen möglich war, schwimmen oder sie picknickten am See. Vor allem genossen sie es, in stiller Betrachtung dazusitzen und dem Fließen des Wassers zu lauschen.

REINIGUNG

Die Empfehlung für Sie besteht darin, sich heute am Wasser aufzuhalten, vorzugsweise an einem Fluss, einem See oder am Meer. Sie können auch ein Bad nehmen oder eine ausgiebige Dusche. Spüren Sie, wie die kosmische Energie alle Zellen Ihres Körpers reinigt. Wenn Sie keine Gelegenheit haben, Wasser hautnah zu erleben, können Sie es auch visualisieren.

Reinigen Sie sich innerlich und äußerlich ausgiebig mit frischem Wasser.

Wasser

Ehe

Wenn im Goldenen Atlantis zwei Menschen die Ehe eingehen wollten, so wurden die Auren der beiden von einem Priester untersucht, um herauszufinden, ob sie spirituell und emotional auch tatsächlich zusammenpassten. Ringe wurden nicht getauscht, und auch sonst gab es keine Rituale, denn man war der Überzeugung, dass kein Mensch einem anderen gehören könne und dass man sich in der persönlichen Freiheit gegenseitig nicht einschränken dürfe. Die Ehe war ein heiliges, auf Lebenszeit angelegtes Versprechen, den Kindern ein stabiles Lebensumfeld zu sichern. Gerade in den entscheidenden Entwicklungsjahren galt es als erstrebenswert, ihnen die Einflüsse sowohl weiblicher als auch männlicher Energien zu sichern. Das Aufziehen der nächsten Generation wurde als bedeutende spirituelle Verantwortung betrachtet.

ENGAGEMENT

Sie sollten sich für etwas einsetzen – für ein Projekt, Ihr Zuhause, die Familie, Ihre Arbeit oder eine Beziehung. Durch Ihr Engagement gehen Sie einen Vertrag ein, der Ihre Energie so konzentriert, dass Sie blühen und gedeihen können.

Engagieren Sie sich.

Ehe

Kreativer Ausdruck

In den Goldenen Zeiten liebten es die Bewohner von Atlantis, sich künstlerisch, musikalisch und gestalterisch kreativ auszudrücken. Sie legten ihre ganze Herzkraft in ihre Schöpfungen, denn sie wussten: Je mehr sie selbst investierten, desto mehr Liebe würde auch davon ausstrahlen. Obwohl sie die Möglichkeit hatten, Gegenstände einfach erscheinen zu lassen, stellten sie sie lieber selbst her. Einfache, einzigartige Dinge Gestalt werden zu lassen schenkte ihnen große Befriedigung. Dabei erfreuten sie sich ihrer Sinne und aktivierten ihre rechte Gehirnhälfte.

INDIVIDUALITÄT

Die Empfehlung für Sie besteht darin, kreativ zu werden. Was es auch sein mag, Sie sind aufgerufen, aus Ihrer göttlichen Energie etwas Einzigartiges, Schönes, Harmonisches und Originelles zu machen. Nehmen Sie die Gelegenheit wahr, all Ihre Sinne zu schärfen.

Erschaffen Sie etwas Einzigartiges, das Sie befriedigt.

Kreativer Ausdruck

Kristallschädel

Im Goldenen Atlantis wurden mithilfe von Technologien, die wir uns heute überhaupt nicht mehr vorstellen können, dreizehn originalgroße Quarzschädel hergestellt. Bei zwölf von ihnen handelte es sich um fortgeschrittene Rechner, die von den Herrschern der zwölf Stämme mit der Geschichte und dem Wissen ihrer jeweiligen Region programmiert wurden. Der dreizehnte war ein hochfrequenter Amethystschädel, der alle Informationen enthielt, über die Atlantis verfügte. Materiell gibt es ihn nicht mehr. Wenn die Menschheit ihre Schwingungszahl endlich wieder erhöht, wird er sich aufs Neue materialisieren und mit dazu beitragen, dass die Energie von Atlantis wiederauflebt.

DAS UNBEKANNTE

Ihre Richtschnur heißt: Ein Geheimnis wartet darauf, enthüllt zu werden, denn vieles ist noch unbekannt. Möglicherweise erhalten Sie neue Informationen, vielleicht kommen Ihnen auch Erinnerungen oder verschüttetes Wissen zu Bewusstsein. Durch regelmäßige Meditation können Sie diesen Prozess fördern. Da Sie noch nicht den vollkommenen Überblick haben, sollten Sie sich mit Entscheidungen vorsehen.

Ein Geheimnis harrt seiner Enthüllung.

Kristallschädel

Stille Betrachtung

Im Goldenen Atlantis hielten sich die Menschen häufig im Freien auf und verbrachten viel Zeit in stiller Betrachtung. Dies ermöglichte es ihnen, ausgeglichen zu bleiben, inneren Frieden und den Kontakt zu ihrer seelischen Weisheit zu bewahren. Darüber hinaus schuf es die Voraussetzung dafür, die Beziehungen zum Universum und zu den Mitmenschen aufrechtzuerhalten. In diesen Zeiten konnten die Engel, Einhörner und Naturgeister mit ihnen offen und frei kommunizieren und ihnen Klarheit, Führung und Inspiration schenken. In der Stille nahmen sie das kosmische Licht auf, das auf sie herabschien.

ZEIT DER RUHE

Die Wahl dieser Karte deutet darauf hin, dass es Ihnen im Moment zuträglich wäre, eine gewisse Zeit der stillen Betrachtung zu widmen. Das könnte Ihnen dabei helfen, den nächsten Schritt eines Projekts zu überdenken oder Ihre Zukunft zu planen. Es ist anzunehmen, dass Sie die Antworten im Grunde bereits kennen. Um sich darüber klar zu werden, müssen Sie sich auf Ihre innere Weisheit einlassen.

Lassen Sie in Zeiten der Ruhe die Antworten auf Ihre Fragen in sich aufsteigen.

Stille Betrachtung

Segen

Allein mithilfe Ihrer Absichten können Sie alles und jeden in göttliche Energie tauchen. Ein Segen verschönert die kristallinen Strukturen im Wasser und lässt die Zellstruktur aller Lebewesen aufleuchten. Im Goldenen Atlantis übermittelten die Menschen ihren Freunden, Verwandten, auch Tieren und Pflanzen, fortwährend den göttlichen Segen. Daher strahlten alle große Vitalität aus.

SEGNEN SIE

Die Empfehlung für Sie lautet: Segnen Sie heute jeden, dem Sie begegnen. Jeder stumme oder laut ausgesprochene Segen lässt göttliches Licht von Ihnen auf andere übergehen, seien es Freunde, Feinde oder völlig Unbekannte. Sie werden dabei von der Liebe berührt, und das hilft ihnen, ihr Herz zu öffnen. Segnen Sie Ihre Nahrungsmittel, das Wasser, Tiere und Bäume in dem Wissen, dass Sie damit etwas Licht in die Welt bringen. Und vergessen Sie nicht: Alles, was Sie geben, kommt vielfach zu Ihnen zurück.

Nutzen Sie Ihre Macht, um etwas Licht in die Welt zu bringen.

Segen

Hohe Priesterin

Die Hohen Priesterinnen waren hoch entwickelte Frauen, die für ihr Mitgefühl, ihr Verständnis und ihre selbstlose Hilfsbereitschaft große Achtung und Verehrung genossen. Sie verkörperten vollkommene weibliche Weisheit und übermittelten die Empfehlungen des Intergalaktischen Rats für die Weiterentwicklung von Atlantis. Um ihre geistigen und übersinnlichen Fähigkeiten auf immer höheres Niveau zu bringen, unterzogen sie sich außerordentlichen Initiationsritualen und legten schwierige Prüfungen ab. So bewahrten sie ihre sechsdimensionale Frequenz.

INTUITION

Dies ist die Karte der weiblichen Kraft und Weisheit. Bauen Sie jetzt nicht auf Logik und rationales Denken. Sie sind vielmehr aufgerufen, sich Ihrer Intuition und Ihrer übersinnlichen Fähigkeiten zu bedienen. Verlassen Sie sich ganz auf Ihr inneres Wissen. Die Lösung aller Probleme liegt in Ihnen selbst. Seien Sie rechtschaffen und mitfühlend.

Finden Sie den Zugang zu Ihrer inneren Weisheit und hören Sie auf Ihre Intuition.

Hohe Priesterin

Schwarze Magier

Die Magier waren extrem gut ausgebildete Schamanen, Alchemisten und Zauberer mit beeindruckenden Fähigkeiten. Während des Goldenen Zeitalters setzten sie diese Talente zum Wohle aller ein und wurden sehr verehrt. Als die Magier später beschlossen, ihre Macht auszunutzen, um sich persönlich zu bereichern und ihr Ego aufzuplustern, begann die Frequenz von Atlantis immer mehr zu sinken. Alles auf Erden hat seine Zeit. Das Goldene Zeitalter war der Höhepunkt des Lichts. Äonen der Dunkelheit folgten. Jetzt ist der Moment gekommen, die Frequenz wieder zu erhöhen.

VERÄNDERUNG

Diese Karte deutet darauf hin, dass ein Zyklus zu Ende geht. Auf dieser unserer Ebene der Dualität kommen Dinge und Beziehungen unweigerlich zum Abschluss und es entsteht Raum für neue Erfahrungen. Achten Sie auf Ihr Ego, und läutern Sie sich, damit das Neue besser werden kann als das Alte.

Zügeln Sie Ihr Ego, während Sie sich auf eine Veränderung vorbereiten.

Schwarze Magier